JN288730

幼児教育
知の探究 1

ナラティヴとしての保育学

磯部裕子 + 山内紀幸

萌文書林

はしがき

　明治の近代国家建設を目指して学制を敷いた第一の教育改革，第二次世界大戦後の民主国家建設を目指した第二の教育改革は，教育によって国の未来を再建するという国家目的が明確にあったが，1980年以降，紆余曲折しながら模索している第三の教育改革は，今なお混沌とした状況にある。すでに四半世紀が経過しているが，過去の国家に依存してきた教育改革から，民意が改革を推進するだけの活力を有するようになるには，物質的・上昇的な価値から"人間の生"に基本をおいた問いへと価値の転換を図り，人々が志向する文化そのものの本質に光を当てていくことが必要であろう。

　しかし学校が社会から遊離し，子どもたちに合わなくなっていても民意が建設的に動いてこない。また行政が民意と対話し，民意を支えて施策化し，それを推進する機能が働かない。小学校の生活科や総合学習の導入，教育のプロセス・アプローチに対する第三者評価の導入等は，敗戦直後の民主化への教育が目指したものであったはずである。また，幼稚園・保育所・総合施設等の制度的見直しも，戦前からの就学前教育の課題がそのまま積み残されてきた結果といえよう。それは家族の時間やコミュニティの人々のつながり，豊かな地域文化の醸成，そこに生きる人間の本質の発展という方向より，少子化対策，経済の維持といった国の施策が先行するものとなっている。これは，半世紀の間に国家依存，体制依存の体質が招いた混沌であり，今まさに教育理念そのものの問い直しが求められている時が来ているといえよう。

　国による民主化から，民による民主化成熟への道のりには，人間が生き

ることの意味への問い，生きる価値のおきどころ，世代循環するトポスの文化の見直しが必要である。それは，幼稚園・保育所・小学校といった分断された施設区分から，コミュニティの中での就学前から学童期を経て生涯にわたって展開される学習を構成していく視点でもある。地域の子どもたちの生きる場としての総体を受け止め，地域社会の環境・文化と共生する教育への転換は，学校化された知の限界を越えて知の在所や知を構築する関係のありようを転換し，知そのものへの問いを新たにするだろう。

　生の根元にまでさかのぼろうとする本企画は，人間・学び・学校・社会という共同体のトポスに焦点を当てて，従来の就学前教育が子どもたちに当てた光を再考しつつ，あわせて抱えてきた課題も浮き彫りにして，これからの知を構築する視座を掘り起こしたいと思う。

　なお20巻にわたる本企画は，次の三つの特長をもっている。一つは，幼稚園や保育所，総合施設等の多様化に伴い，本来の就学前教育の理念も児童福祉の理念も曖昧になり，幼児教育界を混沌とさせている現状を踏まえ，3歳児から低学年までを見据えた就学前教育に光を当てて"人間の教育"の根元に迫る。二つに，従来の幼児教育に関連した書籍の感覚としては，難しいという批判を浴びることを覚悟の上で，専門性を高めることを願う幼児教育者養成大学やキャリアアップを図る現職者だけでなく，広く一般の人々にも読んでいただけるような知の在所を考える。三つに，現在の幼稚園教員養成カリキュラムの内容を基本においてはいるが，今後の教員養成で必要とされる内容を加えて全巻を構成している。

　本シリーズ刊行に当たっては，萌文書林の服部雅生社長の大英断をいただいた。社会体制転換をしたポーランドが5年制の大学で修士論文を書いて初めて教員の入り口に立ち，一人前の幼稚園教員として認められるには14

年の学習研鑽と実践を積んで国家試験を通るという厳しいものであることを思うと，まだ日本の就学前教育の先は長いという思いもする。しかし，このシリーズによって教科書内容の重複を避け，教師・保育士の専門性を高めるために一石を投じたいという，長年，幼児教育界の出版に携わってきた服部氏だからこその決断をいただいたことに深く感謝する。

　いつになってもこれで完成ということはない。多くの方々から忌憚のない意見を寄せていただき，次の時代への知の橋渡しができることを願っている。

2007年1月

シリーズ編者　青木久子・磯部裕子

本書まえがき
―ナラティヴへの思い―

　「学栄えて，保育を語る言葉なし」。それは保育を学ぼうとする学生だけの問題でなく，現場の保育者にとっても，大学の研究者にとっても切実な問題である。保育学は，保育者になろうとする学生たちにとって，現場の保育者たちにとって，そして研究者たちにとって，保育を語るための新たな参照可能言語を提供する学問であってほしい。そういった学問を目指さなければ，そもそも保育学は魅力的な学問となりえないのではないか。

　無謀にもその企ての第一歩を踏みだすことが本書の目的であった。それを達成するために本書は，従来の保育学の構成と袂を分かち，時に逆説的に，時に乱暴に，時に大胆に新たな語りのための新たな物語の提示を試みている。また，私たちの理解の運動がテクストとのダイアローグの中でのみ継続されるという考えに基づき（ガダマー／轡田收他訳『真理と方法』法政大学出版局, 1986），読者の興味を惹く文体や形式に努めるようにした。

　本来，その学問の学びを導くテクスト（教科書）はその内容が正しいか正しくないかが厳密に問われるべきである。しかし，それよりも本書が実際の保育を語り直す言葉を提供できているかどうかを問うてみたい。保育を学ぼうとしている学生，あるいは現場で悩みはじめた若き保育者たちにとって，保育者としての自己や保育を切り取るための新たな言葉を発見できるテクストであったか，それを実際に仲間に語り合い，自己を語り直してもらえるきっかけとなるテクストであったか。その検証が，この本の目的の達成の是非に深くかかわってくる。

「ナラティヴとしての保育学」というのは，なにか特定の研究方法に従わねばならないとか，研究対象をある種のものに限定しているという意味ではない。保育になんらかのかかわりがあるのであれば，当然それは，「保育学」なのであるし，従来の「保育学」もまた，ひとつの「保育学」であることには違いない。しかし，「ナラティヴとして」を付けたのには二つの思いがある。一つ目は，保育の「アクチュアリティ」を新しい言葉や記号で表現する勇気を持ち続けたいということである。それは，現実を言語化・記号化したものは，絶えず陳腐化していく宿命を帯びているという自覚をもちながらも，あえて語るための言語をもつことに挑み続けるということである。自らの提起した物語も含めて，既存の保育の語りが，差異化されたり，更新されたりすることを積極的に喜んでいきたい。「保育を語るにはこの言葉が唯一である」と思った瞬間，物語は固定化され，形骸化していくのであるから。保育にかかわる者は，それをもっとも嫌う立場にたちたい。

　二つ目は，「ナラティヴとしての保育学」は，自己言及する権威型学問でなく，保育の語り直しに寄与し，さらに保育者が新しい語りを生みだしていけるような円環型学問であってほしいということである。本書についても，筆者は保育者との語り合いの中で，多くの物語を完成させることができた。まだ荒削りだった本書の内容の一部を，研修会等の様々な機会に現場の保育者に題材として提供し，「この言葉は難しくてピンときませんでした」などと指摘してもらった。いわば，本書は現場の先生たちとの語り合いによる共同執筆ともいえる箇所がいくつもある。「保育のアクチュアリティ」の言語化・記号化が，よくあるような研究者の自己満足のためでなく，保育者や保育を目指す学生の語り直しの言語となっていくようになれば，

これほどエキサイティングなことはない。保育現場の各場所で，大学のゼミの各場所で，語りの言葉として機能してはじめて，「ナラティヴとしての」保育学となるのである。新たに語り直す言葉を読者がもつことを通じてのみ，「ナラティヴとしての保育学」の円環運動は成立するのである。保育を語る言葉に溢れ，語る場所が保障される，そんな保育の養成の場，保育の実践の場になることを願っている。

　本書は，3部構成となっており，第1部は子どもの物語を，第2部は保育の物語を，それぞれの視点で物語ることを試みた。そして第3部は，物語るための保育学として，物語ることの困難と意味を整理した。本書の中で，前述したようなわれわれの思いが十分反映された語りが実現していないとしたら，それは偏にわれわれの力不足によるものである。是非とも読者の皆様の忌憚のない批判的な語りを聞かせていただき，それによって，われわれもまた新たな語りを生みだしていきたいと思う。

　最後に，『幼児教育　知の探究』全20巻の初巻として，この本を位置づけていただいた萌文書林のご英断に感謝申し上げる。また，原稿締切日を延しに延し，結局1年以上も出版時期を引き延ばしてしまったにもかかわらず，いつも根気よく私たち筆者を励ましていただいた萌文書林の服部直人氏に厚くお礼を言いたい。

　この本が，保育にかかわる多くのみなさんの新たな言葉を生み，保育学という学問の魅力をわずかでも引きだすことに貢献できれば幸いである。

2007年5月

磯部裕子・山内紀幸

目　次

序　章　保育という一つひとつの物語
　　　　「生活世界」を語ることのアポリア……………………1
　1. 保育の物語とは何か ……………………………………1
　2. 物語が生成する場としての臨床 ………………………3
　3. なぜナラティヴなのか …………………………………5
　4. 再び保育の物語的理解へ ………………………………6

第1部　子どもの物語

第1章　「保育」という営みの始まり：
　　　　なぜ乳幼児までを〈教育〉するのか ………………10
　§1　「子ども」の発見 ………………………………………10
　　1.「子ども」という存在への問い ………………………10
　　2. 大人の縮図から〈子ども〉へ …………………………13
　§2　乳幼児期の子どもをも教育する―「幼稚園」の誕生― ……15
　　1. すべての子どもを「学校」へ …………………………15
　　2. 乳幼児への関心 …………………………………………17
　　　(1) デーム・スクール ……………………………………18
　　　(2) 幼児学校 ………………………………………………20
　　　(3) infant school から Kindergarten へ ………………25
　§3　幼児を対象とする教育の特殊性 ………………………29
　　1. 矛盾に直面せずにいられる保育の世界 ………………29
　　2. 教育学を読み解くキー概念の宝庫としての保育 ……32

第2章　教育思想家たちの子ども中心主義
ルソー・フレーベル・モンテッソーリの対談 …………35
- §1　3人の教育思想家のプロフィール …………36
- §2　それぞれの事情 …………37
  1. 5人の子どもを捨てた人生：ルソー …………37
  2. 生後まもなく死んだ母親の面影：フレーベル …………40
  3. 出産後すぐに別れた息子：モンテッソーリ …………42
- §3　それぞれの「子ども中心主義」 …………44
  1. 知識を与えない：ルソー「事物の教育」 …………44
  2. とことん遊ばせなさい：フレーベル「遊びの教育」 …………46
  3. 感覚を鍛えなさい：モンテッソーリ「環境の教育」 …………51
- §4　テーマ別討論 …………54
  1. 遊び：フレーベルvsモンテッソーリ …………54
  2. 道徳教育：ルソーvsフレーベルvsモンテッソーリ …………56

第3章　世界の子育て：ところかわれば育児方法いろいろ …………61
- §1　はじめに …………61
- §2　産湯を使わせる使わせない …………62
  1. アメリカ：1か月で初めて入浴 …………62
  2. 日本：大切な産湯 …………63
- §3　寝かし方いろいろ …………64
  1. フィンランド：マイナス10度でも屋外でお昼寝 …………64
  2. ドイツ・アメリカなど：ぐずっても放っておく …………65
  3. ボリビア・メキシコなど：ぐるぐる巻きのスウォドリング …………66
  4. エジプト：大人2人でハンモック …………67
- §4　しつけ方いろいろ …………68
  1. 韓国：しつけ棒 …………68
  2. タイ・中国：排泄のしつけが大らか …………69

3. フランス：幼いときから公共のルール …………………………69
　　4. アメリカ・イギリス：児童虐待に敏感 …………………………70
　§5　かわいがり方いろいろ ………………………………………………71
　　1. 中国：頰をつかない ………………………………………………71
　　2. インド：頭をなでず，頰に手をあてる …………………………71
　　3. イラン：幼い子どもを譽めてはいけない ………………………72
　§6　食べ方・飲み方いろいろ ……………………………………………72
　　1. デンマーク：遊びながら食べる …………………………………72
　　2. ブラジル：炭酸水をがぶ飲み ……………………………………73
　　3. アメリカ：白いものしか食べない時期？ ………………………73
　　4. イギリス・フランス：大人の食事と子どもの食事 ……………74
　§7　育てる人いろいろ ……………………………………………………75
　　1. シンガポール：親戚に里子に出す ………………………………75
　　2. ブラジル・ベネズエラ：メイドに任せる ………………………76
　　3. 台湾：近くの親戚で助け合う ……………………………………76
　　4. スウェーデン：男性が世界一育児に参加する …………………77
　§8　おわりに ………………………………………………………………78

第2部　保育の物語

第1章　「家族」と「学校」，そして「幼稚園」の誕生
　　　　――システム化される子育ての始まり―― …………………82
　§1　「近代家族」における母親の役割 ……………………………………83
　§2　「学校」の誕生による家族の教育機能の変化 ………………………87
　§3　わが国における「幼稚園」の誕生 ……………………………………89
　§4　保育者に求められた母親の物語 ………………………………………92

第2章　保育文化の生成 …………………………………96
　§1　子育ての思想と文化：しつけと教育の物語 ………97
　　1.「しつけ」とは何であったか …………………………98
　　2. 群れの教育 ………………………………………………99
　　3.「教え―学ぶ」という営為の根底 ……………………101
　§2　しつけから教育へ―教育内容が計画される意味― ………103
　　1. 幼稚園という空間 ………………………………………104
　　2. システム化された「遊戯」と「空間」への疑問
　　　　―家なき幼稚園の試み― ……………………………106
　§3　わが国の保育文化の現在 ……………………………111

第3章　これからの保育物語の生成へ ……………………115
　§1　世界の幼児教育の動向―OECDの調査から― ……116
　　1. 教育制度の傾向―省庁間の連携 ………………………118
　　2. 教育制度と公共投資 ……………………………………119
　　3. 幼児教育の質的向上 ……………………………………122
　　4. 幼児教育の研究開発 ……………………………………123
　§2　わが国の幼児教育の現状
　　　　―小さな物語の意味する大きな物語― ……………124
　　1. 幼児文化の基底―子ども尊重と幼さの狭間で― ……125
　　2. 保育内容と教育環境の多様化
　　　　―ニーズに応えることへの問い― …………………126
　　　(1) 教育内容の模索：visibleな保育への傾倒 …………127
　　　(2) 教育環境の検討 ………………………………………127
　　　(3) 多様化する保育ニーズ
　　　　　―間接的ニーズに迫られる保育内容― …………130
　§3　保育における学びへの問い …………………………133
　　1.「学び」という概念 ………………………………………134

2. 遊びを通した学びを言語化する ……………………135
　　3. 保育における学びの構造 ………………………………136
　　4. 学びの物語を生成する …………………………………138

第3部　物語るための保育学

第1章　自己言及する保育学　啓発からナラティヴへ ……………142
　§1　「保育学とは何か」に答えることはできるか ……………142
　§2　保育学はいかにして維持されているのか ………………146
　　1. ルーマンのシステム論 ………………………………146
　　2. 保育学の二項コード …………………………………149
　　　(1) A全人的・直観的な研究←→非A数量的・客観的な研究 ……149
　　　(2) B保育言説の正しい理解←→非B保育言説の誤解・不徹底 …150
　　　(3) C状況的・可変的な発達観←→非C連続的・固定的な発達観　152
　§3　保育学の自己言及の運動 …………………………153
　§4　保育の「語り」と「物語」…………………………156
　　1. 語る言葉が奪われている ……………………………156
　　2. ナラティヴとしての保育学 …………………………158

第2章　保育の語りの創造
　　　　　保育の「いま・ここ」を切り取る概念 ……………163
　§1　なぜ保育の現実は語りにくいのか …………………163
　　1.「リアリティ」と「アクチュアリティ」．
　　　　生きられる保育現実 ………………………………163
　　2.「アクチュアリティ」を語ることのジレンマ ………165
　§2　保育の「いま・ここ」を切り取る概念 ……………166
　　1.「自己充足」と「他者に位置づけられる私」………166
　　2.「ここ」と「あそこ」………………………………168

3.「共感」と「共鳴」 ……………………………………………170
   4.「発達」と「生成」 ……………………………………………172

第3章 保育行為の臨床哲学　ユウマくんの「いま・ここ」…………177
　§1　ユウマくんのエピソード ………………………………………177
　§2　私と他者の「あいだ」を読み解く ……………………………180
   1.「あいだ」を読み解くための基礎概念 ……………………180
   2. ユウマくんの「いま・ここ」と10のかかわり ……………181
　§3　社会文脈実践としての保育行為 ………………………………189

第4章 保育ジャーゴンの研究　社会文脈実践家としての保育者……192
　§1　ジャーゴンとは …………………………………………………192
　§2　二つの保育ジャーゴン …………………………………………194
　§3　保育実践ジャーゴン ……………………………………………197
   1. 日本の保育文化の中で ………………………………………197
   2. 社会文脈実践家としての保育者 ……………………………200
   3. 置き換える言葉：文脈置換 …………………………………203
   4. つながる言葉：文脈促進 ……………………………………204
   5. 生きた言葉：保育実践ジャーゴン …………………………205
　§4　保育指導案ジャーゴン …………………………………………207
   1. 保育指導案ジャーゴン ………………………………………207
   2. 保育指導案ジャーゴンの問題点 ……………………………208

第5章 「学びの評価言語」試論
　　　　「保育指導案ジャーゴン」の解体……………………………223
　§1　保育における「学びの評価言語」の不在 ……………………223
   1. 究極の保幼小一貫校「基礎学校」ができたなら …………223
   2. 問われない「豊かな経験」の内容 …………………………226

3.「学びの評価言語」なくして学びは語れない……………227
　§2 「学びの評価言語」はつくられるか………………………230
　　1.「人とのかかわり」を可視化する言語………………………230
　　2.「豊かな経験」を具体化する言語……………………………233
　　3.「プロジェクト・スペクトラム」：31の鍵となる力………238
　　（1）31の鍵となる力……………………………………………238
　　（2）何のための評価か…………………………………………240

【索引】……………………………………………………………………250

序章

保育という一つひとつの物語
「生活世界」を語ることのアポリア

　保育という臨床は，言葉によって構造化されている。言葉によって物語ることで，われわれは〈保育〉を理解している。つまり，われわれが理解している〈保育〉は，語られたこと―物語―によってまとめ上げられたものに過ぎない。

　われわれが理解している〈保育〉とは何なのか。保育という臨床に迫るために，まずは，語られた〈保育〉という世界について，その「物語」が意味するところから迫ってみたい。

1．保育の物語とは何か

　子どもが家庭とは異なる場で生活し，そこに保育者という専門家がかかわりをもつことで「保育」という営みが生成する。そこは家庭でもなく，学校でもない。教科書が用意されているわけでもなく，子どもがただ気ままに遊びにふける空間とも異なる。保育の歴史は，こうした場に息づく「意味」に注目し，その実践を積み上げてきた。

　親が子を育てるというヒトが行う至極当然な行為を越えて，他者が子どもの育ちにかかわるというシステムが構築されてきたプロセス，それが保育の歴史そのものである。その歴史が紡ぎだされる過程で，それにかかわった多

くの人々が，その時代や場面における保育という営みとそこで対象となった子どもについて語り継いできた。そして，これらの語りが，ある時は，次の保育場面を導き，ある時は批判にさらされ，さらにある時は新たな実践を生みだすエネルギーとなりながら今日の保育をつくってきたのである。

　まさに保育の歴史を紡いできたものは，ほかならぬ「語り」である。19世紀半ばにおけるフレーベルの「さぁ，われわれの子どもに生きようではないか」という語りは，多くの女性たちを突き動かし，世界に拡大する幼稚園運動を巻き起こし，大正期の倉橋の「生活を生活で生活へ」という語りは，わが国の保育者たちの保育再考の契機となった。名もない保育者の子どもへの語りが子どもに勇気を与え，異国に渡った一人の宣教師の語りがその国や地域の保育に新たな一頁を築くことにもなった。

　古典のテキストに残る偉大な思想家たちの言説も，名もなき一実践者の記録も〈言葉〉によって語られ，まとめられたものである。そのまとめられたものを「物語（ナラティヴ）」として見直すことで，語られてきた言葉の意味を再考しようとするのが，本書の試みである。

　本書が注目する概念のひとつである「物語（ナラティヴ）」とは何なのか。まずは，この問いから始めることにしよう。

　物語とは何か―ここではまずは「われわれが経験すること，行動すること，また生成した出来事を時間的にまとめ，筋立てて語ること」としておこう。あえてこのように難解な定義づけをしなくとも，われわれは身近な物語をたくさん知っている。竹取物語もイソップ物語も「物語」であるし，わが子の成長の物語も自分史を描いた物語も「物語」である。「物語」とは，時間を軸に「言葉」によって算出されるひとつの意味世界である。

　このように考えると「教育」あるいは「保育」もまた，時間を軸として他者の変容（成長，発達）にかかわる「物語」ということもできるであろう。フレーベルやペスタロッチの著名なテキストも，保育者たちの子どもの成長を描いた記録も，そして何よりも人間そのものの存在も「物語」なのであ

る。では，今なぜ「物語」なのだろうか。まずは，「物語」への関心の背景にあるものから探っていくことにしよう。

2．物語が生成する場としての臨床

　そもそも，教育学の分野でも物語論に関心が寄せられるようになったのは，1990年代前半のことである。時に，学校教育の内部に生成する様々な問題が露呈し，教育学はそれらの問題を解決するすべを提示することができないどころか，次々と形を変えて登場する教育の課題を論理的に整理することさえも困難な状況に直面していた。近代教育学を賛美し，その実践を正当化するだけでは，今日の学校教育の構造を読み解くことはできない。またそうした教育学を批判し続けても，今日の複雑な教育現実には迫れない。そうしたある種の閉塞状況下にある教育学に，新たなアプローチの可能性を提示したのが「臨床」という概念であった。

　「臨床」とはそもそも，その文字が示すとおり，床にある人に臨むという従来医療の分野で用いられてきた言葉である。この「臨床」という概念が，単に医療や看護といった領域だけでなく，人が生き，生活する様々な領域で，注目されるようになった。その契機となったのは，中村雄二郎の『臨床の知とは何か』という書である。中村は，この書の中で近代社会を構築するうえできわめて意味あるものとされてきた普遍的，客観的，論理的な知である「科学の知」に対するもうひとつの知のパラダイムとして「臨床の知」を提唱した。

　　近代科学によって捉えられた現実とは，基本的には機械論的，力学的に選び取られ，整えられたものにすぎないのではなかろうか。もし，そうだとすれば，近代科学の〈普遍性〉と〈論理性〉と〈客観性〉という三つの原理はそれぞれ，何を軽視し，無視しているのだろうか。それらは，なにを排除することによって成立しえたのだろうか。（中略）近代科学の三つ

の原理……が無視し排除した〈現実〉の側面を捉えなおす重要な原理としてここに得られるのは、……〈固有世界〉〈事物の多様化〉〈身体性を備えた行為〉の三つである。そして、これらをあわせて体現しているのが、私の〈臨床の知〉としてモデル化したものなのである。*

　中村の試みは、近代科学、近代合理主義が見落としてきた領域に「知」の息吹を吹き込もうとするものである。それは、それまで「科学の知」では、十分に説明できかねていた領域、さらには、「科学的」であろうとしてきた領域にさえ、見直しの作業を進める契機となった。臨床心理学、臨床哲学がそうであったように、教育学はまさにその典型的領域であったといえるであろう。

　「臨床」に関心を寄せるということは、同時に臨床をいかに読み解くかという問いを生みだす。一般化できず個別的かつ具体的な臨床に迫る方法とは何なのか。

　「臨床を読み解く」ための最初の手がかりは何か。それは、臨床にある「言葉」に注目することである。なぜなら「臨床」には、個別具体的な「言葉」が生成しているからである。

　　「どうしてトマトは赤いの」という3歳児の言葉
　　「友だちにやさしくできてえらかったね」という保育者の言葉
　　「子どもは遊びを通して学んでいる」という臨床に立つ研究者の言葉

　それぞれの言葉は、それぞれの臨床場面において生成されていることを抜きにしてその言葉の意味するところを探ることはできない。言葉は言葉が生成される場面から離れて、意味することはできない。

　こうした言葉によって語られたものは、時間の流れの中で筋立てることでナラティヴ**を形成する。われわれが研究し、実践しようとしている教育

---

*　中村雄二郎『臨床の知とは何か』岩波書店, 1992, pp. 6-7

や保育の臨床にはそうした物語があふれている。その物語は，多様であり，複雑である。そして，われわれは，その個別具体的，かつ多様で複雑な世界に生きようとしている。それは，ひとつの理論ひとつの言葉をもってして説明できるようなものではない。ひとつの理論で説明しようとすればするほど多くのものを見失う。しかし，その一方で語ることによって，新たな物語に出会うことができる。

われわれは，何とかして，この複雑難解な保育という臨床の場を理解しようとする。その「理解」とは，語られたもの，筋立てられたものを理解するのであって，それは「物語的理解」である。この理解は，「物語的理解」であって，同時に「物語ること」でもある。つまり，「『物語ること』は，私たちの理解の枠組みであると同時に，『理解しつつある生』としての私たちの『あり方』」***でもあるのである。

このように考えると，保育を理解しようとするわれわれは，保育という臨床の根底に流れる物語に耳を傾け，自身が語ることを通してのみ，保育という臨床に近づくことができるということになるだろう。

3．なぜナラティヴなのか

われわれが耳を傾けようとしている保育の物語の筋立ては，実に多様である。言い換えれば，語り手が誰であるかによって，あるいはどこを切り取るかによって，その筋立てが異なってくる。

担任保育者として日常的に子どもにかかわっている保育者は，今，まさに目の前にいる子どもの物語を語るであろうし，時にクラスに立ち寄る園長

**　ここでは野口の定義に従って，「語り」と「物語」の相互的かつ連続的関係を「ナラティヴ」としておきたい。野口裕二『物語としてのケア−ナラティヴ・アプローチの世界へ−』医学書院，2002, p. 22

***　毛利猛「教師のための物語学−教育へのナラティヴ・アプローチ−」矢野智司・鳶野克己編『物語の臨界−「物語ること」の教育学−』世織書房，2003, p. 30

は，その担任が経営するクラスに生活する子どもの姿という文脈で物語るかもしれない。また，その子どもの記録を読んだ研究者は，客観的な子どもの成長の物語として，その姿を語るかもしれない。どの語り手も，その子どものことを語りつつあることには違いないが，そこにはおそらく多少の「ずれ」や異なる筋道が生じてくるはずである。

　こうした「ずれ」に目を向け，その語りに耳を傾けること，そのことの意味を確認する必要がある。つまり，語る者によって生じる「ずれ」の意味そのものを問い直す必要があるのである。

　教育という営為は，子どもの成長，発達の物語という「大きな物語」に支配され続けてきた。その大きな物語は，合理的，科学的，客観的なアプローチであることを最強の支柱として，語り続けられてきた。しかし，今その「大きな物語」が崩壊しようとしている。*「大きな物語」の文脈で語ることは，「大きな物語的理解」でしかない。「大きな物語」の自明性を問い直し，「小さな物語」として語り直しをするとき，われわれは，われわれの「理解」そのものを問い直すことにも近づくことができると同時に，日々生成する生活世界において，保育者（あるいはその他の大人）と子どもとの間に織りなす保育という臨床の世界を，捉え直すことができるのである。

4．再び保育の物語的理解へ

　野口は，ケアの現場において，心理学や社会学が有効な知識を提供できずにきた理由を次のように述べている。

　　なぜ，心理学や社会学は，有効な知識をこれまであまり提供できてこなかったのだろうか。それは，皮肉なことに，いわゆる「科学的知識」や

＊　ジャン・フランソワ・リオタールは，その著『ポスト・モダンの条件—知・社会・言語ゲーム—』小林康夫訳（書肆風の薔薇；水声社，1986）の中で，ポスト・モダンとは大きな物語（たとえばマルクス主義のような壮大なイデオロギーの体系）の終焉であると述べた。

「科学的説明」にこだわり続けてきたからだといえる。一般的かつ法則的な理解を追い求めるあまり、ケアという行為、ケアという場面を構成している「物語的特性」を無視してきたからである。あるいは、ケアという行為が科学的な知識や論理が果てるところから始まる行為であることを見誤ってきたからである。科学的説明が有効性を発揮できない地点で、なおも科学的説明を追い求めてきたからである。＊

　保育という「学」は、その臨床の場において、有効な知識を提供してきただろうか。われわれは、「大きな物語」の中で、時に心理学的、社会学的知見、そしてそれらによって力づけられた教育学的知見に頼りながら、なんとか子どもの生活世界を理解し、子どもから生起する様々な問題に「科学的」にアプローチをしようと試みてきた。

　確かに、科学的知識や既存の物語は、私たちの「理解」に一定の指標を与えてくれた。しかし、子どもと生きる生活世界に身を置くと、われわれはしばしば「科学的説明が有効性を発揮できない地点」に立たされ、どうすることもできない自分に気づくことがある。保育という「学」は、その地点からどのように地平を切り開こうとしているのか。私たちの思考や理解を支配しているものを語り、そこから生まれる語りを紡ぎだすことで新たな地平を見いだすことはできないか。――本書は、保育についての語りを整理し、保育が語りきれない理由を問い直し、保育の語りを再構築する試みである。

＊　野口前掲書　p.31

〈さらに学ぶために〉

矢野智司・鳶野克己編『物語の臨界―「物語ること」の教育学―』（世織書房，2003）

　　　「物語る」とは何か。なぜ，今教育学が「物語」に関心を向けようとしているのかを理解するうえで，最初に手にしてほしい一冊。保育学に対する新たなアプローチを模索することを目指した本書が，「ナラティヴの保育学」とした所以を理解いただけるに違いない。

香川大学教育学研究室編『教育という「物語」』（世織書房，1999）

　　　日本教育学会第57回大会でのシンポジウムの概要をまとめたもの。日本教育学会で取り上げられるシンポジウム等のテーマも，この大会を前後して傾向が変わりつつある。実践者も研究者もともに，今対峙しなければならない教育学の課題を再確認する上で，興味深い書である。

第1部

子どもの物語

　近代社会は，子どもという存在を無垢で純粋なものとして養育の対象，教育の対象として，位置づけてきた。子どもは，大人の関心事となり，大人たちは「子どものため」に，教育，医療，遊具，衣服……と，様々なものを用意した。その結果として，「善なる子ども」を語る美しい物語が誕生した。
　20世紀末。わが国では，これまで語られてこなかった子どもの姿に直面した。そして，大人たちは口々に「子どもは変わった！」と嘆き始めた。本当に子どもは変わったのだろうか。
　かつて，「子どものため」に用意された多くのものが，色あせたものとなっていく。大人たちは，子どもの前に，無力さを露呈する。
　「子どもはもういない」そう嘆く前に，われわれが抱いていた子どもの物語を読み解いてみよう。その作業によって，われわれは新たな子どもの物語を生成する地点に立ちあがることができるかもしれない。

第1章

「保育」という営みの始まり：
なぜ乳幼児までを〈教育〉するのか

　子どもを〈教育〉すること，あるいは子どもが〈教育〉されるべき対象であることを，誰もが疑うことはないだろう。子どもが「教育を受ける権利」をもつ存在であることは，わが国の憲法でも，世界の多くの国が批准する子どもの権利条約でも認められていることである。

　しかし，子どもは〈教育〉によって，本当に幸せになったのだろうか。子どものために用意された〈教育〉は，子どもたちに何をもたらしたのだろうか。

　本章では，「子ども」という存在が何を意味してきたのか，その歴史を紐解きながら，人々によって語られてきた「子ども」という存在の物語とその意味を考えていくことにする。

§1　「子ども」の発見

1.「子ども」という存在への問い

　子どもを愛くるしくかけがえのない存在として捉える私たちのまなざし

は，いったい何によるものなのだろうか。今日，多くの人々は，わが子の誕生を喜びとして捉え，その存在を大切なものとして受け止める。確かに子どもをめぐる〈悲惨な〉事件が生じていることも事実ではあるが，それらの事件がそれらを耳にするわれわれが〈悲惨な〉ものとして受け止め，さらにそれがあたかも頻繁に生じているかのような印象をもつのは，これらの事件がわれわれの通常の心持ちでは理解不能な，〈ありえない事柄〉として強く映しだされるからである。

　誕生したばかりの子どもが虚弱であるとわかるとすぐに洞窟に捨てるという習慣のあった古代のスパルタでは，子捨ては〈悲惨な〉ものとして映らない。

　間引きが日常的に行われていた近世の社会では，それは〈悲惨な〉子殺しとしては映らない。

　フランスのモラリストとして知られるモンテーニュが，自分の妻が何回出産したかも知らず，自分の子どもの正確な数も知らないという事実や，今日「子どもの発見者」として知られるルソーが，5人のわが子を自ら育てることをせず，孤児院に入れた事実に，われわれが強い違和感を抱くのは，われわれの心性にこれらの事実が相容れないからである。

　「子ども」という存在は誰にとっても，普遍的に愛くるしくかけがえのない存在であったのか。この問いの答えは，すでに多くの社会史研究，教育史研究によって明らかにされている。結論だけを述べておくと，今日，人々が抱く子どもへのまなざしの誕生は，17〜8世紀，つまり近代以降にみられるのであり，われわれが普遍的かつ大人の誰もが共通して抱くものとして理解している心性は，およそこの2〜300年程度の間に人々の間に息づいたものでしかないのである。

> 　中世の共同体は，まるで家畜を扱うのと同じように，感情のこもらない実務的な方法で子どもたちを扱っていました。動物と子どもたちは，床，寄生虫病，汚物を共有し，また，この時代の犬や子どもが罹るのはあたり

まえのことになっていたあらゆる種類の病気も，共有していました。おそらく，子どもたちは，ぬかるみのなかで一緒に転げ回っていた動物と，ある点でのみ特異な存在にすぎませんでした。つまり，子どもたちはまるで消耗品ででもあるかのように扱われたのです。実際，彼らは消耗品でした。なぜなら，彼らは生後何年も経たないうちに家畜の群れの中で死んでいったのです。*

　これは，中世から近代への子どもの歴史を描いたアニタ・ショルシュの著書『絵でよむ子どもの社会史』の一節である。21世紀の社会に生きるわれわれにとっては，にわかに信じがたい一節である。しかし，多くの歴史的資料が示しているように，近代以前の子どもたちの多くは，こうして「子ども」として特別な扱いを受けることなく，子ども時代を生きていた。いや，もっと正確に述べるならば，子どもは大人とは異なる存在として区別されることもなく，「もはや子どもではなくなるときまで，つまり，彼らが大人としての態度を示すようになるまで，無視されて」**いたのである。

　では，われわれが知る〈子ども〉という存在は，いったいいつ，どのようにして登場することになったのだろうか。まずは，この問いから整理してみることにしよう。

《コラム：子ども史への注目》

　「子ども」というこれまでおよそ歴史の中に登場することのなかった存在に注目し，その歴史を描こうとすることが注目されるようになったのは，フランスのアナール学派*といわれる人々の業績によるものといえるだろう。

　そのアナール学派が注目されるひとつの契機となったのは，フィリップ・アリエスが記した『〈子供〉の誕生－アンシャン・レジーム期の子供と家族生活－』**という著書である。アリエスは，この著書の中で大人と子どもの区別などは，本来あいまいなもので，われわれが知る〈子ども〉という存在は近代の産物にほかならない，ということを明らかにしようとした。

「日曜歴史家」と揶揄されたアリエスの著書が、歴史界だけでなく教育界にも強い影響を与えたのはなぜだったのだろうか。それは、20世紀末の社会において、これまで当たり前のように理解していた「子ども」という存在が理解できない状況が生じていたからである。子どもたちが巻き起こす様々な問題。純粋で素直で無垢であるはずの子どもとはおよそかけ離れたその子どもの姿。子どもを理解するということが、大人たちにとって、易題から難題に取って代わったとき、アリエスの「〈子供〉という存在へのまなざしは我々自身の心性が作り上げたいわば時代の産物である」というテーゼは、歴史家以上に子どもにかかわる人々にショックを与えたと同時に、新たな視座を提供したのである。

＊アナール学派：フランスの歴史学研究の一つの学派で、旧来の歴史学が扱ってきた表層の歴史だけではなく、人口動態、民俗学などの成果を取り入れながら、深層の歴史を目指そうとした。
＊＊『〈子供〉の誕生-アンシァン・レジーム期の子供と家族生活-』（フィリップ・アリエス／杉山光信・杉山恵美子訳 みすず書房、1980）：第1部 子供期へのまなざし 第2部 学校での生活 第3部 家族 の3部構成となっている。これまでの歴史書が扱ってこなかった多くの事例—子どもの衣装、絵画、遊びなど—を列挙し、それらの事例が意味する匿名の人々の心性の歴史を描きだそうとした。

2. 大人の縮図から〈子ども〉へ

アリエスを代表とする社会史研究は、ヨーロッパの中世社会においては、大人と子どもには本来区別などなかったという事実をわれわれに明らかにし

＊ アニタ・ショルシュ／北本正章訳『絵でよむ子どもの社会史-ヨーロッパとアメリカ・中世から近代へ-』新曜社、1992, p.8
＊＊ 同上書 p.7

てみせた。では，われわれが今日特別な存在として受け止める〈子ども〉はいったいいつの時代に登場することになったのだろうか。

その契機として，教育史上位置づけられているのがルソーの著した『エミール』である。ルソーは，この書の中で，18世紀のフランス社会において，人々の無知と因習によって，子どもが「子ども」として十分な扱いを受けていないことに警鐘をならし，「子ども」は大人とは異なる固有な存在であることを主張し，特別な配慮をもって扱うことの必要性を説いたのである。

いつの時代にも，子どもは大人よりも小さく，か弱い姿で大人たちと共に生きていたに違いない。しかし，そこに存在していたのは，大人と明確に区別されることない，大人の縮図としての「子ども」に過ぎなかった，という教育史上の発見は，固有な存在としての〈子ども〉への発見であり，言い換えれば，〈子ども〉に対する特別な配慮の必要性の発見でもあったのである。

〈子ども〉に対する特別な配慮とは何か。それはほかならぬ教育というシステムである。したがって，〈子ども〉の発見は，子どもに対する教育のシステムとして学校という空間を誕生させ，〈子ども〉に関心をもち愛情を注ぐ家庭という空間をつくりあげた。

本田和子は，この近代の〈子ども〉の発見を次のように述べている。きわめて明解な彼女のまとめを以下に引用しておこう。

> 「保護」と「教育」の対象としての特別の生活を用意され始めた子どもたちは，そのための，大人一般とは異なる時空間を必要とする存在へと変貌を余儀なくされたのであった。学校とは，大人と子どもの分離の進行した時代に，子どもたちを保護・隔離し，一定のモデルに従った大人へと成長させるための社会的装置に他ならない。極限の誇り(そし)りを恐れずに言うなら，一種の「ゲットー」ともいうべき「囲い込み」の装置……。ただし，その囲い込みは，新しい社会成員の形成のためには最も効率的・効果的な仕組みであったから，時代の心性は，まずそれを肯定し，子どものための不可避の営みとして受け入れたのであろう。*

こうして私たちの近代的心性によって発見された〈子ども〉は，子どものために特別に配慮された「学校」という空間で子ども期のための特別な教育を受けることになる。以後，われわれの社会は，きわめて巧妙な装置としての「学校」に子どもを囲い込むことで子どもが〈子ども〉らしく子ども期を過ごすことを善としてきた。そして，「発達可能性のある子ども」「純粋で無垢なる子ども」といった言説を繰り返しながら，子どもを〈子ども〉として語り続けてきた。まさに，近代の子どもへのまなざしによって映しだされた〈子どもの物語〉が幕をあけたのである。

§2　乳幼児期の子どもをも教育する
—「幼稚園」の誕生—

1．すべての子どもを「学校」へ

　アリエスが明らかにしたように，中世の社会は，様々な年齢や階層の人々が渾然一体となって生活し，子どもたちもまた，社会の一構成員として，見よう見まねの生活を通して，生きるすべを学習していた。それぞれの階層で行われていた「見習い奉公」という慣習は，ある意味で各階層に合致したこの時代のきわめて優れた教育システムであったといえるだろう。
　特権階級の子弟が，通っていた学校もまた，今日的な学校のように教育内容や方法等が制度化されていたわけではなく，そこでの生活を通して，様々な習慣を獲得する見習い奉公の要素を内包した場に過ぎなかった。

＊　本田和子『子ども一〇〇年のエポック―「児童の世紀」から「子どもの権利条約」まで―』フレーベル館，2000，p.18

こうした学校が一般大衆をも対象として,〈教育〉を開始するのは,言うまでもなく,近代以降のことである。近代化された社会は,基本的な知識を獲得した市民(労働者)を必要とした。そうした市民を育成するためには,もはや「見習い奉公」のように緩やかで個別的な教育ではその役割を担うことはできなかった。効率的かつ効果的に市民を育成するシステムとは何か。——それに答えるもっとも優れた装置として登場したのが,「学校」だったのである。

すでに,多くの教育史研究が明らかにしているように,今日の学校においても最もポピュラーな教育方法である一斉教授も,オーソドックスな学校内集団のひとつであるクラスという単位も,近代初期の学校の発展とともにつくりだされたものである。

一斉教授は,少ない教員が,同時に大勢の子どもを対象として,同じ内容を指導するにはきわめて効率的な教育方法であったし,同一年齢の子どもを

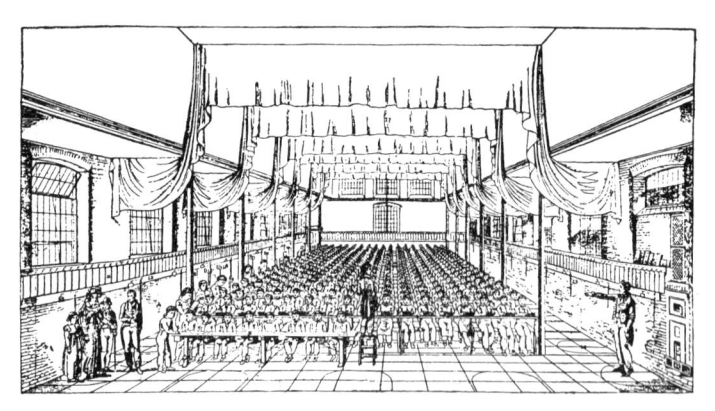

図表1-1-1　19世紀初葉におけるBritish Societyのモデル校
　　　　　　Borough Road Schoolの授業図
(尾形利雄『産業革命期におけるイギリス民衆児童教育の研究』校倉書房,1964)
(原典：C.Birchenough, *History of Elementary Education in England and Wales from 1800 to the Present Day*, 1925, pp. 284-5)

ひとつの集団として，まとめて教育し，さらにクラス集団をひとつの単位として進級させていくことは，合理的な教育実践でもあった。

これによって，見習い奉公のように，社会の中で大人と子どもが区別されることなく，労働や作法，生きるための知識を獲得する緩やかな教育システムは衰退し，それに代わって登場した学校が子どもを教育する唯一の場として力を発揮することになるのである。

こうして，これまで学校教育とは無縁の社会階層の子どもたちに至るまで，学校教育は浸透し，子ども＝学校に行くべき存在として位置づけられるようになったのである。

2．乳幼児への関心

社会の近代化は，民衆の生活を大きく変化させることになった。都市部に移動した労働者たちは，貧困生活を余儀なくされ，社会の悪徳を形成する土壌を形成していった。それと同時に，親が家庭を離れ，子どもを置いて労働に出るという新しい家族形態は，家内工業時代に行われていた子育ておよび教育の機能を崩壊させ，子どもたちの生活にも大きな変化をもたらした。

これらの状況下において，社会は共同体や家族が担っていた教育的役割を担う機関を必要とした。それが，ほかならぬ「学校」であったのである。

しかし，社会の近代化が急速に進んだイギリス社会でさえ，民衆を対象とした学校が短期間に普及したわけではなかった。民衆には縁のなかった学校が一般化し，統一化された学校システムが構築されるまでには，多くの時間が必要であり，巧妙なシステムの完成までには，さらに様々な実践が繰り返される必要があった。

ここでは，そのプロセスに誕生したいくつかの学校を概説しながら，近代の学校システムに囲い込まれていく子どもの物語をみていくことにしよう。

図表1-1-2 19世紀中葉におけるDame Schoolの授業図　Dame Schoolにおける授業の実態は，産業革命期前後を通じて，ほとんど同様であった。
(尾形利雄『産業革命期におけるイギリス民衆児童教育の研究』校倉書房，1964)（原典：G.C.T. Bartley, *The School for the People*, 1871, pp. 500-1)

(1) デーム・スクール (dame school)

近代の社会は，民衆の子どもを教育する機関を必要としていたが，それらは実に多様で雑多な形で登場した。つまり，国家が一気に統一した学校システムを構築したわけではなく，様々な団体や個人が，それぞれの実態や必要に応じて教育機関をつくりだしていったものであり，その実態や教育内容も様々であった。

しかし，雑多な教育機関がやがて統一されていくプロセスにおいて，近代社会とそこに生きる人々は，「学校」に子どもを囲い込み，「学校」を子どもを教育するための唯一のすぐれた教育機関として位置づけていくのである。

図表1-1-3　ホーンブック
アルファベットや主の祈りなどを書いた1ページだけの本，これを使って教育するデーム・スクールもあった。(モリー・ハリスン／藤森和子訳『こどもの歴史』法政大学出版局，1996, p.61)

第1章　「保育」という営みの始まり

　産業革命後のイギリスの都市部において，民衆教育の大きな役割を果たした学校として，最初に登場するのは，デーム・スクール（おかみさん学校）であろう。佐伯正一の研究によれば，1834年から1838年までにマンチェスター，リヴァプール，ソールファド，ベリ，バーミンガムでの統計調査によると，これらの5都市における週日昼間学校の総生徒数は73,792人で，そのうちデーム・スクールの生徒数は，16,245人であったという。つまり，22%の生徒がデーム・スクールに通っていたことになる。*

　このように普及したデーム・スクールとはいかなる学校であったのだろうか。

　イギリスでは，中世においてもすでにデーム・スクールは存在していたといわれるが，19世紀初期になって，多くの町や村に存在し，民衆の通う学校と化した。ここでいうデーム（dame）とは，低階層の主婦や寡婦をさし，デーム・スクール（おかみさん学校）は，それらの年配の婦人によって少額の授業料で運営されていた。婦人たちは，多少の読み書きはできるが教師の資格は持っておらず，子どもたちにアルファベットや数字を教えたり，しつけをしたりした。デーム・スクールは，産業革命後，主婦たちが家をあけて労働にでる機会が増大し，子どもたちを安価で預かってくれる施設としては，きわめて有効なものであった。公立の初等学校の整備が不十分な状況下において，デーム・スクールが，3R's（reading, wrighting, arithmeticまたはreckoning＝読・書・算）の初歩を教えるという場であったともいえるだろう。しかし，その教育内容や教育方法は，その後の「学校」が突き進む姿とは，大きく異なるものであったことも同時に確認しておきたい。その後，やがてデーム・スクールは，幼児学校や初等学校へと姿を変えていくことになるが，その変遷には，社会が，よりシステム化された学校を必要とし，人々はそれに期待するようになったプロセスをみることもできるだろう。

＊　佐伯正一『民衆教育の発展−産業革命期イギリスにおけるその実態と問題点に関する研究−』高陵社書店，1967，p.23

（2） 幼児学校（infant school）

　幼児を教育対象として，家庭外の施設において，ある種の教育を実践したという点だけに注目するのであれば，デーム・スクールもまたひとつの幼児学校であったといえるであろう。しかし，そこで行われている教育の実態は，近代幼児教育機関として，われわれがイメージするものとはあまりにも大きく異なっていた。先行研究によると，デーム・スクールの多くは，その環境は，小さく不衛生な部屋に多くの子どもたちを閉じ込めたものであり，教師の実態は，他の仕事に携わる傍らで，子どもを見張っているに過ぎないものであったり，しばしばいらだつ教師によって体罰が繰り返されていたりしていたという。

　こうしたデーム・スクールの実態を，「学校の名に値しないもの」として批判した当時の教育関係者たちは，「より教育的なもの」を目指して，新たな幼児教育施設を誕生させている。デーム・スクールが，幼児の「学校の名に値しないもの」だとしたら，幼児の学校は何を目指そうとしたのだろうか。「より教育的なもの」としてつくられたそれらの施設は，何をもってして「教育的」と位置づけられたのであろうか。

　「子どもは最も幼いときに，教師の愛情をうけて育てられるべきである」と述べたブルームは，幼児院を立ち上げ，「子どもにとって授業は楽しいものでなければならない」と述べたオーエンは，性格形成学院を設置した。これらの施設を筆頭に，次第にイギリスの都市部に幼児学校（infant school）が誕生する。

　「幼児のため」に誕生した幼児学校は，いかなる意味をもっていたのか。そして，これ以降，拡大発展していく幼児のための教育施設は，どのような物語をつくりだしていくのか，オーエンの性格形成学院を例にその物語の一幕をみてみることにしよう。

―性格形成学院(Institution for the Formation of Character)にみる
　幼児教育の物語の曙光―
　オーエン(R.Owen)が，1816年に設立した性格形成学院の目的は，労働者階級の子どもたちをよりよい環境において，生涯において役立つような実用的な知識を授けることにあった。
　オーエンが築いたその教育施設の特徴を整理してみることにしよう。われわれは，その特徴に触れるとき，「子どものため」という新しい時代―きわめて近代的な教育―の幕開けを感じずにはいられない。
　「愛情」「主体」「遊び」等の，現代の幼児教育がその物語の象徴として多用するタームが，この時代に登場する。われわれは，この新しい時代の教育の物語をどのように読み解けばいいのだろうか。
　以下に考察してみることにしよう。
　① 人間の教育に対する愛情*
　子どもの教育に体罰や抑圧が当たり前に行われていたこれまでの教育に対して，オーエンは，性格形成学院での教育の基盤について「愛情」「慈愛」という言葉を繰り返す。そして，人間の本性を尊重した環境を用意することこそ，善良賢明な市民を育てることにつながることを強調する。

> 幼児も子どもも大人も，自分自身で思うままに形成した<u>自由意志による行為主体</u>なのだ。(中略)これまでの人々は，人間性を誤ってとらえ，悪くいい，野蛮に虐待したのです。(中略)「<u>人間は環境の子である</u>」ということ，人間とは，生涯のどの時点をとってみても，かれをとりかこんだ環境の諸条件と，かれの生まれながらの性質とが一緒になったものによってこさえられたものにほかならない……。** (下線筆者強調)

教育という営為に「愛情」という概念が語られ始めるのは，近代教育の

---
* ロバート・オーエン／斎藤新治訳『性格形成論-社会についての新見解-』明治図書出版，1974，p.35
** 同上書　pp.155-156

大きな特徴のひとつといえるであろう。「体罰」や「抑圧」による注入主義的な教育を「旧教育」と表現するなら，教育に「愛情」という概念をもちこみ，子どもの主体性を尊重する教育は，きわめて「新しい教育」である。

　もちろん，オーエン以前にも，ペスタロッチらによって，「愛が教育の第一条件である」というような言説は，すでに語られ始めていた。ペスタロッチが設立したノイホーフの貧民学校，シュタンツの孤児院学校は，まさに彼の愛情を基本とした教育の実践の場であった。

　教育における「愛情」を語る際の前提は，子どもを善なる存在とみなすこと，そして子どもの能力を信頼し，主体的な存在として位置づけることだといえよう。つまり，「愛情」を注ぐ対象としての子どもという存在が，原罪による罪深い存在ではなく，無垢で純真な存在である必要がある。もはや教育史や子ども史の研究を振り返るまでもないが，「小さな大人」から「子ども」という「特別な存在」に転換した子どもの誕生という子ども観の大転換が，「愛情」による教育という「新しい教育」の成立を可能にさせたといえるであろう。

　② 実物教授による教育

　子どもたちに系統的に有益な知識を獲得させることを目指したオーエンであるが，とくに幼い子どもたちの教育に対しては，書物による注入主義的な教育を批判し，実物による教育（直観教授）を行おうとした。

> 　それは，<u>実物教育によるべき</u>です。これによって，子どもの反省力と判断力は，かれらの前に提示された経験的事実から正確な結論をひきだすように習熟していくだろうと思います。この教授法は，自然法則にもとづいているものですから，子どもらに<u>楽しさ</u>も<u>真の知識</u>もあたえてやれないような現代の退屈な教科書学習制度にとってかわるでしょう。＊（下線筆者強調）

＊ 同上書　p.153

教科中心の注入主義に対して、実物や子どもの活動を尊重する教育内容の転換もまた、新しい教育の特徴のひとつである。それらは、やがてデューイらの新教育運動へと発展していく。「このたびは、子どもが太陽となり、その周囲を教育の諸々の営みが回転する。子どもが中心であり、この中心の回りに諸々の営みが組織される」＊というデューイの著書にある一節は、新教育運動を象徴する言説となっていく。「教科中心」か「子ども中心」か、「知識中心」か「経験中心」かという近代教育学がその後、議論し続けることになる二項対立の構造が、オーエンの時代にすでに語られ始めていたことがわかる。

③　遊び場と運動場のある学校

オーエンは、性格形成学院の四角形の広場のなかに、広い遊び場と運動場を作った。この広場はイギリス民衆教育史上、最初の幼児のための運動場であったといわれている。この場所で、子どもたちは「遊んだり」「楽しんだり」していたのである。木綿のさっぱりしたゆるやかな服装をして、ダンスをしたり遊んだりする子どもたちの様子は、しばしばこの施設を見学する者たちを魅了したという。

18世紀後半のイギリスでは、ブレイクの『無垢の歌』にみられるように子どもが無邪気に遊ぶ姿を「美しいもの」として語る子ども賛美の物語が数多く誕生している。子どもの遊びを賛美する一方で、子どもの遊びを教育の中に取り入れていくこの構造もまた近代教育の物語の特徴のひとつである。

オーエンの後に、設立されたウィルダースピンやストウの幼児学校でも、運動場での遊びは、健康や道徳教育の場として重要視されていく。幼稚園を創設したフレーベルや、前述したデューイが遊びの教育的役割を重視したことは、言うまでもないことであろう。

このように全ヨーロッパにその名声を広げたオーエンの性格形成学院での「新しい」試みは、開始8年でその幕を閉じることになる。その世俗性がク

＊　ジョン・デューイ／宮原誠一訳『学校と社会』岩波書店、1980、p.45

図表1-1-4a　Samuel Wilderspin の Infant School における運動場

（原典：C. Birchenough, *History of Elementary Education in England and Wales from* 1800 *to the Present Day*, 1925, pp. 306-7）

図表1-1-4b
Samuel Wilderspin が Infant School の運動場に設けた Rotary Swing
（原典：S. Wilderspin, *The Infant System*, 8th et., 1852, p. 105）

尾形利雄『産業革命期におけるイギリス民衆児童教育の研究』校倉書房, 1964

ェーカー教徒によって危険視され，弾圧の対象とされていったからである。

性格形成学院の試みは短期間でその終わりを告げることにはなったが，その後にイギリス全土に幼児学校が展開されていく歴史を概観すると，オーエンの実践は，幼児を教育対象としていく近代教育の第一歩であったとみてとることができるであろう。それは，単に教育対象を「幼児」までに拡大したことを意味するのではなく，そこで語られた言説が，まさに近代教育の物語を象徴したものであったことにある。

「無味乾燥とした教育から，楽しんで生活する教育へ」「抑圧された教育から子どもの自由を尊重した教育へ」という近代教育が好んで語り続けた教育のテーゼは，教育対象を「幼児」とすることで，矛盾を生むことなく正論化することに成功していくのである。

この構造が，結果として幼児教育を，児童期以降の学校教育と区別し，その独自性を謳い続けることを可能にする物語を確立していくのである。

(3) infant school から Kindergarten へ

イギリスの都市部に設立された幼児学校は，やがてヨーロッパ全土に拡大されていく。「幼児」を対象とした教育への関心が深まる中で，大きな転換点は，言うまでもなくフレーベルによる"Kindergarten"の創設によるものである。

岩崎の研究によれば，フレーベルが幼稚園を創設する以前の1830年代には，ドイツにもイギリスのウィルダースピンの流れをくむ幼児学校と幼児学校の保育者養成施設が設立されていた。＊ドイツにすでに幼児に対する教育的関心が広がっていたこと，託児所，幼児学校の教員養成の先駆的実践が展開されていたことが，フレーベルがその後の教育実践を展開する上での土台となったことは言うまでもない。

しかし，フレーベルの構想は，決してこれらの幼児学校の延長線上にあっ

＊ 岩崎次男編『幼児保育制度の発展と保育者養成』玉川大学出版部，1995, pp.131-132

たわけではない。1816年に「一般ドイツ教育舎」を設置して以来,「ブルクドルフ孤児院」での経験を経て,熟成されていく人間の教育に対するフレーベルの強い信念は,「幼児と青少年の作業衝動を育てるための施設」,「遊びと作業の教育所」の開設へと展開し,ついに1840年,「一般ドイツ幼稚園」の創設へと結実していくのである。

よく知られるようにフレーベルは,「私はこの施設に,類似の施設がこれまで呼ばれてきた名称,すなわち幼児学校という名称をつけません。というのは,それは学校であるべきではないからです」と主張し,幼児にふさわしい教育施設は,「学校」とは異なるものである必要があることを主張する。そして,幼児のための教育施設としてそれまでの幼児学校とは一線を画した新しい幼児のための施設を構想する。それが,「幼稚園」であったのである。

では,彼にとって幼児を対象とした新しい教育施設としての「幼稚園」とはどのようなものであったのか。まずは,彼の教育論について整理してみることにしよう。

① 教育の前提としての人間観

フレーベルの教育論は,その著書『人間の教育』に著されている。その著書の中で,フレーベルは人間の本質とその教育を次のように述べている。

> すべてのものの使命および職分は,そのものの本質,したがってそのもののなかにある神的なものそれ自体を発展させながら,表現すること,神を外なるものにおいて,過ぎゆくものを通して,告げ,顕わすことである。(中略) 意識し,思惟し,認識する存在としての人間を刺激し,指導して,その内的な法則を,その神的なものを,意識的に,また自己の決定をもって,純粋かつ完全に表現させるようにすること,及びそのための方法や手段を提示すること,これが,人間の教育である。*

神的本質を具有するものとして人間を捉えるフレーベルは,人間の使命

＊ フレーベル／荒井武訳『人間の教育』(上) 岩波書店,1986,pp.12-13

は、神的本質を発揮することであり、人間の本性は、「妨害されない状態においては、必ず善であるし、また善でなければならない」*とする。こうした人間観から出発するフレーベルの教育は、基本的に、「受動的、追随的（たんに防御的、保護的）であるべきで決して命令的、規定的、干渉的であってはならない」**ものとなる。

② 連続的な発達観

フレーベルは、人間の発達を連続的なものとして捉え、何よりもそれぞれの発達段階を十分に精神や心情や身体の諸要求に従って生き抜くことの必要性を主張する。

> 先行のより早い段階のそれぞれの中での、またそこにおいての人間の十分な発達のみが、後に続くそれぞれのよりおそい段階の十分かつ完全な発達をひきおこし、生みだすものであるからである。***

人間の発達をこのように捉えるフレーベルの主張は、この時代の「学校」が、発達段階に先んじて、知識を教え込むことに対する批判ともつながるものである。次なる少年期や青年期が充実するには、単にその年齢に達すればよいのではない。その前段階の幼児期という固有の価値が忠実にかなえられる必要がある。こうした発達観に基づけば、それぞれの時期にふさわしい教育内容と方法が模索される必要があるであろう。

幼児がその時期を十分生き抜き、その時代の価値を実現しうる教育とはいかなるものであったのか。それが、フレーベルが学校ではない教育施設で実現しようとした教育だったのである。

③ 教育としての遊び

人間は、神と同じように創造し、同じように活動しなければならないとす

＊　同上書　p.18
＊＊　同上書　p.18
＊＊＊　同上書　p.48

るフレーベルにとって，遊びや労働は，きわめて意味あるものであった。

とくに，乳児期の子どもにとっての感覚器官や四肢の活動，幼年期の子どもにとっての遊びは，この時期の人間の発達にとって最高の段階と捉えていた。すでにオーエンやウィルダースピンの幼児学校でも身体活動や遊びの意義は注目されていた。しかし，「遊び」そのものに意味を見いだし，「遊び」を通した教育をしようとした点においては，幼児学校のそれとは大きく異なるといってもよいだろう。

> 幼児は，遊戯をしながら，進んで，しかももし可能なら，多くのことを話すものである。遊ぶということと，話をするということとは，子どもが現にそこにおいて生きていることの元素である。(中略) この時期の遊戯は，<u>たんなる遊びごとではない。それは極めて真剣なものであり，深い意味を持つものである。</u>*（下線筆者強調）

> 遊びは，統一的な生活の分化をうながすとともに，分化されたかつ多様なる生活の統一化を実現する。かくて<u>遊びは，正しく認識されかつ立派に訓練される時</u>，自己認識と同様統一の認識及び万有の認識を生ぜしめる。**
>
> （下線筆者強調）

こうした教育論に基づいて，フレーベルは1837年にブランケンブルクに「幼児と青少年の作業衝動を育てるための施設」を設立する。そこで，幼少年期を対象とする「遊具，作業具，したがって教具」の考案と製造に取りかかる。フレーベルが，この施設設立の前段階として「直観教具」を提供する自己教授と自己教育へ導く直観教授のための施設を設立する構想を練っていたことからも，彼が遊びや創造的自己活動に，「たんなる遊びごとではない」教育的意味，つまり教育において遊びをひとつの手段として捉えていたことが読み取れる。

＊ 同上書　pp.70-71
＊＊ フレーベル／岩崎次男訳『幼児教育論』明治図書出版，1980，pp.60-61

1837年，この施設は，政府によって認可され，本格的な「遊具，作業具，したがって教具」—いわゆる恩物—の製作が始まった。そして，これらの恩物の普及と幼児教育の指導のための保育者養成施設，そしてその実習施設としての「遊びと作業の施設」が開設され，1840年，これらを総合した施設として「一般ドイツ幼稚園」が創設されたのである。

　フレーベルにとって，幼稚園は，恩物の製作と保育者養成が伴って初めて意味ある施設となっていたともいえるであろう。

§3　幼児を対象とする教育の特殊性

1．矛盾に直面せずにいられる保育の世界

　前節で見てきたように，18世紀の終わりには幼児を対象とした教育施設が誕生し，フレーベルの幼稚園は，一時的に禁止令が出されたものの，彼の多くの弟子たちによって世界中に普及され，幼稚園は，旧教育を乗り越えた，きわめて近代的な〈子どものため〉の教育施設として，位置づけられていくのである。

　のちに，デューイが自分自身の手がけたシカゴ大学付属学校の教育原理に対して，フレーベルがこの原理を意識的に提唱した最初の人と述べているように，フレーベルの理論と実践は，ある意味でその後の近代教育の原理を象徴するものであったといってもよいだろう。

　繰り返しになるが，その原理の核となるのは，① 子どもを善なる存在として捉える子ども観　② 子どもの発達段階の尊重（個性の理解）③ 子どもの自己活動（遊びや作業）の重視である。なるほどこれらの原理や言説は，近代教育（新教育）が定着した時代に教育を受け，教育学を学び，教職に就いた（就こうとしている）者にとっては，いわば当然の，疑う余地のない原理として，体験し，教えられ，その身体に染み付いている。われわれは，こ

の言説から逃れようもない状況に置かれているともいえるだろう。

　しかし，近代教育の歴史は，しばしばこれらの原理，言説の矛盾に直面しながらも，超えられずに，いや超えることを断念しながら歩み続けた歴史でもある。

　とくに，学校教育―知の獲得を余儀なくされる段階―においては，しばしばこの矛盾に直面せざるを得なかった。子ども中心主義か教科中心主義か，子どもの自主性か教師の指導力か，一人ひとりの個性の尊重か集団としての調和か，といった議論が，繰り返されている事実がそれである。

　二項対立的に論じられてきた問題は，どちらかに勝利の旗をあげることでは解決はしない。子どもの興味や関心のみを重視し，系統的な教育内容を無視したならば，それはもはや学校の存在意味はなくなるし，また教科の構造のみを重視した教育を推し進めれば，それはもはや教育とは異なる営為となる。つまり，教育が教育であろうとするためには，これらの議論の両者がある意味バランスをとりながら，弁証法的に立脚点を探しだすしかほかにすべはなかった（いや，ないことになっていた）のである。

　しかし，これらの議論が，最終的に弁証法的に解決されるにすぎなかったとしても，議論を巻き起こすためには，その時点での現実を洗いだす作業が必要となる。現実を洗いだす作業は，その時々の教育の問題を直視することでもあり，その都度，教育の問題を検証し，新しい理論を模索する契機ともなった。最終的には，二項対立の議論を大きく超えることはできなくとも，あるいは近代教育の本質的な問い直しになることはなかったとしても，それらの議論から，新しい理論や実践や教育方法の模索は続けられた。学校という場は，時に表面化する矛盾を隠しきれない空間でもあったからである。

　さらに，20世紀末になると，われわれはこれまで想像もしなかった子どもの姿や学校問題に直面しなければならなかった。殺人を犯す子ども，学校に行かない子ども，学校や社会の規範にことごとく背く子どもらの登場である。もちろん，昔からそのような子どもが皆無であったわけではないだろうが，大人を驚かせたのは，それらの子どもが「特殊な事情の子ども」ではな

く，「ごく普通の子ども」つまり，これまでわれわれが無垢で純粋で善なるカテゴリーに納めていたはずの子どもたちだったからである。それらが「特殊な事情の子ども」であれば，われわれはこれまでの子どもの尺度を変えることなく，「特殊な事情」を焦点化すれば，それで説明がつき，安心できた。しかし，それらはわれわれの信じてきた〈子ども〉のカテゴリーを超え，われわれは，この子どもたちを説明する言語を失ってしまった。

　純粋で無垢で善なる子どもという子ども観を基盤とし，進歩，発達をよきものであることを疑わずに邁進してきた近代教育は，パラダイムの転換を迫られることになったのである。教育学の世界でも，ポスト近代の教育が議論され始め，これまで〈子どもたちのために〉と信じられてきた学校，教育，文化等々の批判的な検討が進められた。教育の構造を問い，教育の知を問い，教育のシステムを問うという動きの中で，近代教育学の前提を問い直し，新たな教育学の構築が模索された。

　しかし，幼児を対象とした教育の世界ではどうだろう。知を獲得することを余儀なくされる段階以前の保育の世界では，「学校」が抱える矛盾に直面する機会がない。就学前の「教育」という点においては，それらの問題に直面する機会がまったくないわけではないし，幼稚園であれ，保育所であれ，それが子どもを保護と教育の対象として，囲い込む社会的装置である以上，矛盾が皆無なわけではない。しかし，対象となる子どもが幼いだけに，相変わらず「純粋，無垢，善……」という子ども観から裏切られる経験をせずにいられる安穏さ故なのか，学校知によってあからさまに序列，配分される必要がない段階故なのか，はたまたいまだ大人の権力に従わざるをえない身体的能力段階の幼子を教育対象とする故なのか，いずれにしても，保育の世界は，学校教育やそれを取り巻く教育学が感じているほどの危機を感じることなく，近代教育学の基盤の上に，その実践の歴史を積み上げてきたのである。

　それは，保育学―あえて「学」と称してみると―にとっては，幸せなことでもあり，ある意味不幸なことでもあった。

2. 教育学を読み解くキー概念の宝庫としての保育

　保育の世界が学校教育の矛盾に直面せずにいられたことは，前節で述べたとおりである。しかし，20世紀末から繰り広げられている近代教育，ポスト近代教育の再考の作業の中で，キー概念とされてきたいくつかの概念は，奇妙なことに，保育の世界を読み解く重要な概念でもある。

　たとえば，「家庭の教育力」ということをとりあげてみよう。「虐待の増加」「家庭の教育力の低下」がしばしば問題とされる。保育者は，今や子どもを保護，教育するだけでなく，親の子育てを支援することがその仕事の多くを占めるとさえいわれている。近代が「子どものため」につくりだした装置の一つは「学校」であるが，もう一つは「家庭」である。近代教育は，よりよい教育環境としての家庭と学校を子どもたちに用意することで，発達可能態としての子どもの幸せを保障しようとした。子どもに限りなく愛情を注ぐ家族―そこでは子どもが中心となり，子どもの成長，発達を願う大人と子どもの関係が成立しているはずであった。しかし，この前提が揺らぎ始めている。この前提が揺らいだのでは教育は成立しない。だから子育て支援なのか。おそらく，問題はそれほど単純ではなく，再考しなければならないのは，低下してきた家族の教育力ではなく，近代教育が前提として疑わなかった装置としての「家族」であろう。(家族のシステム化については，第2部第1章参照)

　あるいは，「総合的な学び」について，考えてみよう。2002年のわが国の教育改革によって「総合的な学習」が全面的に導入された。文部科学省によれば，21世紀に入り，今後ますます多様化，複雑化する社会の中で，自ら問題を発見し，自ら問題を解決していく「生きる力」をつけることがこの学習の目的となる。「総合的な学習」は，これまでの系統的な教科中心的な教育を推進してきた教師や教育学者たちから，「学力低下」を招くとして，強く批判されることになった。「学力低下」についても「総合的な学習の課題」についても，いくつかの課題とデータが絡み合ったままに議論されており，

いまだ確かな検証に至っていない。しかし，これらの議論は，少なくとも，教科か経験かという二項対立的な議論を超えて，「身体技法としての学び」の模索，「デザインとしてのカリキュラム」の検討，「見えない教育の評価」の模索などという議論を巻き起こしている。

そもそも，保育の世界は，系統的な学習を否定し，総合的な学びの世界を最重要視してきた。「この年代の遊戯は，未来の全生活の子葉である」＊と述べたのはフレーベルであるが，保育の世界は「学びとは何か」「遊びとは何か」について，さほど検証もせずに「子どもは遊びを通して学ぶ」という言説を自明のこととして受け入れてきた。「学び」への問いは「学校知」の問い直しを迫られることのない保育の世界においても無縁な問いではないはずである。

身近な概念を例に，説明してみたが，保育の世界がつくりだしてきた言説は，近代教育を象徴する言説であったが故に，教育を問い直す際のキー概念の宝庫ともいえる。幼児までをも囲い込む装置として機能している学校化された社会への問い，幼くか弱い子どもを対象とする故の配慮としてのケアリングという概念，地域共同体での子育ての消滅と乳幼児教育機関の台頭，子どものためという価値の上昇と子どもへのまなざしの変化，自律的主体の構造への問い，学校知と日常知の矛盾，学びの構造……等々。

ロマン主義の子どもの物語の世界から脱し，本当の意味での子どもの新しい物語を紡ぎだすことができるのか。今，その問いが保育の世界に突きつけられている。

＊　フレーベル　前掲書 p.72

〈さらに学ぶために〉

本田和子『子ども一〇〇年のエポック―「児童の世紀」から「子どもの権利条約」まで―』（フレーベル館，2000）

　　　20世紀の終焉のときにこの本は出版された。エレン・ケイが「児童の世紀」と名づけたこの世紀は，本当の意味で「児童の世紀」であったのか。子どもにとって，教育にとって，劇的変化を遂げたこの世紀を検証するうえで，示唆的な一冊である。

宮澤康人『大人と子供の関係史序説―教育学と歴史的方法―』（柏書房，1998）

　　　教育史や保育史の概説書は，山ほどある。まずは，それらの一冊を手にして，教育の歴史を知ることも一つの学びである。この本は，従来の全体史，表層の歴史としての教育史のあり方を越え，大人と子どもの「関係」に注目し，その歴史的構造を記すことの意味を明らかにしたという点で，興味深い。

第2章

教育思想家たちの子ども中心主義
ルソー・フレーベル・モンテッソーリの対談

　ルソー，フレーベル，モンテッソーリは，ほとんどの教育学や保育学のテキストに登場してくる重要人物である。
　3人は今は亡き人たちであり，それぞれフランス，ドイツ，イタリアと違ったヨーロッパの国々に生まれ，18世紀，19世紀，20世紀という違った時代に活躍した人たちであるが，この章では，彼らの住む大国から私たちの住む21世紀に一同に会してもらうことにしよう。もちろん，彼らは，それぞれ今まで面識はない。
　21世紀の司会者が様々な疑問質問をぶつけながら，それぞれの教育についての考えを語ってもらおう。今だからこそ語れる秘話などを引きだせたら儲けものである。

§1 3人の教育思想家のプロフィール

図表1-2-1 3人の教育思想家のプロフィール

名前	ルソー Jean-Jacques Rousseau	フレーベル Friedrich Fröbel	モンテッソーリ Maria Montessori
生没年	1712-1778	1782-1852	1870-1952
性別	男性	男性	女性
出身地	フランス	ドイツ	イタリア
現住所	天国	天国	天国
性格	社会的評価と私生活とのズレが大きい天才肌タイプ	自然と母性的女性に憧れ続けた情熱家タイプ	まわりに流されないちょっぴり自己中心的タイプ
主著	『人間不平等起源論』（1755），『社会契約論』（1762），『エミール』（1762）	『人間の教育』（1826），『母の歌と愛撫の歌』（1844）	『モンテッソーリ・メソッド』（1909），『小学校における自動教育』（1916）

§2 それぞれの事情

1. 5人の子どもを捨てた人生：ルソー

司会：ルソーさん，フレーベルさん，モンテッソーリさん，今日は，天国でお休みのところ，わざわざお越し頂いてありがとうございます。よろしくお願いします。

3人：初めまして。よろしくお願いします。

司会：みなさんは教育学の中では，とても有名な方々なのですが，初めてみなさんのお名前を聞くという方も多くいます。ということで，自己紹介も兼ねて，みなさんがなぜ教育に関心をもっていったのかお聞かせ頂けないでしょうか？　ルソーさんのお書きになった教育小説『エミール』(1762)（J・ルソー／今野一雄訳『エミール』（上）（中）（下）岩波書店，1962，1963，1964)[*]は，教育学のバイブルともいわれていますが……

ルソ：実は，私は自分のことを教育思想家として評価されるのは，好きではありません。私の関心はもともと教育にはありませんでしたから。むしろ，政治思想家，社会思想家として，評価されたいですね。実際，私の私生活は教育を語るにはあまりにもすさんでいました。フレーベルさんやモンテッソーリさんと違って，私には教育実践を行った経験もありません。いいにくいのですが，自分の5人の子どもはすべて孤児院に捨てて，父親としての使命すら果たしてきませんでした。もっ

---

[*] この本は，1762年に『社会契約論』とともに，パリとオランダで発刊されたが，フランス政府や教会の怒りを買い，両本とも直ちに焼き捨ての対象となった。また，すぐさまルソーに逮捕状が出された。彼は，夜逃げ同然でフランス中を逃げ回り，やがてスイスへとたどり着いたという経緯がある。迫害は生涯続き，晩年には精神的な病に犯されるようになっていった。

とも当時としては，珍しいことではありませんでしたが。
フレ：ショックです。私はあなたの熱狂的なファンでしたから。子どもを5人も捨てたなんて。ショックです。
モン：誰だって，一つや二つ，人にいえない過去をもっているものよ。私は驚かないわ。
ルソ：若い頃は，放浪生活を続け，盗みをはたらいたり，人をだましたりもしてきました。生涯貧乏で，社会や経済に関する懸賞論文を書いたり，歌劇の作曲をしたりして，なんとか食いつないで生きていました。

あっ，そうだ。私の作曲した中で，今の日本のみなさんにも馴染みのあるものに「むすんでひらいて」がありますかね。*

司会：ルソーさんは，多分野にわたって活躍されていたんですね。そんなあなたが，なぜ19世紀，20世紀の教育関係者たちの必読の書となった『エミール』を書くことになったのですか？
ルソ：一つの理由としては，若い頃に自分の子どもを捨ててしまったという，後ろめたさがありました（J・ルソー／桑原武夫訳『告白』（上）（中）（下）岩波書店，1965，1965，1966）。もう一つの理由としては，私が生きた18世紀当時の腐りきったフランス政府や教会，不平等なフランス社会を何とかしたいという願いがありました。「人間は生まれながらに自由であるのに，どうして嫌なやつらに支配されなくてはいけないの

図表1-2-2
ルソーが執筆活動を行っていた離れ部屋
(J・ルソー／今野一雄訳『エミール』(下)岩波書店,1964)

図表1-2-3
1750年〜1751年頃の荒廃した都市の風刺画
(北本正章『子ども観の社会史』新曜社，1993)

か，なぜ民衆と貴族といった不平等がおきてしまうのか」それを考え続けた結果，1762年に『エミール』と『社会契約論』(J・ルソー／桑原武夫・前川貞次郎訳『社会契約論』岩波書店，1978)を書いたのです。この二つの書物で私が語りたかったのは，当時のフランスの現状を変えるには，リセットボタンを押すしかないということでした。

司会：リセットボタン？

ルソ：つまり，悪のはびこる社会を「自然状態」にもどすということです。

司会：田舎で自然に囲まれた生活をするということですか？

ルソ：出発点はそこです。まずは社会をリセットして，それから私の考える理想的な社会制度が整備された「真の社会状態」をつくることを『社会契約論』で考えました。でもいくら器をつくっても，そこに生きる人間をどのようにつくっていくかという問題が残される。そこで，『エミール』を同時に書いたのです。

司会：『エミール』で語られる教育でも，田舎生活をすることを理想としたのですか？

ルソ：そうです。そこで，自然の法則に従って，自然に育てることを理想としました。この理想を実現するためには，難しい問題がたくさんありましたけど。詳しくは後でお話しします。

司会：お願いします。ルソーさんの私生活のお話は置いておくこととして，当時の社会を変えていくために，教育に関する執筆活動があったということはよくわかりました。ありがとうございました。

＊　「むすんでひらいて」の原曲は，ルソーが作曲したオペラ「村の占い師」(1753年初演)の一部であると長い間信じられてきたが，近年の研究では，後の時代の別の人物によって編曲されたものではないかということが指摘されている。ルソー作にせよ，他の編曲者の作にせよ，彼の「村の占い師」が端となって，日本では「むすんでひらいて」の童謡として歌われていることには間違いない。なお，「むすんでひらいて」のメロディは，スイス，アメリカ，ドイツ，フランス，韓国，中国などの９か国で，歌曲，賛美歌，軍歌といった24曲に変化して歌われているという興味深いCDもある。(『むすんでひらいての謎』キングレコード，2003)

2. 生後まもなく死んだ母親の面影：フレーベル

司会：フレーベルさんは，世界初の幼稚園の創立者として，「幼児教育の父」と呼ばれていますが，どうして教育に関心をもったのですか？

フレ：私の教育への関心は，私自身の幼児期の体験からきています。母親への強い憧れです。母は，私を出産して9か月後に死にました。私の父親はすぐに再婚したのですが，その新しい母親にまもなく子どもができ，幼い私を冷たく扱うようになりました。父親は牧師をしていて，私に厳格な教育をしていました。考えてみれば，幼児期のそうした体験が，生涯にわたって温かで優しい母親の姿を追い求めさせていたのだと思います。

図表1-2-4 カロリーネ・フォン・ホルツハイゼン
(H・ハイラント／小笠原道雄・藤川信夫訳『フレーベル入門』玉川大学出版部, 1991)

図表1-2-5 『母の歌と愛撫の歌』の挿し絵の一部分
(F.フレーベル／小原國芳・荘司雅子監修『フレーベル全集 第五巻』玉川大学出版部, 1981)

司会：フレーベルさんの幼児教育の理論の中では，優しい母親のまなざしに包まれた家庭的な雰囲気が大切だとされていますが，誰かモデルがいたのですか。

フレ：カロリーネ夫人（前ページ参照）です。私は，25歳（1807年）のときに，彼女に出会って一目惚れしました。彼女に私が追い求めていた理想の温かで優しい母親を見ました。その後，彼女の息子たちの家庭教師をすることになりました。

司会：カロリーネ夫人のような優しい母親のイメージは，晩年の著作である『母の歌と愛撫の歌』（F・フレーベル／小原國芳・荘司雅子監修『フレーベル全集 第五巻』玉川大学出版部，1981）の中でよく出てきますね。

モン：あれって，ちょっとロマンティックすぎて，できすぎていません？

フレ：いいんです！！ ほっといてください！！

司会：まあ，まあ。ケンカしないでください。フレーベルさんは，幼少期の頃，孤独な幼児期を過ごしているときに，どうやって寂しさをまぎらわせていたのですか？

フレ： 家の近くの野山の花や木が話し相手でした。自然の色，自然の形，すべてが私を励ましてくれているように感じました。その後，大学などでは自然科学や結晶学を勉強しました。

司会：自然科学の勉強の中で，あなたの教育に影響を与えたことは何ですか？

フレ：球体です。

司会：球体？ ボールのことですか？

フレ：そうです。球体は自然の中でもっとも完成された形であり，もっとも美しい姿だと考えました。私は球体法則が全宇宙を表していると考えました。＊私が考案した幼児向けの遊具である「恩物（おんぶつ）」は，球体の考えをもとにつくられて

図表1-2-6
フレーベル記念碑
（前掲，『フレーベル入門』）

います。私の記念碑やお墓まで，球体をモチーフにしてもらったくらいです。
司会：球体については，いまいち私には理解できませんが，温かで優しい母親を追い求める気持ちと，自然界への憧れがフレーベルさんの教育への関心を高めていったということですね。ありがとうございました。

3. 出産後すぐに別れた息子：モンテッソーリ

司会：フレーベルさんと並んで，幼児教育の二大巨匠といわれているモンテッソーリさんの場合，どういった経過で教育に関心をもつようになったのでしょうか？

モン：私は，もともと医学を志していて，イタリア初の女性医師となったんです。私が20代だった19世紀末には，世界中で女性運動が盛んになったのだけど，国際女性会議のイタリア代表団にもなって，女性運動なども積極的に行っていたの。イタリアでは，ちょっとした有名人だったのよ。

司会：そんなあなたが，どうして幼児教育の分野へ？

モン：今の教育学者たちには，私がE・セガンの障害児教育に感銘したからとかいわれているけど，本当の理由は，息子マリオと離ればなれになったからだと思うわ。結婚を約束していた相手に裏切られ，私は28歳で未婚のままマリオを出産し，その後はマリオを里親に預けて，離ればなれに暮らしていたの。

ルソ：私と同じ，子どもを捨てたのですね。

モン：あなたとは違うわ。私は捨てたんじゃありませんわ！

＊ フレーベルは1811年に球体法則の命題を総括している。「存在するものすべてはこの球体法則の支配下にある」「全宇宙は球体的である」といった自然科学だけに留まらず，学問全般や結婚生活にまでこの球体法則を適用しようとしている。とても難解な理論である。『フレーベル入門』（前掲書），に詳しい。

司会：当時のイタリアの厳格なカトリックの考え方からすれば、未婚の母親、今でいうところのシングルマザーで生きることは大変だったんでしょうね。

モン：本当は、マリオを私の手元で育てて社会的な偏見と闘えばよかったんでしょうけど……当時の私にはできませんでした。でもそれ以来、いつもマリオのことを考えていました。マリオに気づかれないようにそっと里親のところにのぞきにいったことも何度もありました。そして、いつも考えていたのは、どうすれば、マリオの役に立てるかということでした。そこで、思ったのです。マリオの教育に携わることはできないけれど、イタリアの幼児教育全体を変えていくことによって、マリオの役に立てるかもしれないと。

司会：でも、実際に息子さんを手元で育てることができなかったのに、* どうやって幼児教育の理論を語ることができたのですか？

モン：私とマリオが繋がっていたのは、マリオがお腹にいるときだけでした。ですから、私の幼児教育の理論は、基本的に母親の母胎と胎児との関係をモデルにしています。

図表1-2-7
モンテッソーリ
(26歳頃)**

図表1-2-8
セガン（*Edouard Seguin* 1812-1880)***

＊　息子マリオは　彼が15歳になったとき（1013年）、母親のモンテッソーリと暮らし始め、生涯に渡る同伴者として、またモンテッソーリ運動の中心的な人物として活躍するようになっていった。
＊＊　R・クレーマー／平井久監訳、三谷嘉明・佐藤敬子・村瀬亜里訳『マリア・モンテッソーリ−子どもへの愛と生涯−』新曜社、1981
＊＊＊　フランスの医師。障害児教育の先駆者。H・ハイラント／平野智美・井出麻里子訳『マリア・モンテッソーリ−その言葉と写真が証す教育者像−』東信堂、1995

司会：モンテッソーリさんの幼児教育理論で有名な,「環境」や「精神的胎児」のことでしょうか。
モン：そうです。子どもを守り，子どもの成長のための栄養分を与える，まるで母胎のような場を，私は「環境」と呼び，自分の力で成長し栄養分を吸収していく胎児のような存在として，子どもを「精神的胎児」と呼んだのです。
司会：息子マリオさんとの別れに，教育にかかわるようになったきっかけがあるということがよくわかりました。ありがとうございました。

§3 それぞれの「子ども中心主義」

1. 知識を与えない：ルソー「事物の教育」

司会：ルソーさんは，さきほど子どもが自然の法則に従って，自然に育てられることを理想としたとおっしゃいましたが，具体的にはどのような幼児教育の方法をすすめられたのですか？
ルソ：私が『エミール』の読者として想定した相手は，貴族・上流階級の人たちです。まず，その階級の女性たちに母親になりなさいと訴えました。18世紀のフランスの裕福な親たちは，新生児が生まれるとどこかの村の乳母にすぐさま預けていました。7歳くらいになると，その子どもは，また別の家に預けられました。ですから，子どもを産んだら，まず自分の母乳でわが子を育てなさい，それが自然なことですと言ったのです。また，子どもの自然で自由な成長を妨げる慣習についても止めるように言いました。子どもを静かにさせるために布でぐるぐる巻きにした，スウォドリングという慣習です。
司会：乳児の教育に興味をもっていなかった人たちに，子どもの教育はその

第2章 教育思想家たちの子ども中心主義　45

誕生と同時に始まっていますよ，子どもの自然の要求に沿って自分の手で育てましょうねと『エミール』で訴えたのですね。ルソーさんがよく「子どもの発見者」といわれるのは，そのためですね。

ルソ：はい。

フレ：でも，私生活では，自分の子どもを捨てたんでしょ？　言ってることとやってることのギャップがありすぎです。

司会：フレーベルさん。またその問題を掘り起こさないでください。

フレ：でも，でも……

司会：話を戻します。乳児期についてはわかりました。では，乳児期を過ぎた幼児期の子どもの教育はどのようにあるべきだと考えたのですか？

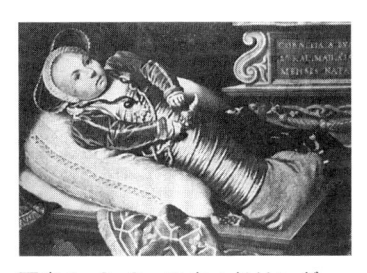

図表1-2-9　スウォドリング
（北本正章『子ども観の社会史−近代イギリスの共同体・家族・子ども−』新曜社，1993）

ルソ：乳児期は教育への無関心さを問題にしましたが，幼児期については逆にかわいがりすぎたり，あるいは過剰な教育をしたりすることがダメだと言いました。命令や体罰を行って教育したり，無理矢理に知識を詰め込んだりして教育するのではなく，自然が示してくれる教育を行うことを訴えたのです。

図表1-2-10　知識の詰め込みと体罰が日常的に行われていた17世紀の民衆学校
（江藤恭二『世界子どもの歴史 5』第一法規出版，1985）

司会：この時期に，田舎生活

なんですか？

ルソ：そうです。都会の暖かな部屋でぬくぬく育てるのではなく，寒さや暑さ，飢えや渇きを感じることのできる田舎生活をすすめました。

フレ：私もカロリーネ夫人の子どもたちを教育するように頼まれたとき，ルソーさんの教え通りに，その子たちを田舎に連れて行きましたよ。

モン：私は田舎じゃなくて，ローマという都市で教育実践を始めたわ。田舎か都市かは関係ないんじゃないの？

ルソ：………

司会：モンテッソーリさん，話の腰を折らないでください。ルソーさんが『エミール』で語っていたのは，ただ単に田舎で子どもを育てればいいということだけではなかったですよね。

ルソ：そうです。よくぞ聞いてくれました。子ども自身が田舎にあるモノを感じ触れていく中で，自然に学んでいくことが重要だったんです。

司会：俗にいわれる「事物の教育」ですね。

ルソ：そうです。幼児は自然な欲求として，いろんなモノに触れたがり，いろんなモノを見たがっている。そうした幼児の欲求を満たしてやりなさいと言いました。幼児はモノに接することを通じて，その熱さ，冷たさ，固さ，柔らかさ，重さ，大きさ，形，性質を感覚的に学んでいくのであり，それが児童期以降の知識を獲得する際の材料となっていくのだと考えました。

2. とことん遊ばせなさい：
フレーベル「遊びの教育」（途中にペスタロッチ）

司会：フレーベルさんやモンテッソーリさんを含めて，いわゆる「子ども中心主義」と呼ばれている教育思想家はみな共通して，大人が体罰や命令で教育してはいけない，子どもの欲求に沿った感覚の教育を重視しなくてはならない，といっているように思いますが………

図表1-2-11
ペスタロッチ（*Johann Heinrich Pestalozzi* 1746-1827）*

フレ：そうですね。そのあたりは共通していると思います。その意味では，ルソーさんの『エミール』の影響は，大きいですね。私の時代でしたら，ペスタロッチさんなんかは，ルソーさんの熱狂的なファンで，やりすぎなくらい感覚教育を徹底して行っていましたし。

………

司会：あっと，突然ですが，天国から抗議の電話が入ったようです。もし，もし，ペスタロッチさん，聞こえますか？

ペス：あっ，私，ペスタロッチですが。いま，崇拝するルソー様，フレーベルさん，私の知らないモンテッソーリさんとかいう人を呼んで，3人だけで討論会をしてるっていうじゃありませんか。どうして私を呼んでくれなかったんですか！

司会：すみません。でもちょうどいいところだったので，すこしこのままお話をさせていただいていいですか？

ペス：ええ，まあ。

司会：いま，フレーベルさんが，ペスタロッチさんは，やりすぎなくらい感覚教育をやっていたとおっしゃったんですが，どのようにされていのですか？

ペス：たとえば，息子に触られたくないものがあったとします。「さわるな！」っていうんじゃなく，私だったらこんな方法をとる。二つの鉢

＊ スイスの思想家であり，教育実践家。青年期は，ルソーの『エミール』に読みふけり，熱狂的ファンとなる。「スイス国民教育の父」とも呼ばれている。実生活は苦労続きで，農場や孤児院の運営など行うもすぐにつぶれ，借金だらけとなっていく。フレーベルと友好関係があった。主著『隠者の夕暮』(1780)『リーンハルトとゲルトルート』(1781-87)『ゲルトルート教育法』(1801) など。

に冷たい水と熱湯を入れておく。そして私は冷たい水の入った鉢で手を洗い，息子には私のまねをして熱湯の鉢で手を洗うように仕向ける。

モン：ひどい。やけどしてしまうわ！

ペス：そう。それが大事なんだ。やけどを負ったときに「見分けがつかないものに触るんじゃない」と教える。さらに，2，3日後には，再び熱い卵をつかって実験してみる。そうするとまたしても息子はやけどを負う。そのとき，「そう何度もやけどをしてほしくないな」と言えば，子どもからの信頼を失うことなく，分別を学ばせることができるんだ。

司会：す，すごすぎます。失敗するのを仕掛けて，その結果を思い知らせる教育。ルソー式「事物の教育」の極限ですね。子ども中心主義と一言でいっても，21世紀でいう意味とかなり違っているのがよくわかりました。それぞれの教育思想家の著作だけを読んではわからない部分がたくさんあるんですね。それでは，電話を切ります。

ペス：ちょっと，待て！　私にもっと質問してくれ……（ガチャ）
　　……

司会：さて，フレーベルさんも子ども中心主義者といわれますが，ルソーさんやペスタロッチさんとの違いがあるとすればどういった点ですか？

フレ：私は，幼児教育の理論の中で，ルソーさんやペスタロッチさんにはない新たな二つの点を強調しました。一つは，幼児の遊びは価値ある学習活動であるということ，もう一つは遊具を使用することの重要性です。

司会：そうしたフレーベルさんのお考えは，フレーベルさんが1840年に世界ではじめて創設した「幼稚園」が世界的に広がっていったのとともに，ほぼ全世界で理解されていったのではないでしょうか。

フレ：そうだとすれば，嬉しいですね。私が開設した「幼稚園」

第2章 教育思想家たちの子ども中心主義　49

図表1-2-12
フレーベルの第二恩物
第一から第六までの
恩物がある
（小笠原道雄『フレーベルとその時代』玉川大学出版部，1994）

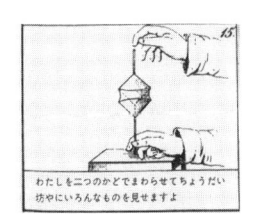

図表1-2-13
第二恩物を回転させ，球体にみせる（前掲，『フレーベル全集 第四巻』）

（Kindergarten）も，当初は弾圧されたことさえありましたから。＊

司会：フレーベルさんは，幼児の遊びをどのように捉えたのでしょうか？

フレ：幼児の遊びは，単なる「お遊び」ではないのです。母親たちには，「子どもの遊びを育みなさい」，父親たちには「子どもの遊びを守りなさい」と訴えました。温かで優しい母親のまなざしの中で，子どもたちをとことん遊ばせてほしかったのです（F・フレーベル／荒井武訳『人間の教育』（上）岩波書店，1964）。

司会：それは，フレーベルさんが幼少期より求めていた理想の母子関係の姿ですね。

フレ：それだけではありません。幼児の遊びは，深い意味をもった精神的な活動です。自発的に無邪気に忍耐強く遊ぶ幼児の姿はすばらしいのです。球体法則は世界を支配しています。もちろん幼児の遊びも，球体法則の表れです。

司会：？？？　なぜ球体法則というのが幼児の遊びや生活に繋がるのかわからないのですが……

フレ：では，私が考案した遊具である「恩物」（Gabe）で説明しましょう。まず，球体の恩物（第一恩物）を使って遊びます。球体にヒ

＊　1847年にはプロイセン（現在のドイツ）で10園の幼稚園が開設されていた。しかし，フレーベルが死亡する一年前の1851年には，幼稚園は無神論を提唱した社会主義施設としてみなされ，プロイセン政府により「幼稚園禁止令」が発布された（1860年に解除）。

モをつけて，転がらせたり，飛び跳ねさせたり，隠れさせたりして，生きているように扱います。
司会：第一恩物は球の形をしていてわかりやすいのですが，第二恩物には，球体だけでなく立方体や円柱も含まれていますよね？
フレ：いいところに目をつけましたね。次に，球体，立方体，円柱の第二恩物にもヒモを付けて，いろんな動きを見せます。そして，一通りの動きを終えたら，立方体や円柱の恩物の上下からヒモをピンと引っ張って，恩物を回転させてみせるのです。そうすると，あら不思議。あらゆる形が球体に見えます。
モン：そんなの，こじつけよ！！
司会：現在の幼児のおもちゃの定番となっている積み木のモデルとなった，第三恩物から第六恩物は，いろいろ幼児に想像させることが意図されているみたいですが。
フレ：そうです。第三恩物から第六恩物は，立法体や三角柱などが基本キッドになっていて，それらを組み合わせることによって，幼児に日常生活にあるモノ，馬や馬小屋や教会などを想像させることを意図しています。創造的な遊びが発展していくでしょ。幼児たちは喜んで遊んでいましたよ。
司会：積み木は，今の幼児たちにも大人気です。
フレ：でも，当初私は，ただ単に遊び道具としてではなくて，球体法則に則った神聖なる遊具として恩物を考えました。

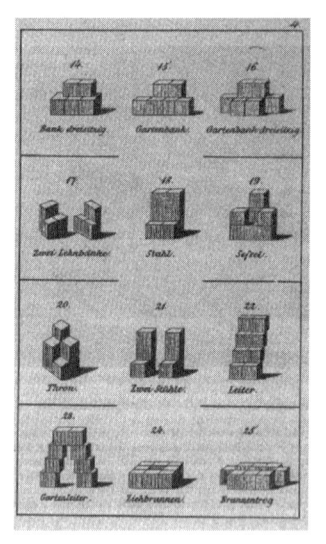

図表1-2-14
フレーベルの第三恩物
(H. ハイラント/平野智美・井出麻里子訳『マリア・モンテッソーリーその言葉と写真が証す教育者像ー』東信堂，1995)

司会：つまり，フレーベルさんが大好きな球体（第一恩物）からはじまって，第二恩物の円柱や立方体を回転させ，それらも球体に関連しているということを教えた後，第三恩物から第六恩物で生活上の事物をイメージさせようとしたのですね。球体→基本的な形→生活にあるモノ，という繋がりを意識したものであるということでいいのでしょうか？

フレ：そういうことです。だから，球体はすごいのです。

司会：……。恩物については，なんとなく球体が関連づけられているということはわかりましたが，でも球体法則が全宇宙を支配しているというのは，21世紀の私たちはちょっと理解に苦しみますね。でも私たちがよく知っている積み木が，そうした壮大な法則をもとに作られたものであったことはわかりました。

3. 感覚を鍛えなさい：モンテッソーリ「環境の教育」

図表1-2-15
ロンブローゾ（Cesare Lombroso 1836-1909）*

司会：モンテッソーリさんも，「子ども中心主義」の考え方からすれば，ルソーさんやフレーベルさんと同じだと思いますが，いかがでしょうか。

モン：大人が体罰や命令で教育してはいけない，子どもの欲求に沿った感覚の教育を重視するという考え方は同じですわ。

司会：モンテッソーリさんは，幼児教育界において，フレーベルさん以降の最大の幼児教育理

＊ イタリアの犯罪学者。犯罪人類学の創始者。多くの実証的研究から犯罪者に見られる一定の身体的・精神的特徴を指摘し，生まれながらの犯罪者がいるという生来性犯罪者論を主張した。この説は，ヨーロッパやアメリカの心理学，刑法学，法医学に大きな影響を与えた。

図表1-2-16　フレーベルとモンテッソーリの幼児教育理論の違い

	フレーベル	モンテッソーリ
個人的動機	亡き母親への憧れ	息子との別れ
基礎にした理論	球体原理（結晶学）	生来性犯罪者論（犯罪学）
教育前の子どもイメージ	善なる存在，神的な存在	正常化されていない存在
教育後の理想的な子どもイメージ	あどけなく無邪気でかわいい子ども	大人のような勤勉でしっかりした子ども
施設の名称	幼稚園	子どもの家
教室のイメージ	ロマンティックで家庭的な雰囲気のある場所	母親の母胎のような整備された環境
学習形態	同年齢横割り	異年齢縦割り
教具	恩物	モンテッソーリ教具
教具の主な目標	創造性の育成	正しい事実認識
教具の提示方法	様々な言葉がけをしてイメージを膨らます。恩物使用の様々なヴァリエーション。	身体動作によって示す。それぞれの教具で決められた使用方法のみ。

　　　論家といわれていますが，フレーベルさんの幼児教育理論との違いは何ですか？
モン：似ているようでかなり違います。上の表をみてください。
司会：個人的動機については，前にお話しいただきましたが，この「基礎にした理論」の，せ，せいらいせい，はんざいしゃろんというのは何で

すか？

モン：生来性犯罪者論とは，イタリアの偉大な犯罪学者ロンブローゾ（51ページ参照）が提唱した理論です。犯罪や不道徳な行為は，当人の悪い心からもたらされるのではなく，生物学的な欠陥をもった遺伝子によって決定づけられているというものよ。だから，犯罪者に賞罰を与えても無駄だっていう目からウロコの理論なの。

司会：モンテッソーリさんの賞罰を否定する考え方は，ロンブローゾさんから来ているのですね。でも，遺伝で子どもの道徳性が決まっているとすれば，生まれてからいくら教育しても無駄ということになりませんか？

モン：私は1907年にイタリアの「子どもの家」で初めて教育をしたとき，悪いことをする子どもをなんとか矯正したいと考えたわ。そうした子どもたちには，必ず遺伝的な身体上の異常があると考え，医学の知識を駆使し，適切な薬や食事や運動を指導することで，いくらかでも身体を正常にし，それによって彼らの性格を正しいものにしようと考えたの……

フレ：そ，そんな。薬や食事だけで，幼児教育できるなら苦労しませんよ。

モン：悔しいけれど，フレーベルさんの言うとおりだったわ。騒がしい子どもや，不作法な子どもは，ほとんど私の治療とは関係なく存在していたわ。

司会：で，どうしたんです？

モン：違った方法を試してみたの。まず，当時ヨーロッパの障害児教育で使われていた感覚訓練の教具を幼児にためしてみたの。

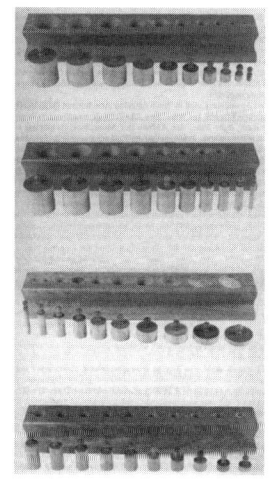

図表1-2 17
モンテッソーリ教具（円柱差し）
（前掲,『マリア・モンテッソーリ-その言葉と写真が証す教育者像-』)

司会：それが後に「モンテッソーリ教具」と呼ばれるものになったのですね。

モン：そう。そして，前に言ったように，母胎と胎児との関係をモチーフに，様々な教育概念をつくっていったわ。胎児は別に，母親に「ああしろ，こうしろ」といって育てられるわけではない。同じように，幼児たちも「精神的胎児」であり，母胎ならぬ「環境」さえ整えば，自分からどんどん物事を吸収していくようになると考えたの（「吸収する精神」）。子どものサイズにあった椅子や机，秩序正しく整理された教具，静かに見守る教師が，私の考えた理想的な「環境」よ。

司会：教師が言語よりも身振りで，「モンテッソーリ教具」の指導をするのはそのためなのですね。

§4　テーマ別討論

1. 遊び：フレーベル vs モンテッソーリ

司会：フレーベルさんの遊びを通した教育は，今日の「幼稚園教育要領」や「保育所保育指針」において，幼児教育や保育の大前提になっていますね。今後の幼児教育にとって，この「遊び」をどう捉えていくのかが重要なキーになると思うのですが。フレーベルさんとモンテッソーリさんはどうお考えでしょうか？

モン：私の場合，フレーベルさんのような遊びは重視しませんわ。恩物をみせて，「これは馬になります，次に教会になります」という風に，子どものファンタジーを重視しすぎる考え方は，子どもに精神的な混乱を与えるだけですもの。第一，教師がイメージを与えすぎています（M. モンテッソーリ／阿部真美子訳『自発的活動の原理−続モンテッソーリ・メソッド−』明治図書出版，1990）。

フレ：何をいっているのですか。だいたいあなたは，静かで勤勉な幼児を追い求めすぎなのです。あなたのモンテッソーリ教具は，使い方が決まっていて，それ以外の使い方を認めようとしない。もっと，子どもの創造性を重視した教育をすべきです。

モン：幼児は集中しているとき，言葉を失って黙々と活動をし続けるものなのですよ。幼児は喜んで，難しい作業に取り組んでいるわ。まず，徹底して感覚を養っておくことの方が大切で，それをもとに創造性の教育を行っていくべきですわ。フレーベルさんは，わかってないわね！！

フレ：あなたの教室は，あまりにも静かすぎて気持ち悪い。子どもは本来，無邪気に遊び回るものなのですよ。あなたこそ，わかっていない！！

司会：少し冷静にお願いします。モンテッソーリさんの批判のように，現在の幼児教育では，あまりに子どもを無邪気でファンタジー好きな存在として見ようとする傾向が強いともいえます。また，逆にフレーベルさんが指摘されるように，子どもの創造性を軽視して，早くから勤勉な子どもをつくろうとする傾向もあります。お二人の議論は，そうした問題を考える際の参考になります。

モン：で，この二つの考え方をあなたはどうまとめるつもり？

司会：正解はないと思いますが，個人的な意見をいわせてもらうとするならば，お二人の共通点に立ち戻るべきかと思います。何かに打ち込んでいる幼児の姿に，子ども本来の姿をみようとした点はお二人とも共通していますよね。それが，遊びであるか作業であるか，静かなのか騒がしいのか，無邪気なのか勤勉なのかは，問題ではないように思うのです。何かに打ち込んでいる瞬間は，それぞれの時代の教育思想家の思惑とは別に，幼児にとってその瞬間，その場所でしかない学びが生まれている瞬間であると思います。そう考えるならば，フレーベルさんやモンテッソーリさんの意見を参考にしつつも，それぞれの幼稚園や保育所において，幼児の遊びへの様々な教師のかかわり方や環境構

成の方法が生まれてくると思います。

2．道徳教育：ルソー vs フレーベル vs モンテッソーリ
（途中にペスタロッチ）

司会：ルソーさん，フレーベルさん，モンテッソーリさんがおっしゃったような，体罰や強制によって教師中心に物事を教えていくのではなく，子どもの自発性を大切にしようとする「子ども中心主義」の考え方は，今日の幼児教育においても重視されています。ですが，昨今，少年犯罪が社会問題化されるようになり，逆に「子ども中心主義」が「幼児の甘やかしをもたらすもの」として非難されることがあります。これらの問題は，おそらくみなさんにとっても難しい問題だったと思うのですが。

ルソ：私は，『エミール』で道徳教育の仕方についても語っています。それは「事物の教育」の基本方針を徹底化させるもので，5，6 歳くらいの子どもには行ってみることをおすすめします。容赦なく自分の行為の結果を思い知らせるのです。たとえば，子どもが意図的にガラスを割ったとします。絶対ガラスを入れ替えてはいけません。風が部屋に吹き込むままにしておくのです。

モン：そんなことをしたら，風邪をひいてしまうわ！

ルソ：風邪をひいたとしても，分別を無くすよりましです。そうして自然の成り行きを，しかと子どもに受け止めさせることです。

モン：ルソーさんのは心理テロね。それよりも道徳教育にはいい方法があるわ。騒がしい，落ち着きのない幼児に対しては，私が思いついた特定の訓練をするといいわよ。私が行ったのは，「静粛の訓練」と「触覚の訓練」よ。「静粛の訓練」は，教師が大きな音から小さな音までいろんな音を幼児に聞かせる訓練で，最後には「時計の秒針の音は聞こえるかな？」といって，秒針の音に集中させるようにするの（M. モンテッソーリ／阿部真美子・白川蓉子訳『モンテッソーリ・メソッド』明治

第2章　教育思想家たちの子ども中心主義　57

図表1-2-18 触覚訓練
(*The Montessori Method: Scientific pedagogy as applied to child education in "The Children House"*, tra. by Anne E. George, New York:Fredrick A. Stokes Company, 1912)

図書出版，1974）。すると，教室は一挙に静まりかえるわよ。触覚の訓練は，指先に神経を集中させるように目隠しをしたの。これも効果があったわ。こうした訓練を何度か繰り返せば，子どもたちは落ち着きを取り戻し教室は静かになるわ。いったん幼児集団が落ち着くと，新たに入ってくる子どもは，他の子どもの様子を見ながら落ち着いて行動できるようになるの。整然と静かな教室の雰囲気も大事ね。

司会：モンテッソーリさんのクラス編成が異年齢集団で構成されるのも，そういった理由があったのですか。

モン：そうです。

フレ：私たちの時代にも，少年犯罪が社会問題化していました。子ども本来の姿は善であるのに，どうして粗暴な行動をとってしまうか。答えは簡単で，両親と子どもたちの間に，共同感情が幼い頃から育てられなかったからです（フレーベル／荒井武訳『人間の教育』（上）岩波書店，1964, p. 48）。信頼や愛情にみちた幼少期を過ごすことが大切なのです。

……

司会：あっと，またまた天国から電話が入った模様です。

ペス：私，ペスタロッチだけど，いま何の話をしています？

司会：道徳教育の話です。フレーベルさんが信頼や愛情をもって接することが大事であると訴えたところです。

ペス：フレーベルさん。その理想は大事にしてください。確かに，私も「自

分の子どもたちは全員，愛と善意によって教育されなければならない」と書いたことがある。だけど，それだけでは道徳教育は上手くいかない。私はまずは，前の電話でも話した「事物の教育」をすすめる。

司会：さきほど，ルソーさんも道徳教育として「事物の教育」をすすめられました。

ペス：そのとおり。崇拝するルソー様がおっしゃることは絶対だ。だが，それでもだめだったら，時には手を出してもいいんだ！ 教育目標をしっかりもった上で本気で叱るのであれば，なにも問題ない。そのとき子どもに鉄拳を加えてもいい。ただ，手を出した後，握手を求めてキスしてやることだ。子どもたちはきっと鉄拳の意味を理解して喜んでくれるはずだ（ペスタロッチ／長田新訳『隠者の夕暮-シュタンツだより-』岩波書店，1943）。

司会：………

ルソ：いくら，私のファンだからといっても，それはやりすぎでしょ。

モン：まったくお話になりませんわ。

フレ：ペスタロッチさん，ちょっと飛ばしすぎですよ。

司会：すみませんが，時間がないのでこのあたりで電話を切らせてもらいます。（ガチャ）

………

司会：ルソーさんの自分の行為の結果を思い知らせる徹底した事物の教育，モンテッソーリさんの落ち着かせるための訓練，フレーベルさんの信頼や愛情にみちた環境づくり。そしてペスタロッチさんの時には鉄拳も必要であるという爆弾発言。みなさんのお話を聞いていて，幼児期の道徳教育の仕方は一つではないし，様々な考え方や方法があるということがわかりました。時にはルソーさん的に徹底して厳しく，時にはフレーベルさん的にやさしく，どうしても駄目ならモンテッソーリ

さん的に訓練で落ち着かせることもいいと思いました。ただ，今の時代，ペスタロッチさんのやり方は容認されにくいとは思いますが……
司会：そろそろ終わりの時間が近づいてきました。それでは，最後にそれぞれ21世紀のみなさんに一言だけメッセージをいただいて会を閉めたいと思います。ルソーさんからどうぞ。
ルソ：また呼んでください。今度は，政治や芸術の話をしたいです。
フレ：私は，正直いって，ルソーさんが子どもを捨てた事実だけは知りたくなかった。今日は眠れそうにもありません。
モン：まだそんなこといってるの？ 私が言いたいのはただ一つ，次回の討論会はフレーベルさんと一緒だけは勘弁ということだわ。
司会：……。お願いした21世紀の私たちへのメッセージになっていませんが，時間がきましたのでここで終わりにしたいと思います。みなさんありがとうございました。お気をつけて天国にお帰りください。本当にありがとうこざいました。

※**本章は**，山内紀幸「幼児教育・保育の思想」石垣恵美子・北川明編著『はじめて学ぶ幼児教育-Q＆A＋アドバイス-』ミネルヴァ書房，2005，pp. 27-44を加筆修正したものである。

〈さらに学ぶために〉

M. カール＝ハインツ／小川真一訳『冷血の教育学-だれが子供の魂を殺したか-』(新曜社, 1995)

　　　近代教育学を代表するルソー, ペスタロッチの教育学が, 実は子どもの魂を抑圧するものだったという視点から書かれた書物。発刊当初はかなりの衝撃であった。ルソー, ペスタロッチに関する他の多くの解説書と合わせて読むと,「子ども中心主義」の実現がいかに難しいことであったのか考えさせられる。

H. ハイラント／小笠原道雄・藤川信夫訳『フレーベル入門』(玉川大学出版部, 1991)

　　　入門書として有名というよりは, それまでの幼児教育者としてのフレーベル像を大きく変えた一冊として有名な書物。未公開の資料をもとに, 幼児期にとどまらない児童期・青年期に渡る国民学校を構想していたことが記されている。

R. クレーマー／平井久監訳, 三谷嘉明・佐藤敬子・村瀬亜里訳『マリア・モンテッソーリ-子どもへの愛と生涯-』(新曜社, 1981)

　　　それまで多くの人の崇拝の対象であったモンテッソーリ像を大きく変えた一冊。ジャーナリストとしての著者が, 息子マリオとの関係や, モンテッソーリの人柄について, 当時の新聞やインタビューをもとに明らかにしている。

第3章

世界の子育て：
ところかわれば育児方法いろいろ

　生まれてすぐに産湯（うぶゆ）を使わせる。家族で川の字になって眠る。かわいいわが子の頬をつつき，頭をなでる。わが子が他の子を叩けば，すかさず相手の親に謝る。幼い頃から，行儀よく，好き嫌いなく食べるようにしつける。これらは私たちが思い浮かべる日本の子育てである。だが，ところかわればこうしたことは全く通用しない。この章では，世界の様々な子育てをみながら，私たちの子育てを見つめ直してみよう。

§1　はじめに

　私たちが子育てについて通常当り前だと思っていることが，他の国では非常識であったりする。逆に日本ではありえないことが，他の国では常識であったりもする。しかし，この国の中でのみ過ごしていれば，自分たちがしている子育て，自分たちがされてきた子育てが一番いいものであると信じてしまうし，何が日本独自の子育てスタイルなのかを語ることも難しくなる。
　もちろん，国ごとにその子育てスタイルを一般化して語ることは困難だ。ある国の子育てスタイルを紹介しても，それは，その国のすべての人がそう

した子育てをしているという意味ではない。国によっては，いろいろな人種・宗教が混在し，所得格差による階層差が激しい場合もある。そうした場合にはとくに，一つの国の中でも様々な子育てスタイルが混在しているのである。また，日本においてもそうであるように，家庭によって厳しいしつけを行うところもあれば，甘やかしすぎるところもある。とはいえ，外国の人の目から見れば，日本の子育ての一般的な傾向は，確かに見て取れるはずである。

　ここでは，海外にいた（いる）日本人の目を通して，異国の子育てがどのように映ったか，日本との違いをどのように感じたかを確認していくことにしよう。それを通じて，私たちが常識だと思っている子育てのスタイルを改めて見直してみよう。

§2　産湯を使わせる使わせない

1. アメリカ：1か月で初めて入浴

　世界的にみれば，日本のように生まれてすぐに産湯を使わせる国の方が少ない。シンガポールでは，お湯をかけるだけだし，アメリカでは，少なくとも生まれてから1か月くらいはお湯の中には入れない。正確にはへその緒がとれて完全に乾くまでは，赤ちゃんをお湯につけないという考え方があるようだ。これは，けがをして膿んだ傷口をお湯でぬらさないようにするという理屈である。おへそは毎日きちんと消毒して乾燥させ，へその緒が自然に取れるのを待つ（日本でも新生児の沐浴後にはおへそが消毒される）。

　それでは，アメリカではどのようにして赤ちゃんの体を清潔に保っているのだろうか。アメリカでは，へその緒が取れるまでの間，スポンジバスとオイルバスという二つの方法がとられている。スポンジバスとは，タオルの上

に裸にした赤ちゃんを寝かせ（室温は25℃くらい），洗面器にお湯を用意し，赤ちゃん用石鹸で赤ちゃんを洗い，しぼったタオルで順に赤ちゃんの体の石鹸分をふき取っていく方法である。オイルバスは，ベビーオイルあるいは沐浴洗剤の入ったお湯で体中を撫で，それをふき取るだけの方法である。日本人の感覚だと，石鹸やオイルもちゃんと湯船の中できれいに洗い流さなくてはいけないという気がするが，アメリカ人は，ふき取るだけで大丈夫だと考えている（ノーラ・コーリ『海外で安心して赤ちゃんを産む本』ジャパンタイムズ，1993）。

2．日本：大切な産湯

そもそも，いつ産湯を使わせるのかという問い自体が，私たち日本人には奇異に聞こえる。生まれてすぐに決まっている，というのが私たちの感覚である。家庭での出産が一般的だったかつての日本では，「妊婦が産気づいたらお湯を沸かせ」というくらい，出産後すぐに赤ちゃんに産湯を使わせることが当り前であった。誕生したばかりの赤ちゃんとの対面を病院で待ちわびていた父親や祖父母が，きれいになった新生児に対面できるのも，この産湯のおかげである。

　この産湯には，実は日本古来の儀式的な意味もある。産湯はもともと，生まれた土地の産土神（うぶすながみ）＊が守る大地の水を意味し，それに浸かることでその土地の構成員である産子（うぶこ）になるという儀式であった。「湯」とあるが，もともとはその土地の水を意味していた。一昔前までは，

＊　産土神はその土地で信仰されている神であり，その地域を保護し，その土地に生まれた人の守護神となって一生その土地の構成員である産子を見守る神のこと。他方，特定の氏族が信仰する神を氏神（うじがみ）といい，その構成員を氏子（うじこ）と呼んでいる。もともと産土神は地縁的な神，氏神は血縁的な神であるが，中世以降，武士が土着性を強め特定の地域に永住するようになったことから産土神を氏神として祭るようになった。現在では，産土神と氏神，産子と氏子はほぼ同じ意味で捉えられている。

産湯に入った後の産着も，袖や紐のない白いおくるみで，3日目から文様の入った袖のあるものを着せていた。乳幼児死亡率が非常に高かった昔には，出産日から7日目まではとくに，赤ん坊の命を魔物から守るための数多くの儀式があり，その後も節目ごとに子どもの成長を祈る儀式があった。現在も残っているメジャーな儀式で代表的なものに，初宮詣，初節句，七五三，などがある。

　産湯は，このような日本古来の儀式に由来するものだが，もちろん赤ちゃんの体を温め清潔にするという意味も含まれていたのだろう。いずれにせよ，日本においては，生後まもない赤ちゃんに産湯を使わせることは常識となっており，病院内で誕生する現在においても，一部の病院を除いて，それは一般的なこととなっている。

§3　寝かし方いろいろ

1．フィンランド：マイナス10度でも屋外でお昼寝

　フィンランドでは，赤ちゃんが泣いたら外に出しなさい，といわれている。この国では，たとえマイナス10度でも，ベビーベッドやベビーカーを外に出して赤ちゃんにお昼寝をさせる。頭が凍らないよう毛100％の帽子をかぶらせ，顔だけ出して足先まで布団でくるみ，寝かしつけるのである。

　「『どうしてこのような寒い屋外で昼寝を？』と当然の疑問を発すると，『外の方がぐっすり眠れるのよね』と，こちらも極当然のようにパルモネン夫妻。……驚いて見にいくと，ベビーカーの中で鼻と口以外は帽子に隠れ，顔以外は小さな寝袋にすっぽりとおさまった赤ちゃんが寝ている」（ノーラ・コーリ『こどもと暮らすフィンランド-親子で楽しい海外生活-』Care the World，2005，p. 9）。

こうしたフィンランドにおける赤ちゃんの屋外での昼寝には、冬場の日照時間の短さや、治安の良さといった理由もあるのだろう。しかし、もっとも大きな理由は「よく眠る」ということだそうだ。

2. ドイツ・アメリカなど：ぐずっても放っておく

「犬と子どもはドイツ人に育てさせろ」といわれるほど、ドイツでは厳格に子どもが育てられる。新生児の段階から、大人と子どもの世界をはっきりと区別させ、家庭の中でも上下関係をしっかり学ばせる。いつまでたっても乳ばなれしないような子どもを育てることのないよう、母親が病院で出産し帰宅したその日から、乳児はあらかじめ用意された子ども部屋で、ゆりかごに入れられて育てられる。夫婦の寝室で一緒に寝かせることもない。しかも、どんなに乳児が泣き叫んでも、時間外にミルクを与えることはなく、抱き上げることもしない。お腹が空いたからといってだらだらミルクを与えていると、子どもの性格形成上ケジメがつかなくなり、また、抱きぐせがつくと自立心が削がれると考えられている（クライン孝子「世界の子育て－我が家のドイツ式子育て－」『家庭科』52-579 全国家庭科教育協会2002, pp. 1-4)。

日本では、「家族で川の字になって眠る」が当たり前である。また、日本の場合は、子どもを背中におんぶして寝かせたり、抱いて揺すって寝かしつけたり、添い寝をしたり、できるだけ赤ちゃんの要求に応えた寝かしつけを行う。3か月を過ぎて抱かれてさえいれば安定している赤ちゃんを、日本では抱きぐせがついたという。抱っこかおんぶかでないと寝ない赤ちゃんを寝かしつけるのは大変なことではあるが、赤ちゃんからしてみればこれほど幸

図表1-3-1
－10℃の屋外で眠るフィンランドの赤ちゃん
(Nora Kohri氏より提供)

せなことはない。

　だが，欧米人は日本人の感覚とは違う。そもそも英語には「抱きぐせ」という言葉すらない。寝かしつけるために，抱き続けるなど到底考えられていない。子どもに早い自立を望むということもあるが，母親が楽な方法で赤ちゃんを寝かせて，それを習慣づけさせるという意味もある。極端な例では，ベビーベッドに入れ，ハイ，チュッ，おやすみといったこともある。アメリカの保健師の多くは，オムツや熱などのはっきりとした要求がない限り，寝つくまで，たとえぐずったとしても泣かせたままにしておいて構わないと指導する。赤ちゃんは言葉がわからなくても，「今ママは忙しいの。抱っこはできません」といったメッセージを母親の口調から読み取れる，というのが，アメリカの育児書に書かれていることである。欧米人の赤ちゃんはすぐ重くなるので，ずっと抱いてはいられないという事情もある。

　デンマーク人と結婚した日本の女性も以下のように語っている。「デンマーク人は小さな赤ちゃんでも絶対甘やかしません。赤ちゃんが泣いていても，満腹であり，オムツも濡れてなく，痛みもなく，病気でなければ決して抱き上げようとしません。赤ちゃんの一日のスケジュールもはっきりと決められていて，夜は遅くとも8時には寝かしつけています。そのかわり愛情の表現として抱きしめるときには力いっぱい抱きしめています」（ノーラ・コーリ『海外で安心して子育てをする本』ジャパンタイムズ，1994，p. 150）。

3．ボリビア・メキシコなど：ぐるぐる巻きのスウォドリング

　スウォドリング（Saddling Method）とは，もともと古代ギリシャやローマの時代に行われていた育児法で，新生児をミノムシのようにぐるぐる巻きにして寝かしつける方法である。第2章「教育思想家たちの子ども中心主義」でみたように，18世紀にルソーが痛烈に批判した育児法でもあるが，今もチリ，ボリビア，メキシコといった中南米の先住民族，モンゴル，ギリシャ北部，東欧の一部の地域など，世界各地に残る育児法でもある。

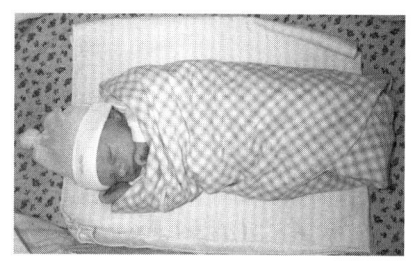

図表1-3-2
先進国でも見直されつつあるスウォドリング
(Andy Pierce氏（アメリカ）より提供)

人類とともにあるこのスウォドリングは，親がかかりっきりで子どもの面倒をみられないとき，あるいは長時間子どもを寝かしておきたいときなどに抜群の効果があるようである。ボリビアの先住民たちは，1日のうち17時間も子どもをぐるぐる巻きにし，布を外していたのは7時間ほどであったという報告もある。不思議なことに，それほど長時間ぐるぐる巻きにされたボリビアの新生児の身体に異常があるわけでもなく，母親たちも日本の親と同じように子どもたちがかわいくて仕方ないという（NHKエデュケーショナル生活文化部「育児にマニュアルは必要？ 世界の子育てが教えてくれたこと」『放送教育』日本放送教育協会2000, pp.53-55)。

日本では，新生児を素足のままにし，あまり拘束しないことをよしとするが，このスウォドリングは近年，アメリカでも注目されつつある。新生児が子宮感覚で安心して眠ることができるものとして，簡単に包める様々なスウォドリングタオルが販売されている。

4．エジプト：大人2人でハンモック

エジプトをはじめ中近東の多くの国々でも，日本同様，泣いている赤ちゃんを放っておくことはないようである。エジプト人は，どうしても赤ちゃんが泣き止まないときには，毛布を用意し，大人が片方ずつ持ち，そこに泣いている赤ちゃんを入れて，ハンモックのように大きく揺する。この光景を日本人が見ると，赤ちゃんの脳に影響がないか心配になることもあるというが，赤ちゃんはすぐにおとなしくなり，しばらく続けると，そのままウトウトすることもあるという（ノーラ・コーリ『こどもと暮らすエジプト-親子で楽

しい海外生活-』Care the World, 2005)。

§4　しつけ方いろいろ

1. 韓国：しつけ棒

　韓国では，3歳くらいまでは日本のように甘やかされるが，4, 5歳くらいからは厳しくしつけられるという。伝統的な育児方法として，「フェチョリ」あるいは「メ」というしつけ棒を使ったものがある。韓国には「メで育てた子が親孝行する」という言葉があるように，厳しいしつけは，親に従い親を敬うという儒教の教えに基づいてなされている。「フェチョリ」は，文房具屋さんで1本50～70円くらいで手に入れることができるが，ネット販売で贈答用の5500円ほどの高級フェチョリを購入できたりもする。

　一昔前には，柳の小枝で脚のすねやふくらはぎを叩いたり，子どもが泣くと「泣いてはいけない」といって叩くこともあった（朝倉俊夫「韓国の家族と子育て」『教育と医学』42-7 慶応義塾大学出版会, 1994, pp.635-641）。しかし，現代の都市部では，「フェチョリ」は，体罰として強く叩くためのものというよりは，反省のための警告として軽く手のひらを叩くためのものとして使われることが多いようだ。子どもが約束に反してテレビゲームばかりに興じて勉強をしないとき，何度注意しても悪いことをするときなど，この「フェチョリ」が登場する。何がいけなかったのか，今後どうするのかを誓った後で，「しつけの儀式」として手のひらを軽く叩かれる。

　韓国の「フェチョリ」「メ」によるしつけは，数百年の歴史があり，いくら虐待や体罰が問題になろうとも，このしつけ棒が社会問題になることはない。しつけ棒を使った叱り方は，他にマレーシア，シンガポール，タイ，台湾といったアジアの国（主に中国系の人々が中心）でもみられ，しつけ棒を使

い，ダメなものはダメということをはっきりと伝える（岸かおる「世界の子育て：世界の子育てを取材して見えてきた日本の子育て」『家庭科』53-584 全国家庭科教育協会，2003，pp. 15-17）。

2．タイ・中国：排泄のしつけが大らか

　かつての日本がそうであったように，タイでは大家族でみんなが入れ替わり子どもを見ている。育児に対しては大らかで，たとえば乳児は全くオムツをしていない。その場でおもらしをしても，まわりにいる大人がサッと布で拭いて終わり。それを見た日本人は「家自体がオムツであり，まわりの大人がオムツになっている。くるむばかりがオムツじゃないなと思いました」と感心している（NHKエデュケーショナル生活文化部「育児にマニュアルは必要？世界の子育てが教えてくれたこと」『放送教育』日本放送教育協会，2000，pp. 53-55）。ちなみにタイのこうした方法では，自分で自分の排泄を確認できることから，1歳過ぎる頃からおしっこしたいと伝えられるようになり，まもなくおもらしをしなくなるという。

　中国も排泄には大らかである。オムツを外すのが早く，1歳前から股の部分がぱっくりあいた股割れズボンをはかせる。いちいちズボンを脱がせることなく，オシッコしたいときにすぐに排泄できる便利で伝統的な子ども服である。この服は2歳頃までのトイレトレーニング期間中にはくが，その間は歩道やレストランでウンチをしてしまうという場合もあり，不衛生でもある。近年，北京や上海の大都市の家庭では，オムツで過ごさせることが多くなってきているようである。

3．フランス：幼いときから公共のルール

　フランスの場合は，すくなくとも1歳半からしつけを開始し，幼稚園に入る2歳半から3歳までには集団生活が送れるようにしている。とくに，公共

の場では静かにしていること，年下の子どもに対してやさしくすることは，徹底して教えられる。フランスの場合，幼い頃から小さい子どもへのいたわりのルールが徹底的に教えられる。

「2，3歳の子が1歳過ぎの子とかを追い越そうとしたりすると親は必ず叱ります。『この子は小さいんだから，待ってあげなさい』とどの親も必ずいいます。もし言うことを聞かないと，引き摺り下ろして隅にいって延々と説教しています」。また，子ども同士のトラブルでも，決して親が謝ることはないという。「子どもが押したり叩いたりすることがありますが，そのようなとき親は黙って子どもたちが自分で解決する様子を見ているだけです。日本でしたら，必ず親が間に入っていって，○○ちゃんごめんね，などと謝りますが，そのような光景はみられません」(ノーラ・コーリ『こどもと暮らすフランス-親子で楽しい海外生活-』Care the World, 2005, p. 10)。子どもに対しても，自分のことは自分で責任をとらせなくてはいけないという意識が強く，子どもたち同士のトラブルにおいても，親が謝ることは決してない。親が悪いわけではないのに，なぜ親が謝らなくてはいけないのかという考え方である。

子どもが納得するまで言葉によって説教するというスタイルは，フランスだけでなく欧米の多くの国で見られる光景でもある。「息子が同じ年齢のアメリカ人の子どもと遊んでいたとき，その子が息子をおもちゃで殴りました。その子の親はすぐさまその子の手を引いて耳元で何かささやき，一段落するとその子は息子に謝りました」(ノーラ・コーリ『こどもと暮らすアメリカ-親子で楽しい海外生活-』Care the World, 2005, p. 15)。

4. アメリカ・イギリス：児童虐待に敏感

欧米では子どもに対する体罰を禁止している国が多い。とくにアメリカ人は児童虐待に敏感であり，人前で大声を上げて体罰を与えていると通報されたりする。日本の感覚では体罰としてみなされないこと，たとえば，幼児の

裸の写真を撮る，異性の小学生の子どもと一緒にお風呂に入る，異性の5歳くらいの子どもをつれてデパートのトイレに入る，赤ちゃんに靴下や靴を履かせていない，12歳以下の子どもに一人で留守番させている，などでも通報される。在米の日本人の母親たちによれば，日本人の赤ちゃんの蒙古斑なども虐待として疑われることがあるという。イギリスにおいても「Under 8」といって，8歳以下の子どもはいつも大人が付き添っていなければならないとされている。

こうした虐待への敏感さは，子どもの人権保護の意識の高さを表すものであるが，同時に児童への暴力や性犯罪が多いという実態の裏返しでもあるのだろう。

§5　かわいがり方いろいろ

1. 中国：頬をつかない

日本では，親しみを込めて赤ちゃんの頬をツンツンとつつくことがある。しかし，中国では赤ちゃんの頬をついてはいけないといわれている。頬をつくとよだれが出やすくなると信じられているからである（ノーラ・コーリ『こどもと暮らす中国‒親子で楽しい海外生活‒』Care the World，2005）。

2. インド：頭をなでず，頬に手をあてる

インド人やマレー人の間では，子どもの頭をなでてはいけないことになっている。これは，神とつながっている頭から出ている見えない魂の絆がさえぎられるからだそうだ。そんな彼らは，子どもに対して親愛の情を表すとき，子どもの頬にそっと手をあてる（ノーラ・コーリ『海外で安心して子育

てをする本』ジャパンタイムズ，1994)。

3．イラン：幼い子どもを誉めてはいけない

　イラン人は根っからの子ども好きが多く，幼い子どもをみると顔がほころび手を出さずにはいられないという。自分の子ならそれに拍車がかかる。そんなイラン人だが，子どもを誉めようとしない。なぜか。

　実は，イランの幼い子どもがもっとも恐れるべきものは，身近な人々の邪視であると古くから信じられているからである。嫉妬や羨望が眼の力となって人を病気にしたり事故に合わせたりするとされている。だから，子どもに対する誉め言葉は禁物である。邪視は，他の中近東の国々でも古くから信じられている。誉め言葉を言わないというほかに，邪視除けのために，生まれた子どもの目に黒いアイラインを引いたり，護符を付けたりもする（青柳まちこ他「民族学タテヨコ　子育て-嬰児の乳ばなれまで-」国立民族学博物館監修『季刊民俗学』24 7-2 財団法人千里文化財団，1983, pp. 68-74)。

§6　食べ方・飲み方いろいろ

1．デンマーク：遊びながら食べる

　デンマークの保育園では，子どもたちが好きな場所で好きなことをして遊んでいる風景が目に入ってくる。絵を描いている子ども，人形遊びをしている子ども，ブロックで遊んでいる子ども。ここには1日のカリキュラムはなく，子どもの自主性を重んじた「遊び」が基本とされている。そのためか，おやつの時間も遊びを中断しないことが重視されている。テラスに置いてある不揃いに切ったリンゴやニンジンスティックを，子どもたちが勝手に取り

に来て，好きなものを取るとまた散らばっていく，といった感じである。日本の見学者が「座って食べないのですか」と尋ねると，「夢中になっている遊びを中断したくないのでフルーツは手に持っていけばいいと思っています」と保育者たちは答える（澤渡夏代ブラント「世界の子育て-デンマークの子どもは大事な国の『人資源』-」『家庭科』55-598 全国家庭科教育協会2006，pp.25-27）。

図表1-3-3
遊びながら食べるデンマークの子どもたち
Mike Niehues氏（デンマーク）より提供

2．ブラジル：炭酸水をがぶ飲み

ブラジル人はとても子どもをかわいがるといわれる。それもあってか，ブラジルの子どもたちは小さいうちから甘い炭酸水を与えられ，飲みなれている。とくにコーラをがぶがぶ水代わりに飲んでいる。ブラジルは，水の衛生状態がよくないため，販売されている甘いものを飲ませるようになったといわれている。子どもが集う場所では，必ず甘い炭酸飲料が出てくる。そのため虫歯の原因となる糖分の過剰摂取になりやすくなっている（ノーラ・コーリ『こどもと暮らすブラジル-親子で楽しい海外生活-』Care the World，2005）。

3．アメリカ：白いものしか食べない時期？

在米の日本人がもっとも子育ての違いを感じることに，子どもたちの偏食があげられる。アメリカの富裕層でも貧困層でも，無理に嫌いなものは食べさせなくてもよいという考えが根強い。小児科医もそれで心配ないという。そのため，子どもたちの偏食が激しく，食べ残しについての罪悪感もない。とくに1～5歳にかけては，色のついたものを食べない「ホワイトダイエット」の時期であるとすら考えられている。つまり，食べ物は，パスタ，白い

パン，白いご飯，ミルク，チーズ，ターキー（七面鳥），チキン，りんご，バナナ，ホットケーキ，ワッフル，スクランブルエッグであり，それらがその時期の発達に適した食べ物であるという考え方すらある。なかには，足りない栄養素は，幼児であってもサプリメントで補えばいいと指導する小児科医もいる（ノーラ・コーリ『こどもと暮らすアメリカ-親子で楽しい海外生活-』Care the World，2005，p. 17）。

　日本であれば，幼稚園に行く前に朝ごはんを食べさせるということが当り前だが，アメリカではポテトチップスの袋持参で登園させ，食べたいときに食べるということも珍しくない。アメリカに限らず，オーストラリアやヨーロッパの国々の中にも，おやつを持っていっていい幼稚園や保育所はたくさんある。

　しかし，こうした「食べたいときに食べたいものを食べたいだけ」という考え方は，アメリカで深刻な問題を引き起こしている。人口の60％以上が肥満で，3人に1人が小児肥満という肥満大国となっているのである。ファーストフード産業も一緒になって，幼少期の偏食を肯定しながら，他方でダイエット食品産業，健康器具産業が，美しいプロポーションキャンペーンをはっている（グレッグ・クライツァー／竹迫仁子訳『デブの帝国-いかにしてアメリカは肥満大国になったのか-』バジリコ，2003）。日本では，幼児期からの食育の大切さが叫ばれるようになってきているが，アメリカを見れば，食に関して日本はいい環境にあるのかもしれない。

4．イギリス・フランス：大人の食事と子どもの食事

　日本では，子どもと一緒に食事をするのは当り前のことと考えられている。しかし，「英国では大人の世界と子どもの世界のけじめのつけ方が印象的でした。たとえばレストランで食事をすることは大人の世界のことであり，子どもは入ることはできません。子どもはハンバーガー屋や魚のフリッターとフライドポテトの店だけです。"dinner" は大人が食べるもの，子ど

もは6時前のサンドイッチ程度の"supper"で終わりです」「日本では家族全員で夕食を食べることを奨励していますが，フランスでは子どもの生活時間と大人の生活時間ははっきりと分かれているので，子どもは先に夕食をすませ，大人は子どもが寝付いたあと，大人同士の会話を楽しみながらゆっくりとワインを飲んで夕食を楽しむという家庭が多いようにみうけられました」（ノーラ・コーリ『海外で安心して子育てをする本』ジャパンタイムズ，1994，pp. 150-151）。

§7 育てる人いろいろ

1. シンガポール：親戚に里子に出す

東南アジアの女性は，働くために子どもをいろいろな人に預けるケースが多い。シンガポールでは，保育所に入園できるのは2歳半になってからなので，それまでは子どもを祖母や叔母やメイドに預けたり，親戚に里子に出したりする。遠く，オーストラリア，インドネシア，タイ，マレーシアの親戚のところに預ける場合もある。シンガポール国内で育てる場合にも，実家に月曜日から金曜日まで預け，週末だけ親元に引き取る。母親たちは子どもを他の人に預け，朝早くから夜遅くまで働き，3食とも外食という生活を送る（外食といっても屋台なのでとても安い）。子どもとの関係も，ベタベタすることなく，別れて暮らすということを割り切って考えている。子どもは親戚全体で育てるという考え方が強く，実際に現地の子どもを見ていると，どの人が実際の母親なのかわからないくらいである（ノーラ・コーリ『海外で安心して子育てをする本』ジャパンタイムズ，1994）。

2. ブラジル・ベネズエラ：メイドに任せる

　南米の国々は，所得格差が激しく，都会の裕福な家庭では子育てをメイドに任せている。

　父親の仕事の都合で小学校期にブラジルに滞在した日本人は，そのときの様子を以下のように振り返っている。「私がまだ小さいときから，メイドさんが普通にいました。ブラジル人でもメイドを雇える人は雇うのが普通でした。なんでこんなに多くいるんだろうと不思議でしたね。見ていると，どうも子どもの世話を任せることが多いようです。……貧困層を身近に感じました。私の家で雇っていたメイドさんにお古の服をあげると，喜んだりしていました。そんな様子をみていると，暮らしていくための最低の賃金だけで暮らしているようでした」（橋本綾香『帰国子女自らを語る』アストラ，2001, p. 86）。

　ブラジルやベネズエラなどの国々では，治安が悪く，外で子どもが一人で行動することは決してできない。仮に外に遊びに行くことがあっても，メイドが一緒についていく。スクールバスの送り迎え，あるいは学校への自家用車での送迎もメイドが行っている。日本のように公共のバスに乗って一人だけで通うということはない（ノーラ・コーリ『こどもと暮らすベネズエラ−親子で楽しい海外生活−』Care the World, 2005）。

3. 台湾：近くの親戚で助け合う

　台湾では，親戚同士が近くにいて，大家族を形成している。そのため，働く母親をまわりのお年寄りや家族が支えるのが一般的である。この国では，子育てマニュアルといったものは必要なく，育児方法は自然と伝承され，親戚がみなで子育てを支えてくれるといったところである。台湾人の男性と結婚した日本の女性はこのように語っている。

　「台湾の人たちは大家族で暮らすことが当たり前です。すごいところでは，

マンションを一軒丸ごと借りて,二十数家族の親戚がみんな一緒に住んでいるなんていう例もあります。うちも,家族そのものは夫と子どもとの核家族でしたが,半径200メートルぐらいの地域に夫の親戚が5家族も住んでいて,親密な交流がありました。そして,親戚が集まる場所に子どもを連れていくと,みんなが子どもの面倒をみてくれて,遊びに連れ出してくれる。私は何もしなくていいんですね。台湾では,親戚や地域に見守られて,子どもは『みんなの子』として育てられるのだという実感がありました」(ノーラ・コーリ『こどもと暮らす台湾-親子で楽しい海外生活-』Care the World, 2005, p. 17)。

4. スウェーデン:男性が世界一育児に参加する

日本では,古くから「男は仕事,女は家庭」といい,育児をするのは母親の役割であると考えられてきた。だが,近年その意識も変わりつつあるといわれている。父親と母親それぞれが協力して子育てができるように,父親の育児休業取得をすすめる法律が整備され,母親が働けるような子育て支援サービスの充実も図られつつある。しかし,現在の日本で,父親がどれほど実際に子育てに参加しているかといえば,仕事を休んで子育てに専念する育児休業取得者は,父親では0.56％(2004年,母親70.6％)であり,毎日育児にかける平均時間は,父親で0.4時間(母親1.9時間)と先進国でもっとも少ない(『平成18年度男女共同参画白書』内閣府)。

逆に世界一父親が育児をしている国といえば,スウェーデンである。育児・家事の時間が1日3.7時間を超えている。1974年に世界で初めて両親が取得できる育児休業法を制定したこの国では,育児休業の取得率が父親で32％(1998年)と,父親の3人に1人が子育てのための育児休業を経験している。それだけで驚きであるが,世界一の福祉国家はさらに,男性の育児の権利と義務を推し進めるため,現在もユニークな改革を進めている。「ママクウォーター」「パパクウォーター」といわれる,両親にそれぞれ2か月ず

つ育児期間を割り当てる制度や＊，女性保育者と男性保育者を同数にした「平等保育園」の設置など，おもしろそうな取り組みが注目される（汐見稔幸編『世界に学ぼう！子育て支援』フレーベル館，2003）。

§8 おわりに

　なるほど子育てとは国によっていろいろである，ということがわかっていただけたと思う。人類にとってこれが唯一の正解という子育て方法はない。日本のように川の字になって寝ることが子どもの自立心をダメにし，欧米のように寝室を別にしてぐずっても構わないことが子どもの自律を促進するのかといえば，そうともいえない。子どもがかわいく，子どもを大事にするのは人類共通であったとしても，育児方法は全く正反対なものになることもある。

　「ミルクを飲まない」「どうやっても泣きやまない」「トイレが上手くできない」「3歳までは親が育てないといけない」など悩んでいる子育て中の日本人たちに，育児方法が違っても，人はたくましく育っていくということを，この章は教えてくれているだろうか。

＊　スウェーデンは出産10日前から子どもが8歳になるまでに，両親それぞれ合わせて労働日390日分は80％の給与保障がなされる育児休業を取ることができる（日本は原則生後1年間で給与保障30％）。しかし，両親での育児休業を促進するために，一方だけが390日の育児休業を取ることはできない。それぞれ「ママクウォーター」「パパクウォーター」として60日は，それぞれが育児休業をとらなければ390日とならない。

〈さらに学ぶために〉
ノーラ・コーリ『海外で安心して子育てをする本』（ジャパンタイムズ，1994）
　　　この本は，海外転勤することになった人向けの本である。欧米を中心に出産，離乳食，断乳，アレルギー，予防接種，母子手帳の概要が年齢別に上手くまとめられている。育児についてもコラムとしていくつか比較文化的にまとめてあり，とても参考になる書物である。

汐見稔幸編『世界に学ぼう！子育て支援』（フレーベル館，2003）
　　　デンマーク，スウェーデン，フランス，ニュージーランド，カナダ，アメリカの子育て支援についてわかりやすくまとめてある。各国の育児理念，保育サービスなどについても知ることができる。おすすめの本である。

第2部

保育の物語

　1840年，それは，教育史に新たな一頁が刻まれた年と言っても過言ではないだろう。幼児までをも教育対象とし，その主体性と自由を尊重した愛情深い教育を実践する施設 ── 幼稚園が誕生したのである。学校とは異なる教育施設としてその独自性を強調してきた幼稚園は，19世紀末には，世界中に広がりをみせ，多くの子どもたちが就学前のきわめて「意味ある時期」の教育を受けるシステムが完成した。

　そこで行われる営みをあえて「保育」と呼ぶならば，幼稚園誕生以来，保育にかかわる実践と研究は，多くの物語を紡ぎだしてきた。学校教育が，時に教育の現実に直面し，その矛盾に悩みつつ，その営みを続けているのに対し，保育は一貫して美しい物語の世界に身を置き続けることができた。

　しかし，それでよかったのだろうか。今，保育は使い古した言葉を捨て，確かな言葉をもって，新たな物語の生成に携わらなければならない。そして，その作業こそが「保育」に新たな息吹をもたらすことになるのではないだろうか。

第1章

「家族」と「学校」,そして「幼稚園」の誕生
―システム化される子育ての始まり―

　1840年,フレーベルが創設した「一般ドイツ幼稚園」は,いったん時の政府に禁止令が出されるものの,彼の弟子たちの幼稚園運動によって,ヨーロッパ各地,アメリカを中心として世界中に広がりをみせることになる。
　当初の幼稚園は,フレーベルの弟子たちが各地で指導をしたこともあって,フレーベルの理論に忠実なものであったが,その後,各国の時代と社会の状況を受け,さまざまな形でそれぞれの国に定着していくことになる。今日,先進諸国において就学前の教育を受ける子どもの割合は,多くの場合義務教育ではないにもかかわらず,高いものとなっている。もちろん,それぞれの国の状況によって多様な就学前教育が行われているが,基本的にはその必要性が認められ,肯定的に捉えられているということである。
　さて,フレーベルの幼稚園運動以来,この運動を支えたのは,主として中産階級の女性たちであった。なぜ,彼女たちが,この役割を果たしてきたのか,あるいは果たそうとしたのか。その背景の一つとして考えられるのは,「近代家族」―働く夫である父とやさしい妻である母,そして愛情を受けて育つ子どもで構成される核家族―の誕生である。
　近代家族が誕生し定着するその同時期に,子どもは家庭外の空間で「教師」という専門職によって教育を受けるシステムが誕生する―この一見矛盾する様相が,幼稚園の発展の背景である。

「幼稚園」と「家族」の問題は，当然のことながら，そこに，〈子ども〉という共通項を抱えながら，常にかかわりを持ちつつ発展してきた。それは，今日も同じである。「子育て」というきわめて自然的な営為が，フレーベル以降，専門職に委ねられていったのはなぜなのか。あるいは，家庭や共同体で行われていた「子育て」と専門職が担う「子育て」との間にどのような違いがあるのか……もはや近代家族の終焉がささやかれ，多様化したポスト近代家族が誕生する時代にあって，「子育て」という営為はどこに向かおうとしているのか，システム化される保育と家族の問題を，歴史，文化，そして今日的課題に焦点をあてつつ論じていくことにする。

§1　「近代家族」における母親の役割

　すでに，社会史や家族史の研究が明らかにしているように，「家族」という形態は，決して普遍的なものではなく，時代や社会の変化とともに，様々な変化を遂げて今日に至っている。われわれが今「ごく普通の」家族と捉えている家族の姿も，決して歴史の長いものではなく，近代以降に誕生したきわめて新しいものなのである。では，この新しい家族-近代家族-とはどのようなものであったか。ここで簡単に整理しておこう。

　18世紀以降ますます発展していく産業化によって，生産の場は家庭外に移行し，私的領域と公的領域の分離が明確になっていく。生産および再生産の場であった伝統的な「いえ」制度から解放された個人は，情愛によって結ばれた家族をつくっていった。男女はそれぞれの性的役割を分業して担うようになり，夫婦の間に誕生した子どもは，夫婦にとってきわめて大きな関心事となった。彼らは，この子どもに愛情を注ぎ，教育的関心をもって家庭の中心に位置づけるようになった。こうして，家族はしだいに，公衆の面前に開かれた空間から，きわめてプライベートで閉じた空間となっていったので

ある。*

　こうして新たな形態として誕生した家庭は，共同体との境界線を明確にし，公的領域と明確に区分された私的領域の主たる役割は，女性たちに向けられた。つまり，男性は，公的で俗的な場に身を置いて働き，女性は私的で清らかな場に身を置いて，それぞれの役割を果たすという性的役割分業の成立である。「家政」がもっぱら彼女たちの責任ある仕事となり，女性たちは私的領域に閉じ込められていく。しかし，その構造は，女性たちを私的領域に閉じ込めて抑圧したという単純なものではなかった。おそらく，この構造がそのように単純なものであったら，女性たちは，もっと早い段階で，この役割を返上したであろう。しかし，この構造が持続し，これほどまでに多様化している今日の家族においてさえ，この理念が影響し続けているのは，ある意味女性たちを納得させるものであったからである。彼女たちを納得させたものとは何であったのか。それは，彼女たちが担った役割が，男性たちに劣るささいな役割ではなく，「いえ」制度の下では家長が担っていた「子どもの教育」というきわめて重要な役割であったことにある。さらに，育てられる子どもとは，「家業を引き継ぐ」いえや共同体（村）の子どもではなく，

＊ カナダの社会史研究家のショーターもまた，近代家族について以下のようにまとめている。
　①ロマンティック・ラブが，かつて男女を結び付けていた実利的な考えに取って代わったこと。②母子関係における変化によって母親にとって幼児や子どもの占める位置が重要なものになったこと。③家族と共同体との間の境界線が明確になったことの3点をあげ，新しく誕生した家族の「家々の暖炉に心地よい火を燃やし，ついにはこの炎で周囲の共同体を焼きつくした」。エドワード・ショーター／田中俊宏他訳『近代家族の形成』昭和堂，1987
　近代家族の研究として，以下の書籍を参照してほしい。
P.アリエス／杉山光信・杉山恵美子訳『〈子供〉の誕生：アンシァン・レジーム期の子供と家族生活』みすず書房，1980
L. ストーン／北本正章訳『家族・性・結婚の社会史　1500年-1800年のイギリス』勁草書房，1991
山田昌弘『近代家族のゆくえ　家族と愛情のパラドックス』新曜社，1994
ジャック・ドンズロ／宇波彰訳『家族に介入する社会　近代家族と国家の管理装置』新曜社，1991
小山静子『子どもたちの近代　学校教育と家庭教育』吉川弘文館，2002

やがて、国家を支えることになるであろう有能な「市民」であったのである。

> 母親がすすんで子どもを自分で育てることになれば、風儀はひとりでに改まり、自然の感情がすべて人の心によみがえってくる。（中略）家庭生活の魅力は悪習に対する最良の解毒剤である。（中略）家庭が生き生きとしてにぎやかになれば、家事は妻の何よりも大切な仕事になり、夫の何よりも快い楽しみになる。*

と述べたのは、ルソーであるが、私的領域の構造を維持し、女性たちがこの役割を意味あるものとして受け入れるにあたってのきわめて重要な概念として浮かび上がってきたのが、「母親役割-母性」である。ルソー以来、啓蒙主義者たちは母親役割を讃える言説を繰り返してきたが、それは、クニビレール等が指摘するように、これまで、動物的なものとして軽蔑され、あるいはたいてい「自然な」ものとして受け入れられたにすぎなかった母親役割を、言葉の上で崇拝の対象としていく構造でもあった。**

こうして、母性が礼讃されることによって、女性は子どもの教育にとってもっともふさわしい存在として位置づけられていく。公的領域で俗に交わることのない女性たちがもつ女性性-敬虔で、純粋で、愛情深い性-ゆえに付託される役割であった。当然、彼女たちに期待されている教育は、いえ制度の下で家長が担っていた厳格な教育ではなく、無垢な子どもを大切にする愛情深い教育である。

先に、情愛で結ばれた近代家族の関心の中心は〈子ども〉にあったことを述べてきた。女性たちは、こうして「母性」を評価されると同時に、教育にふさわしい存在として位置づけられていくのである。

---

* J.ルソー／今野一雄訳『エミール』（上）岩波書店、1992、p.40
** イウォンヌ・クニビレール、カトリーヌ・フーケ／中嶋公子他訳『母親の社会史 中世から現代まで』筑摩書房、1994、p.224

興味深いことに，こうした構造は，わが国においてもほぼ同じような展開をみせる。小山によれば，明治20年代（1980年代後半）になると，『女学雑誌』などでも家庭（home）と言う言葉が，従来の家族のあり方とは異なる新しい家族を示すものとして頻繁に使われ始めたという。そこでは，「一家団欒」「家庭の和楽」といった価値が追求され，子どもは，もはや家庭内労働力として捉えられることはなく，愛護され，教育され，愛情が注がれる存在になっていた。*

そして，「子供の教育は専ら母親の心得に関はることなるを以って，母たるものはよくよく心がけて……」云々というような言説により，母親たちは，教育を担うものとして期待されていくのである。

もちろん，この時代に『女学雑誌』を手に取ることができ，子どもを労働力として期待しなくてもよい階層とは，限られていたことを確認しておく必要があるだろう。しかし，こうした理念が多くの階層に広がることに，それほど多くの時間を要しなかったこともまた事実である。**

このように，西ヨーロッパ諸国，アメリカ，そしてその欧米文明を摂取することに懸命であったわが国においても，多少の時差があるものの，〈近代家族〉の土壌がつくられていった。

そこでは，女性たちは，あふれる「母性を礼讃」の言説の中で，男性よりも教育にふさわしい存在として位置づけられていき，愛情を注ぐことによって密になる母子関係の構造がつくられていく。それは，「次代を担う国民の養成，しかも大量の『質のよい』国民養成が女たちに期待されたからにほか

＊　小山静子『子どもたちの近代　学校教育と家庭教育』吉川弘文館，2002, pp. 101-106
＊＊　わが国の〈近代家族〉の成立をいつの時代にみるかは議論の分かれるところであるが，藤田は，〈近代家族〉的な家族関係と生活様式が都市部を中心に広がりをみせるのは，わが国においては，1920年以降，〈近代家族〉的な関心と志向が一般化し，生活慣行と生活意識の両面で全国的な規模で変化が起こるのは，1950年以降のことではあるが，生活集団としての境界性と私的隠蔽性，および制度的基盤という2点から考察すると，わが国においてもすでに明治期に〈近代家族〉への移行が始まっていたと指摘している。藤田英典『家族とジェンダー　教育と社会の構成原理』世織書房，2003, pp. 56-57

なら」*ず，まさに国家が家族に介入していく構造の第一歩であった。

§2 「学校」の誕生による家族の教育機能の変化

　家族に対する言説があふれ，〈近代家族〉が成立し，家族における子どもへのまなざしが強調されるまさにその時代に，近代的な学校制度が確立されていく。もちろん，学校教育が人々の生活に登場した当初から，学校教育が人々にとって必要不可欠なものであったわけではない。

　わが国を例にしてみると，明治初期に学校制度が成立した段階においては，民衆の間では学校教育はさほど期待されていたものではなかった。相変わらず共同体（村）が教育の役割を担っていた地域においては，大事な労働力のひとつであり，共同体の構成員の一人である子どもに，日常知とかけ離れた学校知を教える学校の文化と人々の生活文化の間には大きな差異が見られていた。宮本によれば，「学校で表彰される子と村で表彰される子」**は異なっていたのである。

　一方，都市部の中産階級においては，すでに家族が教育の重要な担い手となり，「一家は習慣の学校」となっていたが，小山によれば，この段階では，家庭は，「教授の学校（いわゆる学校）」とは異なる役割を担うものであり，家庭での「習慣の学校」が「教授の学校」よりも優位に位置づけられていた。***

　このように，農村部の民衆階級においても，都市部の中産階級においても，当初の〈学校〉は，それほど子どもの教育の大部分を占める役割を担う

---

*　小山前掲書，p.99
**　宮本常一『宮本常一著作集 8 -日本の子供たち・海をひらいた人びと-』未来社，1969，p.46
***　小山前掲書，p.113-114

ものではなかった。

　しかし，近代化の波は，都市部や中産階級だけではなく，地方農村部にも押し寄せ，農村の子どもは都市部へ流出し，雇用形態にも変化が生じるようになると，次第に「学校」で獲得する知や技能が人々の生活にある種の意味をもつようになってきた。事実，明治末には，小学校の就学率は90％を超え，ほとんどの子どもたちが学校に通うようになった。同時に，生活水準の向上によって，人々の家庭生活にもゆとりと新しい文化―近代的な生活―が生まれることが可能な土壌が生まれつつあった。これらの変化により，20世紀初頭には〈学校〉と〈家族〉という両者の関係が，奇妙なバランスを保つようになっていったのである。

　近代家族が成立する19世紀中盤から末にかけてのアメリカ社会で，「家政」や「家庭教育」に関する雑誌や書物がたくさん出版され，それらに関する言説が作られたように，それらにやや遅れたこの時代に，わが国においても『家庭の教育』『婦女新聞』というような家庭での教育を語った雑誌が多く出版されるようになり，「子どもによりよい教育を」という言説があふれ，子どもの教育を真剣に模索する家庭が登場するようにもなっていった。

　その結果として，家族と学校の価値が重なり合う時代が到来する。「新中産階級の家庭の地位継承戦略は，全面的に学校-学歴に依存することになった。また目標とするしつけや人間形成の理想も，学校教育が掲げてきたものと重なることになった。学校での『良い生徒』と家庭での『良い子』とが同じものになったのである。」＊つまり，学校も家庭も子どもを「成長可能態」としてとらえ，同方向を向いて教育する装置として機能し始めたということである。その結果，近代が子どものために用意した〈学校〉と〈家族〉は，ともにそれが当初から「子どものため」という善意の目的を共有していたかのように，子どものたちの囲い込みを始めることになる。本田の言葉を借りれば，「『子どものため』という価値でラベリングされることにより，その発

＊　広田照幸『教育言説の歴史社会学』名古屋大学出版会，2001，pp. 230-231

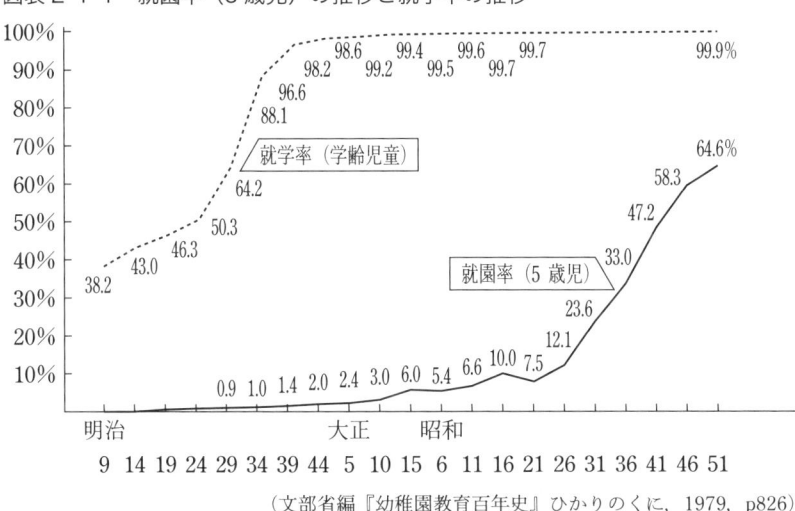

図表2-1-1　就園率（5歳児）の推移と就学率の推移

就学率（学齢児童）

就園率（5歳児）

明治　9　14　19　24　29　34　39　44　大正5　10　15　昭和6　11　16　21　26　31　36　41　46　51

（文部省編『幼稚園教育百年史』ひかりのくに，1979，p826）

生の動機や根底に置かれた市場原理のいずれもがそのラベルの陰に隠され，等しく『子どものため』に存在するものであるかに見なされて，存在の基盤を問い直されることもない」*まま，突き進むことになったのである。

§3　わが国における「幼稚園」の誕生

　明治5（1872）年に学制が発布され，その4年後の明治9（1876）年には，わが国最初の幼稚園が東京女子師範学校に創設された。「学校」というものが，未だ人々に認知されない中で，「幼児」を集団で教育しようとする幼稚

＊　本田和子『子ども一〇〇年のエポック-「児童の世紀」から「子どもの権利条約」まで-』フレーベル館，2000，p.259

園が誕生したという経緯は，他国に類をみないものである。

逆に考察するならば，わが国が近代の学校制度を確立するために視察した，フランス，ドイツ，アメリカなどの諸外国は，すでに幼稚園が制度化されており，就学前の子どもたちが，すでに集団で教育を受けていた。それらの状況を視察した当時の指導者たちが幼稚園独自の有益性を認めたというよりも児童にとっての「学校」と同様，幼児にとっての「幼稚園」をあるべきものとして受け入れたともいえるであろう。それは，「幼童家庭ノ教育ヲ助ル為メ」でもあり「幼稚ノ教導ヲ裨補シ小学就学の津梁ト為」すためでもあった。

就学率の全国平均が，38.2％であった明治9年に，月額保育料が25銭，玩具料（入園料のようなもので，恩物の購入費等にあてられた）50銭を納める必要となる教育をわが子に受けさせることができたのは，ごく限られた階層の子どもでしかなかったことは，容易に想像できるように，わが国の幼稚園は，基本的に中産階級以上の子どもを対象とした教育機関として発展していく。明治30年代には，全国に229園しかなかった幼稚園が大正末には，1000園を超える状況になったとはいうものの，幼稚園が一般に普及するには，戦後の教育制度改革，1964年からの幼稚園教育振興計画を待つしかなかった。

一部の階層を対象とした教育機関ではあったが，わが国において幼児を対象とする教育施設として制度化された「幼稚園」とはいかなるものであったのだろうか。

湯川は，日本に成立した幼稚園の特質を次のように述べている。

図表2-1-2 明治初期の幼稚園の図十二恩物の保育風景（東京女子師範学校附属幼稚園明治12年頃）（日本保育学会編『幼児保育百年の歩み』ぎょうせい，1981，p.4）

① 日本の幼稚園は，欧米の幼稚園が有していた保護（託児）と教

育の二つの機能のうち、保護（託児）の側面を欠いた教育施設として成立し、そこでは基本的には小学校への準備教育が期待されていた。
② 幼稚園は、中、上流階級の子弟を対象とし、そうした社会階層に適合的な幼児教育機関であった。
③ 幼稚園は学校体系以外の教育施設と位置づけられたものであった。＊

①と③は、一見、矛盾するようにも見えるが、幼稚園は、1899年の「幼稚園保育及設備規程」において「幼児ヲ保育スルニハ其心身ヲシテ健全ナル発育ヲ遂ゲ善良ナル習慣ヲシメ以テ家庭教育ヲ補ハンコトヲ要ス」と述べられているように、家庭教育の補填的位置づけでしかなく、時の政府が義務教育の普及に必死になる一方で、「幼稚園」はその体系外に置かれ、一部の階層には支持されながらも、学校とは異なる経過をたどりながら発展していくことになる。

わが国の幼稚園は、フレーベルが「学校」とはあえて異なる施設で、幼児期の子どもを教育することに意味を見いだし、「幼稚園」を創設したこととは、その位置

図表2-1-3 東京女子師範学校附属幼稚園の初期の保育風景 武村耕靄（たけむら・こうあい）画 明治23年日本美術協会秋季展覧会に出品 （日本保育学会編『幼児保育百年の歩み』ぎょうせい、1981, p.1）

＊ 湯川嘉津美『日本幼稚園成立史の研究』風間書房，2001, pp. 375-379

づけに若干の違いがあったともいえるが，幼稚園の発展には，フレーベルが幼稚園を創設したドイツ，幼稚園運動が発展したアメリカ，そして，日本においても共通する点がある。それは，幼稚園教育の発展に貢献したのは，それぞれの社会の中産階級の女性であったことであり，それは時の女子教育，母親教育と密接な関係があったということである。

§4 保育者に求められた母親の物語

新たな教育施設としての「幼稚園」が誕生したことにより，そこで幼児の教育を担当する者を養成することが急務となる。前章でみてきたように，フレーベルが創設した最初の幼稚園は，幼児教育者の養成施設の実習機関として位置づけたものであり，彼の最初の関心は，恩物を普及し，適切に幼児を教育できる教師の養成ということにあった。

イギリスで幼児学校を設置したウィルダースピンは，どのような学校であっても，男性と女性の教員が存在することが望ましいとしていたが，フレーベルは，幼稚園の教育を担当するにふさわしいのは，女性であるとして，以後，女性を対象とした教員養成を進めていく。

フレーベルは，幼稚園の計画案の冒頭で次のように述べている。

> 婦人たちの生活と子どもたちの愛，子どもたちの生活と婦人たちの心，一般に幼児保育と女性の心情とを分離するのは悟性のみである。これらは，本質上，一つのものである。なぜならば，神が子どもを通じての人類の肉体的ならびに精神的存続を婦人たちの心および心情，すなわち真の婦人の心に託したからである。（中略）婦人の生活はもう一度完全に最初の幼児期の保育にむけられなければならない。婦人の生活と幼児期の保育とが全般的に再合一されなければならない。女性の心情と思慮深い子どもたち

の世話とがふたたび統一的なものにならなければならない。＊

つまり，フレーベルにとって幼児期の教育は「母性的な婦人たち」によって担われる必要があったのである。フレーベルが晩年に著した『母の歌と愛撫の歌』は，彼の教員養成所でもテキストとしても使用された。彼の関心が，いかに女性の教育的機能にあったのかを読み取ることができるだろう。

こうしてフレーベルが養成した女性たちは，幼稚園教師としての仕事を自分たちにふさわしいものとして受け入れていく。そして，ドイツにおいて幼稚園禁止令が出された後にも，彼女たち自身が「伝道者」となって，幼稚園の思想と実践を伝えていくことになるのである。

図表2-1-4 母の歌と愛撫の歌
(ヨハネス・プリューファー編／荘司雅子訳『母の歌と愛撫の歌』キリスト教保育連盟1976，p.47)

アメリカの幼稚園運動においても同様の展開が見られる。アメリカの幼稚園運動の火付け役として知られるエリザベス・ピーボディーは，「すべての男性が軍人になるように鍛えられるように，すべての女性は子どもを教育する資格を獲得すべきである」＊＊と述べ，「幼稚園の教師は，母のような慈悲深い存在でなければならない」＊＊＊と主張した。そして，この専門職が「女

＊ フレーベル／岩崎次男訳『幼児教育論』明治図書出版　1980，pp.92-93
＊＊ Elizabeth Palmer Peabody "The Object of Kindergarten" Report of the Commissioner of Education. 1871, p.531
＊＊＊ Elizabeth Palmer Peabody "Motherliness" Kindergarten Messenger 1 No.8 1877 p.151

性」にふさわしいものであり,「女性らしさ」を発揮することのできる意味ある専門職として,この仕事を普及させようとしたのである。

確かに,先行研究のいくつかが指摘するように,この時代に女性にふさわしい専門職を用意したことは,女性たちにより高い教育を受ける場と社会進出の機会を与えることになった。しかし,フレーベルやピーボディーが意図したように,幼稚園の教師に「母」のような女性性を求めたことで,教師たちが,母のモデルとして母親役割を再生産し,二重に女性の役割を規定していくことにもなったともいえるであろう。

近代家族における母親の役割の観念化,学校とはあえて異なる空間として装いを変えて幼児までも囲い込む空間として誕生した幼稚園,そしてそこに登場する女性性を規定する専門職,近代に登場したこれらの装置が互いに絡み合った状況は,子どもと母親たちの前に新たな課題を提示することになるのである。

アメリカにおいて幼稚園運動の担い手となった女性たちは,次なる社会改革運動として「母親教育」を展開していった。幼稚園は,女性運動,家庭教育,布教活動の拠点ともなった。

大阪府立規範幼稚園では,「保育見習科」を設置して,4か月の伝習を終えた母親に仮証書を与えた。その家庭を「天然の幼稚園」とするとした。

こうして公的教育を担う幼稚園教師と私的教育を担うことになった母親とは,「母親のような教師」が近代的な母親役割を再生産するという構造の中で,ある種の関係を保ちつづけながら,慈愛にみちた方法で,子育ての物語を紡ぎだしていくことになるのである。

〈さらに学ぶために〉
藤田英典『家族とジェンダー』（世織書房，2003）

　　教育社会学を専門とする著者が，近年発表した論文を集めた一冊。「家族」「子ども」「教育」「ジェンダー」など，保育を考えるうえでも欠かせないキー概念を，再確認するうえできわめて示唆的である。これらの概念を自明なものとせず，問い直すところに，保育学の学びの第一歩があるといえるだろう。

小山静子『子どもたちの近代―学校教育と家庭教育―』（吉川弘文館，2002）

　　わが国の教育の歴史を「学校」を中心としてではなく，「家族」に注目して論じたもの。それは，とりもなおさず，子どもへのまなざしへの注目でもある。今日の子どもへのまなざしを再考する手立てともなる一冊である。

第2章

保育文化の生成

　フレーベルが幼稚園を創設して以来，幼稚園での教育内容は，それぞれの関係機関で検討され，「カリキュラム」となって実践されてきた。そこが学校教育機関のschoolとは異なる空間であったとしても，教育施設である以上，一定の意図と目的をもって，教育内容が構成されるのは，言うまでもない。

　しかし，系統的な学習内容を構成することを避けることのできない学校教育と異なり，「生活」を基盤とする幼稚園教育の内容は，その時代や社会の子育て文化に影響を受けやすい。事実そのような状況の下でカリキュラムが生成されてきた歴史がある。

　学校教育の教育内容が，知識か経験か，系統主義か体験主義かという二項対立で論じられてきたことに対する問題と異なり，幼児教育の教育内容は，遊びや生活という人間が日々生きていくうえでの基盤となるものを教育内容として構成しようとするわけであるから，まさに子どもの日常がそれを浮かび上がらせると同時に，それが子どもの日常を規定していくことにもなる。幼稚園の教育内容は，子どもの文化の表れであり，子どもの文化が教育内容を形づくるのである。

　もちろん，子どもは社会の中で生きていくわけであるから，子ども文化は大人の文化や価値観に大きく影響される。

わが国の学校教育が，近代学校成立以降，大きな地域差や学校差を生むことなく，一定の系統的学習内容を維持してきたのに対し，幼稚園教育は，これが同じ学校教育制度の下の「幼稚園」という教育機関で行われている教育内容と方法なのかと目を疑うほど，異なる教育実践を生みだしている。各園の特色という範疇を超えた教育実践の差異は，大人社会の文化と価値観の相違が，それに大きく影響しているといえるだろう。

本章では，その時代の社会の中で生成されてきた幼稚園の保育内容に注目し，その保育内容の意味するところを読み解き，子どもと教師がつくりだした保育の物語を考察してみたいと思う。

§1　子育ての思想と文化：しつけと教育の物語

フレーベルの構想したKindergartenが日本に誕生するのは，学制発布以降の明治9年であり，それは学校教育同様，ヨーロッパやアメリカにおいてすでにシステム化された実践を取り入れたものであった。

わが国の「近代学校教育機関」としての幼稚園は，明治9年にスタートするが，幼児を教育対象とした教育機関がそれ以前に全くなかったわけではない。次世代の子どもを育てるという営みは，どの時代や社会にとっても重要な課題であり，むしろ近代教育が確立する以前の社会においては，時代や社会の文化に根づいた人々の知によって，その営みは綿々と行われていた。

近代以降，「子どもの教育」という営みが，人々の日常生活から分離して，システム化されたとき，子育てや子どもの教育の構造にいったい何が起こったのだろうか。ここでは，伝統的な子育て文化の検証を通して，文化としての子育ての物語を読み解いてみることにする。

1.「しつけ」とは何であったか

　日本民族学の研究成果によると,「しつけ」とは, 単に子どもに日常生活における行動様式や生活習慣の型を身につけることではなく,「しつけ糸」「作物のしつけ」というように, 人の性質を矯め直しながら, 一人前の社会人に仕上げることであった。

　つまり,「しつけ」とは, 個人が所属する地域共同社会（むら）で生きていくために身につけなければならない知恵であり, 社会の伝統からはみ出さないように仕立て上げることであったため, それは計画的に進められる〈教育（instruction）〉ではなく, むらの中で見よう見まねで日常の生活行動を自得することにあった。＊

　それらの具体的な実践の場が,「子ども組」や「若者組」といった組織である。地域によって差があるものの「子ども組」「若者組」という組織は, わが国の多くのむらに存在し, 子どもたちは, 該当の年齢（「子ども組」は, 7歳から15歳程度,「若者組」では, 15歳から18歳程度）になると, それぞれの組織に加わり, 村の行事や仕事, 生産労働をともに行い, それらを経験することで, 一人前の村人として生きるための態度や力を身につけさせられた。そこで行われる教育的な営みは,「衆人の承認をまず重んじ『人並みにできること』『十人並であること』が求められた。シツケの目標は, 個人に, 集団の成員として共通の行動様式を自得させ, 共同の生活意識を体得させ, 集団の生活に適応させること」＊＊にあったため, 一人ひとりの個性を強調するというようなものではなく, その方法も集団の圧力下に置くものであった。

　「個性を尊重する教育」という近代教育の言説は, 教育の普遍的原理のように語られ, しばしば親や教師を束縛してきたが, 前近代社会においてむらが果たしていた教育的機能は, それとは全く異なるものであったといえるだ

＊　原ひろ子・我妻洋『しつけ』弘文堂, 1967, pp. 2-3
＊＊　同上書　p.5

ろう。

> 《「しつけ」が意味するもの》
>
> 　しつけとは，①田畑へ作物を栽培すること，②仮に糸で縁をあらく縫っておくこと，またその糸，などの意味のほか，しつけ約束という言葉が意味するように，人の性質を矯め直しながら，人を一人前にすることを意味している。
>
> 　原によれば，「しつけ」は教育することを意味する言葉ではあるが，庶民的感覚における言葉では，それぞれの職業分野における生活技術の体得，社会人としての態度を「自得させる過程」を意味したという。
>
> 　しつけという語に，身を美しくする「躾」という和製漢字が当てはめられるようになったのは，中世以降の武家社会にはじまるものであると柳田國男は述べている。柳田によれば，この漢字が用いられる場合には，具体的，個別的に，順序だてて指導することを意味する。
>
> 　民衆の子育てと習俗に関しては，下記の論文を参考にされたい。
> 田嶋一「民衆の子育ての習俗とその思想」広田照幸編著『子育て・しつけ-日本の教育と社会 第3巻-』日本図書センター，2006

2. 群れの教育

　地域共同社会（むら）においては，その地域の中で，みなと足並みをそろえて生活すること，人前で恥をかかないような人間であることが，その共同体の構成員として望まれる生活態度であった。井之口は，「群れとともにあり，群れとともに行動することが，いちばん優れた保身の術であった。長男は長男らしく，小作人は小作人らしく，それぞれの境遇や身分にふさわしい，身なり，物腰，生活態度が望まれたのであり，そういうものを身につけ

させることが，しつけや教育の眼目であった」*と指摘する。

　こうした群れの教育は，基本的には「子ども組」に入る7歳ごろから始まるものと考えられるが，柳田國男は，それ以前の年齢であっても，群れの教育にあたるひとつの段階があるとし，その主たるものが，「外遊び」であると指摘する。

　子どもが外遊びをするようになるのは，主として家族だけで過ごす時期を終えた4歳から8歳までの時期であり，この時期の遊びが，子どもを社会人として仕立てる適切な時期であると述べ，「幼稚園託児所の設備が完全になっても，果たして以前だけの効果が挙げられるかどうか」**と，近代教育機関としての幼稚園に対して，疑問を呈している。

> 外遊びの幼児等の最も喜ばなかつたことは，兄姉から親祖父母までの一切の年長者の干渉であつた。もちろん腹を立てたり言ひつけたり，泣いて帰ったりする子も澤山あつたが，それをすると此次の遊びが目に見えて面白くなくなる。故によつぽどあまやかされている家の子でも，この群の楽しみといふ共同の大事業の為に，性来のやんちや我慢を自ら抑制しようとしたのである。親の教へなかった言葉や行動を，こゝで学んで来ることは相応に多い。***

　近代以降，幼稚園は，こうした子ども組の前段階の時期の教育を引き受けていく。それは，地域共同社会で行われていた群れの教育から近代的な教育への質的転換の始まりを意味するものであったといえよう。

＊　井之口章次『日本民俗学大系 第4巻』平凡社，1959，p.220
＊＊　柳田國男『定本柳田國男集 第29巻』筑摩書房，1964，p.523
＊＊＊　同上書　p.534

3. 「教え—学ぶ」という営為の根底

文化人類学者の原ひろ子は, ヘアーインディアンの子育て文化にある「教える」という概念について興味深い研究をまとめている。

原によれば, ヘアーインディアンの文化には,「教えてあげる」「教えてもらう」「だれだれから習う」「だれだれから教わる」といった概念の体系がない。したがって,「師弟関係」というものも成立しない。原は, こうした文化の基盤には,「人間が人間に対して, 指示・命令できるものではない」という大前提があり, 人間に対して指示を与えることのできる者は, 守護霊だけであり, 親といえども, わが子に指示したり, 命令したりすることはないと考えられていると指摘する。したがって, すべての物事は教えられるものではなく,「自分で観察し, やってみて, 自分で修正する」ことによって「覚える」つまり「身につける」ということになるのだという。*

原自身が著書の中で, 紹介している以下のエピソードは, わが国の幼稚園関係者にはきわめて興味深い。少し長くなるが, 引用しよう。

> テントで, 私が何気なくおしゃべりをしながら, 折鶴を折っていると, 十歳前後の子どもたち（女の子が多かったのですが, 男の子もいました）がとてもおもしろがりました。そして,「もう一つ折ってくれ」と何度もいうのです。何羽も折っているうちに,「紙をちょうだい」といって, 自分で一生懸命に折り始めました。けっして「初めにどうするの？」などと聞いてきません。「もっとゆっくり折って」とも,「これでいい？」ともいいません。「教えてよ」といわないのはもちろんです。いろいろやってみて, 自分で「これでできた」と思うときに, 私のところに見せにくるのです。そして, 私が「この鶴は疲れているみたい」とか「これは, 遠くまでとびそうだ」とか「きれいね」とかいうのを楽しそうに聞いています。

---

* 原ひろ子『子どもの文化人類学』晶文社, 1982, pp.182-188

そして，彼らは「ヒロコが作ったので，自分も作った」と思っているのです。何羽も何羽も鶴を折ったあとで，子どもたちは「ほかに何かを作れるか？」と聞いてきます。「今度は違ったものを教えてよ」とは言いません。＊

　原は，アメリカの中流家庭でベビー・シッティングをしたときの子どもたちの反応（おそらくそれはわが国の子どもたちの反応と共通するだろう）とヘアーインディアンの子どもたちの反応の違いについて，アメリカの子どもたちは，「子どもと私」との交流の中で折り紙を覚えているのに対し，ヘアーインディアンの子どもたちは「その紙と子ども」の間に強い交流が存在すると指摘している。

　狩猟採集民族であるヘアーインディアンの「学びの構造」は，人が誕生したのち，時間をかけて「一人前」になるまでのプロセスの意味を再考するうえで，きわめて興味深い。

　「近代学校」というきわめて効率的なシステムを採用した近代社会は，「教え―学ぶ」という営為そのものを，自明の大前提としたうえで，より効果的かつすぐれたシステムの発見と開発のみを目指してきた。

　次の世代を産み，育てるという営みは，どのような時代や社会でも行われ，引き継がれている行為である。「近代学校」と「近代家族」を発明した近代社会は，次世代を「一人前」にするというという営みをシステム化することにとりあえず成功した。

　それは，時代や社会に深く根ざし，人々が緩やかに築いてきた文化にあった営みをいったんその文化から切り離すことでもあった。切り離されたことによってつくられ，浮かび上がった新たな〈文化〉は，何を生成しようとしているのだろうか。

　次世代を「一人前」にしていく新たなシステムが目指したものとは何だったのか。次節において，明らかにしていくことにしよう。

＊　同上書 pp.194-195

§2 しつけから教育へ
―教育内容が計画される意味―

　「近代学校」は，むらの中での緩やかなしつけの文化や，「自分で覚える」学びの構造から決別し，目標を目指して効率的に成長，発達するシステムをつくりだしてきた。

　3R'sはもちろんのこと，諸科学の成果を学ぶためには，ある程度の系統的かつ計画的なシステムづくりは避けられないことであった。

　近代社会が，ある程度の知識を獲得した市民を必要とする以上，「近代学校」が目指したシステムは，必要なものであったことは認めざるを得ない。

　しかし，「幼稚園」は，どうだろうか。フレーベルが目指した幼稚園は，当時幼児学校が行っていた3R'sの教育を否定するところから，その実践はスタートしたものであった。だからこそ"school"ではなく"kindergarten"であったのである。

　しかし，その一方で，幼稚園は，本来地域社会が行ってきた伝統的な子育て期間の子ども，つまり就学対象年齢以前の子どもを対象に行った教育機関でもあった。それは，3R'sを教える学校ではないが，むらや家庭が一体となって行っていた緩やかな（しかし時に厳しい）しつけが行われる場でもない。それは，どんなに"school"を否定しようと，システム化された「近代学校」の一つであった。

　幼稚園が，学校知を教えることを否定しつつ教育し，集団教育の場でありながら子ども一人ひとりの自由を尊重するということにみられる複雑なテーゼの渦の中でもがきつづけたまま，明確な方向性を見いだせずにいるのも，幼稚園がその誕生時からもち続けているその性格の曖昧さにあるともいえよう。

104　第2部　保育の物語

　幼稚園が伝統的な子育てと決裂したシステムを採用し，つくりだした新しい〈文化〉とは何であったのか。検証してみることにしよう。

1．幼稚園という空間

　1872（明治5）年，学制発布の後，わが国では，西洋思想と文化の影響を受けた学校が次々に設置された。幼稚園教育の思想的基盤を持たない中で，設立された最初の幼稚園もまた，西洋思想の影響を受けたものにならざるを得なかった。明治初期の学校建築様式は，和風のものと擬洋風のものとがあったが，わが国最初の幼稚園である東京女子師範学校附属幼稚園は，田の字型プランと称される擬洋風のものであった。外観も洋風を真似たもので，南側の廊下から階段をおりて庭に出るようになっていた。

　こうした建物の中で，フレーベル主義の幼稚園に倣った保育が展開された。当初の保育内容は，以下のようなものあった。

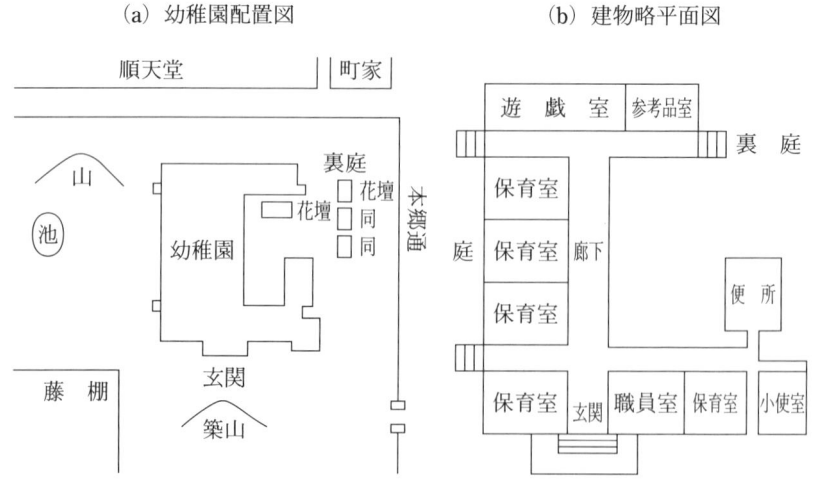

(a) 幼稚園配置図　　　　　(b) 建物略平面図

図表2-2-1　明治19年3月再築の東京女子師範学校附属幼稚園の配置図及び略平面図（文部省編『幼稚園教育百年史』ひかりのくに，1979 p.97）

登園
整列
遊戯室―唱歌
開誘室―修身話か庶物話（談話あるいは博物理解）
戸外あそび
整列
開誘室―恩物―積木
遊戯室―遊戯か体操
畫食
戸外あそび
開誘室―恩物
帰宅

　それぞれの時間は20分から30分の間であったとされている。幼稚園での保育が始められた1年後の明治10年には，「幼稚園規則」が制定され，保育科目と同時に時間割表が定められた。つまり，わが国の幼稚園は，その設立当初からフレーベル主義の幼稚園に倣ったカリキュラムが制定され，時間で区切られた活動（task on time）を行う保育を行っていたといえる。小学校教育とその教育内容や方法論は異なるにせよ，「近代学校」としての形式はきわめて共通するものであったのである。
　その後，1880（明治13）年幼稚園規則の改訂，1881（明治14）年保育科目の改訂を経て，1884（明治17）年には附属幼稚園規則が全面改正される。1884（明治17）年に大阪府が，翌年1885（明治18）年には広島県か，独自の保育規則をつくるなどと，諸外国の幼稚園の模倣からスタートしたわが国の幼稚園は，しだいに地域や子どもの実情に合わせた保育内容が検討されていくことになる。
　1926（大正15）年には，幼稚園に関するわが国最初の単独勅令である「幼稚園令」および「幼稚園令施行規則」が制定され，幼稚園は，わが国の教育

制度上においても，その位置づけが明確なものとなっていった。

　わが国の小学校以上の教育制度がそうであったように，幼稚園教育制度もまた，わが国固有の文化の中から熟成され，つくりだされてきたというよりも，欧米の幼児教育思想とその実践を模倣し，それを土台としながら，少しずつ手直ししていくというプロセスの中で，その歴史が積み上げられていった。

　学童期以前の幼児を対象として，学校ではない空間で実践する教育，そこでは学校知を注入することを避け，「遊戯」による教育を実践しようとした。

　就学前の教育哲学とわが国固有の文化に先行してシステムがつくりあげられていったわが国の幼児教育は，その後どのような方向に向かおうとするのか。置き去りにされたままの課題は，その後のわが国の幼稚園の発展にその影をおとしていくことになる。

2. システム化された「遊戯」と「空間」への疑問
　　　―家なき幼稚園の試み―

　義務教育ほどの関心は得られなかったにせよ，幼児期の子どもを集団で教育するという文化のなかったわが国において，その誕生から70年ほどの間に全国に2,000園ほどの幼稚園が設置されたことは他国に類をみないものだといえるだろう。

　こうして幼稚園が拡大する一方で，当然のことながら幼稚園の教育内容に対する疑問や批判が生じてきた。明治末期に文部省普通学務局長を務めた木場貞長は，「教育者ハ，口ニハ幼稚園ノ学校ニアラザルコトヲ断言スレトモ，此主義ヲ実行スルノ成竹アルモノハ（中略）容易ニ之ヲ得ベカラズ言ハントス」*と述べ，教育者たちが主張する「遊戯」によって幼児を教育するという幼稚園は，学校とは異なる施設であるとはいうもののそれは，きわめて理

---

*　文部省『教育時論』第454号

解しづらいものであることを指摘している。

　こうした中，橋詰良一は，ひとつの実験的実践を提案する。幼児期の子どもの教育は，遊戯による教育が望ましく，それは学校ではない空間で行うことが必要であるとするのであれば，このきわめて学校的な「幼稚園」という空間を，橋詰は，あえて否定したところに幼児を教育する場を求めようとした。

　橋詰の教育思想は，その実践施設「家なき幼稚園」の設立趣意書から読み取ることができる。

（1）家なき幼稚園の発起

　　家はなくても幼稚園は出来ます，生きいきした保育の方法を考えて行きましたら家に囚われた幼稚園よりも家のない幼稚園の方が幼児にとって仕合わせかもしれませぬ。

　　家のあるために其の家にばかり閉ぢ込められたり，函庭のような運動場にばかり追ひ込まれて滅多に野へ出ることも山へいくことも出来ないやうな大阪あたりの幼児は不仕合わせです。

　　廣い廣い自然を占領して居る郊外住宅地の人々が大阪あたりの眞似をして窮屈な家を建てることから手をつけなければ幼稚園が出来ないやうに考へるのは詰まらないことだと思ひます。

　　工夫のつけかたによつては「家なき学校」でも立派に出来るものだと考えて居ますが，保育にあたつては特に「家なき幼稚園」が自由で簡単で愉快だと思はれます。

　　私は野天教育野天保育などいふ言葉が衛生家の立場から臨時のものとしてのみ唱道さるることを飽き足りなく思つて居るもので御座います。

　　で，思い切つて，室町のお子さんたちに先ず此の「家なき幼稚園」を捧げたいと思います。*（後略）

と記した橋詰は，「以上の趣意書にあります通り，私の第一の希望は，『家なき』といふところにあつて『家』といふやうな大人が工夫した建物から子供

を解放することが，同時に大人の強要から子供を解放することでもあると信じたからです」**と述べている。

　橋詰が否定しているのは「家」つまり園舎に囲まれた空間に象徴されるこの時代の保育である。教師が意図してつくった空間で教師の主導の下，task on time で進められる保育に対して，疑問を呈しているのである。

　では，具体的に橋詰は，どのような保育を試みようとしたのか。「家なき幼稚園の実行案」には，次のように記されている。

(2)　「家なき幼稚園」実行案（抜粋）
- 一．「家なき幼稚園」に入園する児たちは御道具として「小さな三脚椅子」一つだけを準備すれば宜しいのです。時によって御弁当も要ります。
- 一．皆が揃ったら自然の保育室で自由保育を行ひます。
- 一．自然の保育室とは呉服神社の森，猪名川の木陰，大光寺の林，城山の平地，室町の町々，周園の野原，至るところに御座います。そこに三脚椅子を並べさせて好きな保育をするのです。
- 一．木の實も草の葉も花も，蝶も，魚も，眞に神さまが下さった児たちへの恩物です。鶯の声も蛙の歌も皆んな児たちを遊ばせる神様のコーラスです。
- 一．暖かい日にも，寒い日にも浸りながら大自然の懐を占有して何にも妨げられない自由な自由な保育を先生にして頂かうといふのです。
- 一．謂はゆる幼稚園ではないのですから規則には囚われることはないでせう。時間も定めなければ休みも定めませぬ。
- 一．斯うして純眞な自由保育を自然保育室に試みたいといふのです。

　橋詰が，自然の中で実践しようとした幼児教育は，郊外での家庭生活を送

＊　橋詰良一『大正・昭和保育文献集 第5巻-家なき幼稚園の主張と實際-』日本らいぶらり，1978, pp.48-49
＊＊　同上書　p.50

自動車に乗って郊外へ向う"大阪家なき幼稚園"の園児（大正13年）　　清流のほとりの松林でお話を聞く"宝塚家なき幼稚園"の園児（大正13年）

図表2-2-2　家なき幼稚園の主張と実際
（日本保育学会編『幼児保育百年の歩み』ぎょうせい, 1976, pp.104-105）

り始めた新中産階級の家族に評価され，ある程度の成功をみることになる。「学校」とは異なる教育施設での実践を目指した幼稚園教育へのひとつの試みを橋詰の実践に見ることができるといえよう。

しかし，皮肉なことに，家なき幼稚園が大阪府の認可を得るために園舎を建てざるを得なくなったころから，自然による教育は，自然の中に身体を置くことではなく，「自然物手技（自然物をつかった制作物）」を保育内容に取り入れることへと形を変えていく。「教育といふ文字には決して触れようと考えてはならない。もし，誤ってこの二文字に触れるが最後，寂しい形の上の仕事になってしまって，生き生きとした心の自由からは遠ざかっていかなければならなくなります。これが今の世の人間道を寂れさせる主因です。病弊です」*と述べた橋詰が，まさに〈教育〉に触れ，〈教育〉を実践していくことになったのである。

幼稚園が，公教育の一端を担う以上，橋詰のいう〈教育〉に触れずに突き進むことは不可能なのであろうか。橋詰の試みは，「学校」という空間を否定しつつ〈教育空間〉を目指そうとする幼稚園教育を再考するうえでは，きわめて示唆的な試みであったといえるであろう。

---

*　同上書　p.285

《コラム：自然の中での教育の試み ―デンマーク 森の幼稚園―》

　デンマークをはじめヨーロッパ各地には「森の幼稚園」が多く存在する。「森の幼稚園」とは，言うまでもなく園舎も園庭もなく，固定遊具などの設備もない一日を森の中ですごす，いわば家なき幼稚園である。それは，1950年代半ばにデンマークの母親たちの自主運営によって始められ，1990年代末ごろから，この実践に感銘を受けた幼稚園関係者がヨーロッパ各地に「森の幼稚園」を開園した。

　今日では，ドイツでも300園ほどの森の幼稚園が開園されている。「森の幼稚園」が目指す「五感を使った自然体験」は，環境教育に力を入れるドイツでは，この視点からも注目しており，幼児期の自然体験は「環境市民」を育てるためにも重要なものであるとして評価されている。

図表2-2-3　森の幼稚園

参考文献：今泉みね子・アンネッテ・マイザー『森の幼稚園-シュテルンバルトがくれたすてきなお話-』合同出版，2003

§3　わが国の保育文化の現在

　戦後，新憲法のもとで，1947年に学校教育法が公布され，その第1章第1条に「この法律で，学校とは，小学校，中学校，高等学校，中等教育学校，大学，高等専門学校，盲学校，聾学校，養護学校及び幼稚園とする」と記され，幼稚園は，「学校」のひとつと位置づけられた。文部省（現文部科学省）は，「幼児教育内容調査委員会」を設置し，1948年に「保育要領―幼児教育の手引き」を発行した。この「保育要領」は，連合軍最高司令部民間情報教育局顧問ヘッファナン（*H.Heffernan*）女史の指導のもと，倉橋惣三，山下俊郎らによって作成されたいわばわが国の幼児教育の研究と実践の集大成ともいえるものであった。

　昭和20年代後半，小中学校の学習指導要領が改訂され，それに伴って幼稚園においても教育課程の基準を示すものを求める機運が高まり，文部省は，1956年，「保育要領」を改訂し，「幼稚園教育要領」を刊行した。「保育要領」が幼児教育の「手引き」という要素が強かったのに対し，「幼稚園教育要領」は，幼稚園の教育課程の基準となるものとされ，以後，時代や社会の変化に伴う教育内容の見直しが迫られる中で，1964年，1989年，1998年と改訂がなされ，今日に至っている。

　小学校以上の教育課程の基準である「学習指導要領」がその学年で学習する内容について，細部にわたり規定しているのに対し，「幼稚園教育要領」は，就学前という段階の教育の特徴に鑑み，学年（年齢）別の具体的な教育のねらいや内容を示すのではなく，領域別にその「ねらい」を提示し，一貫して，幼稚園修了までに指導することが望ましいという表記がなされた。

　しかし，国の基準として領域のねらいと内容の概要を示し，具体的な保育内容や方法は実践の場に委ねるという方針は，地域の文化や実情に合わせた実践を生む機会を大切にすることにもなったが，その一方で，それぞれの幼

稚園の理解と実践に大きな差異を生み出す結果にもなった。

　1946（昭和21）年には，全国で1,303園だったわが国の幼稚園は，30年後の1976（昭和51）年には10倍の13,492園に増え，2006（平成18）年には，13,835園となっている。保育所での保育を合計すると，わが国の95％ほどの幼児がなんらかの就学前教育を受けていることになる。就学前の子どもさえも学校に準じる教育装置に巻き込んでいくことになったこうした状況の背景は，決して「幼児期の教育への関心の高まり」というように一言で表現できるほど単純なものではない。

　大人たちが幼児期の教育に抱いた「関心」は，実に複雑である。近代教育学がその中心概念としてきた「発達」という物語は，幼児期の子どもを対象とするならば，きわめて象徴的かつ明確に描き出すことが可能であった。はいはいから立ち上がる段階へ。最初の一歩から，一人で歩きだす段階へ。「うぅ，うぅ。あぁ，あぁ。」という喃語から「パパ，ママ」そして「まんま，ちょうだい」という二語文へ，と乳児から幼児期の子どもが示すその右肩上がりの発達の姿は，心理学の様々な領域が描いてきた発達の図式と矛盾のないもののようにも見えた。

　さらに，その発達の可能性はすべての子どもに内在され，それを引きだすことこそが教育の使命であるという教育の可能性を語り継いできた近代教育学にとっても，発達の姿が明確な幼児の教育の物語はきわめてわかりやすいものでもあった。

　つまり，近代教育がその機軸としてきた「発達の概念」と「教育の可能性」という二つのテーゼは，幼児教育の物語を魅力的に描きだし，それは同時に大人たちの関心を容易にひきつけることに成功した。

　こうした近代教育の機軸とは別に，「子ども」にまなざしを向けた場があった。いわゆる子どもをめぐる市場である。合計特殊出生率の低下は，必ずしも子ども産業の未来を閉塞状況下に陥らせるわけではない。むしろ少子化によって一人の子どもに向けられる大人の関心が強められれば強められるほど，子ども市場は，活性化していく。

ブランドの洋服，精密な玩具，子ども向け食品等が市場にあふれ，子ども雑誌や親向けの教育雑誌に次々に掲載される多様な情報は，親たちを混乱の渦に巻き込んで行く。

「トラウマ」「カウンセリング」「○○症候群」等々，心理学が学問の世界で扱っていたタームが日常にあふれ，「三歳児神話」に代表される根拠なき理論が大人たちを揺さぶる。

偏差値や学力を測ろうとする世界は課題を整理し，問題を明確化しやすい。幼児教育は，その前段階ゆえに測定できるような学習達成度を示すことができない。だからこそ理論と市場と情報に左右されやすい。わが国の幼稚園教育は，こうした状況を背景にしながら，一方で子どもの主体性や自由を尊重し，一方で小学校の前段階としての教育の効果をあげることに必死となった。

幼児教育の語り手が紡ぎだしてきた物語は，その美しさと重要性を語ることに必死となり，実践の確かさを検証することを忘れてきたのである。

園庭にあふれるプラスチックの遊具—安価で扱いやすくカラフルな遊具は，子どもの遊びを支える素材であるのだろうか。

保育室内に飾られたかわいらしい壁面装飾—幼児イコールかわいらしいものを，という発想から生まれたこれらの偽りの環境に子どもたちは，何を感じるのだろうか。

子ども市場が参入してつくりだした幼児対象の教材や教具—子どもたちに本物の学びを実現するものとなっているだろうか。

国際教育の一端として取り入れられた英語教育，運動会で披露されるダンスや組体操，多くの練習時間を費やして演じられる劇や合奏。その一方で検証されない自由という概念のもとで展開される学びの欠落した遊び。

わが国の保育の世界が抱える独自の文化は，今，本質的な検証のときを迎えているといってもよいだろう。

〈さらに学ぶために〉
広田照幸『日本人のしつけは衰退したか─「教育する家族」のゆくえ─』(講談社, 2000)

　　　「しつけ」とは何なのか。「家庭の教育力」とは何なのか。さらには, 「家庭の教育力が低下している」というイメージは正しいのか。われわれが漠然と抱いているイメージそのものを問い直し, こうしたイメージの問題構造を明らかにした一冊。広田氏の次の二冊も, あわせて手にしてほしい。われわれの教育に対するイメージを再考する契機となるだろう。

　　『教育不信と教育依存の時代』(紀伊國屋書店, 2005)

　　『教育には何ができないか』(春秋社, 2003)

S.D.ハロウェイ／高橋登・南雅彦・砂上史子訳　『ヨウチエン』(北大路書房, 2004)

　　　日本の幼稚園でのフィールドワークに基づいて, 幼稚園の現状を分類し, その分析をまとめた一冊。

　　　われわれが十分に認識しているはずの「幼稚園」を, アメリカ人の目によって見直すことで, 新しい発見がある。

第3章

これからの保育物語の生成へ

　フレーベルが幼稚園という教育施設を創設してから，すでに150年以上の時が過ぎた。19世紀末には，幼児教育の理論はフレーベルの理論を超えることができず，わが国の明治初期の幼稚園がそうであったように，その国の文化や教育制度がどうであれ，フレーベルの著した理論とつくりだしたvisibleな実践－たとえば恩物（Spiel Gabe）主義の実践－に傾く傾向にあった。それは，ややもすれば，目の前の子どもの生きた生活や長く地域に根づいている子育ての文化とは遊離した実践の展開でもあった。
　エレン・ケイが「児童の世紀」と謳った20世紀はすぎ，さらなる新しい世紀がスタートした今日，幼児教育は，もはや一部の国の一部の階層の教育実践ではなく，多くの国の子どもたちが受けるべき当然の教育として位置づいている。
　今，新しい時代の幼児教育は，どこに向かおうとしているのか。新時代にふさわしい新たな理論を誕生させることに成功しつつあるのだろうか。それとも，われわれは原点としてのフレーベルを省みつつ新たな実践を生みだしていく必要があるのだろうか。
　本章では，これからの生みだされていくであろう幼児教育の物語を見据えつつ，まさに生成されつつある幼児教育の物語の今について，考察してみることにしたい。

§1　世界の幼児教育の動向―OECDの調査から―

　近年，OECD（経済協力開発機構*；Organisation for Economic Co-operation and Development）が，「教育」に関する事業をその主要課題として位置づけ，幅広い視点から調査研究を進めているのは，言うまでもなく加盟国にとって教育の問題は，その国の社会問題や経済問題と密接にかかわる重要課題であるからである。

　そのOECDの教育分析2002年度版（Education Policy Analysis 2002 Edition）の第1章は，「早期幼児期教育と保育制度」をテーマに調査結果をまとめたものである。2001年のOECD教育大臣会議では「万人のための能力（コンピテンシー）への投資」がテーマとされ，すべての国民に対する生涯の学びの保証が目指された。このたびの調査において，幼児期の教育が取り上げられたことは，その目的を実現するためにも，スタートラインとなる幼児期の教育が注目されたことであるともいえるだろう。

　しかし，幼児期の教育が重要なものであることが認識され始めてはいるものの，ほとんどの国で義務教育外に位置づけられている幼児期の教育は，その政策，内容，方法等が十分に研究されているとはいえず，各国間の差も激しい。そこで，OECDでは，早期幼児期教育と育児の質的向上を目的として，以下の8つの指針を打ちだした。

＊　OECDは，先進国間の自由な意見交換・情報交換を通じて，①経済成長，②貿易自由化，③途上国支援（これを「OECDの三大目的」という）に貢献することを目的として民主主義を原則とする30カ国の先進諸国が集まった国際機関である。ＥＵ加盟国からは，イギリス，ドイツ，フランス，イタリア，オランダ，ベルギー，ルクセンブルク，フィンランド，スウェーデン，オーストリア，デンマーク，スペイン，ポルトガル，ギリシャ，アイルランド，チェコ，ハンガリー，ポーランド，スロヴァキアの19カ国，その他の地域から日本，アメリカ合衆国，カナダ，メキシコ，オーストラリア，ニュージーランド，スイス，ノルウェー，アイスランド，トルコ，韓国の11カ国が加盟している。

1. 幼児教育の体系的アプローチ；所轄省庁による相互間の法規定と政府機関による相互間法令の制定。これらは財源のより効果的な運用と一貫した教育を提供する。
2. 教育制度との強固かつ同等なる提携；幼児教育における分担した目的とアプローチ方法の進展
3. 普遍的アプローチ；4歳以上の幼児への自由な環境の拡大、3歳以下の幼児教育施設の増加、特別な事情を持った子どもに対する必要条件
4. 実質的公共投資；財源の効率的配分と公／家庭間の費用負担配分
5. 幼児教育の質の向上と保証；幼児の発育と社会目的に関連した政府機関による継続的な提示
6. スタッフに対する的確なトレーニングと労働条件；幼児教育に携わる者の労働意欲と必要不可欠な人数を採用するための公正な人材確保について
7. 評価、モニタリングおよびデーター収集；より体系的で結果に注意が必要
8. 研究と評価の構造および長期的計画；長期的な早期幼児期教育と保育（ECEC; Eary Childhood Education and Care）のいっそうの発展のための開示＊

OECDは、近年の調査結果をもとに、これらの指針が正しい成果をもたらすことを証明していると述べている。そのように明確に判断できるか否かについては、さらなる調査と実践の積み上げを待つ必要があるように思えるが、ここでは、まずはこれらの指針に基づいたOECD報告の中で、注目すべき点について整理してみることにする。それは、世界の幼児教育の動向と課題を浮かび上がらせることにもなるだろう。

＊ OECD編著、御園生純監訳『世界の教育改革 2-OECD教育政策分析-』明石書店、2006、pp. 15-16

1. 教育制度の傾向―省庁間の連携

　OECD加盟国においては，幼児教育に対する公的財源の有効投資は，増加の傾向にあって，全体的には充実の方向にある。わが国のような保育制度が明確に二元化している例は少ないものの，幼児教育制度と義務教育制度，3歳以下の乳幼児と3歳以上の幼児のように対象や教育段階によって各省庁が区分されるなど，その制度は様々である。報告書が指摘するように，幼児（子ども）に関連する政策は，単に幼児に教育と保育を提供するだけの問題ではなく，出産手当や育児休暇の提供，家族支援，保健医療，社会政策，雇用対策などと強固に結びついてくるため，それぞれの省庁が有機的に機能していく必要がある。その意味で，デンマークが閣内組織として「子ども委員会」を設立して，子どもと家族に関する一貫した法整備分野の連携を進めていることは，注目に値する政策といえよう。

　さらに，OECDは，省庁間の連携によって，子どもに関する様々な問題の解決が目指されるだけではなく，いまだ不十分な幼児期の「教育」に関する問題の検証が進められることにも注目している。幼児教育制度は学校教育制度とは区別されてきたことにより，どちらかというと福祉的側面に重点が置かれ，教育的検証が進められずにいることは各国に共通する課題でもある。そこで，OECDは，以下の3点を幼児教育の中心的な目的として位置づけ，その検証を進めている。

- 子どもの総体的な発達を育む豊かな環境を確実に創出する。
- 子どもの就学準備期や就学後の学習成果を高める
- 充実したプログラムを通して子どもたちの学習困難を緩和し，早期から公共語*や文化の学習を行う。

＊　加盟国の中には，スウェーデンのように移民の割合がきわめて多い国がある。それらの国にとっては，母国語をどのように獲得するかという問題は，教育における重要課題となる。

資料　デンマークの保育園*の概要

対象児	6か月〜2歳　乳児保育園（ヴーグステ） 3〜6歳　保育園（ボーンホーヴ）
管轄	社会省
保育時間	原則6時半〜17時　金曜日　15時半まで 延長保育なし
保育者対子の人数比	ヴーグステ3対10　ボーンホーヴ3対20
保育者資格	要　ペダゴー（幼児教育者）の資格
カリキュラム	最低限のものはあるが強制しない

＊デンマークの就学前教育施設は，社会省管轄の福祉施設（保育園）のみ

　これらの課題への注目は，決して早い段階からの学校型アプローチを目指すことを意味しているわけではない。むしろ，これらの目的に迫ることによって，幼児教育段階から小学校段階へのスムーズな移行を可能にし，両段階の目標，学習理論，教授法などの研究と実践の充実が実現することを目指している。わが国においても，幼保小の連携に関する研究が進められつつある*が，まさに，それはこれらの目的と一致するものである。

2. 教育制度と公共投資

　OECD加盟国の就学年齢を概観しても，国による違いは明確である。図表

＊　幼保小の連携に関する研究としては下記の文献を参考にされたい。
　・滋賀大学教育学部附属幼稚園『学びをつなぐ　幼小連携からみえてきた幼稚園の学び』明治図書出版，2004
　・木村吉彦『生活科の新生を求めて　幼小連携から総合的な学習まで』日本文教出版，2003
　・有馬幼稚園・有馬小学校『幼小連携のカリキュラムづくりと実践事例　子どもが出会う　教師がつなげる幼小連携3年の成果』小学館，2002

第2部　保育の物語

図表2-3-1　初年度の就職前＊と初等教育における登録割合　2000年

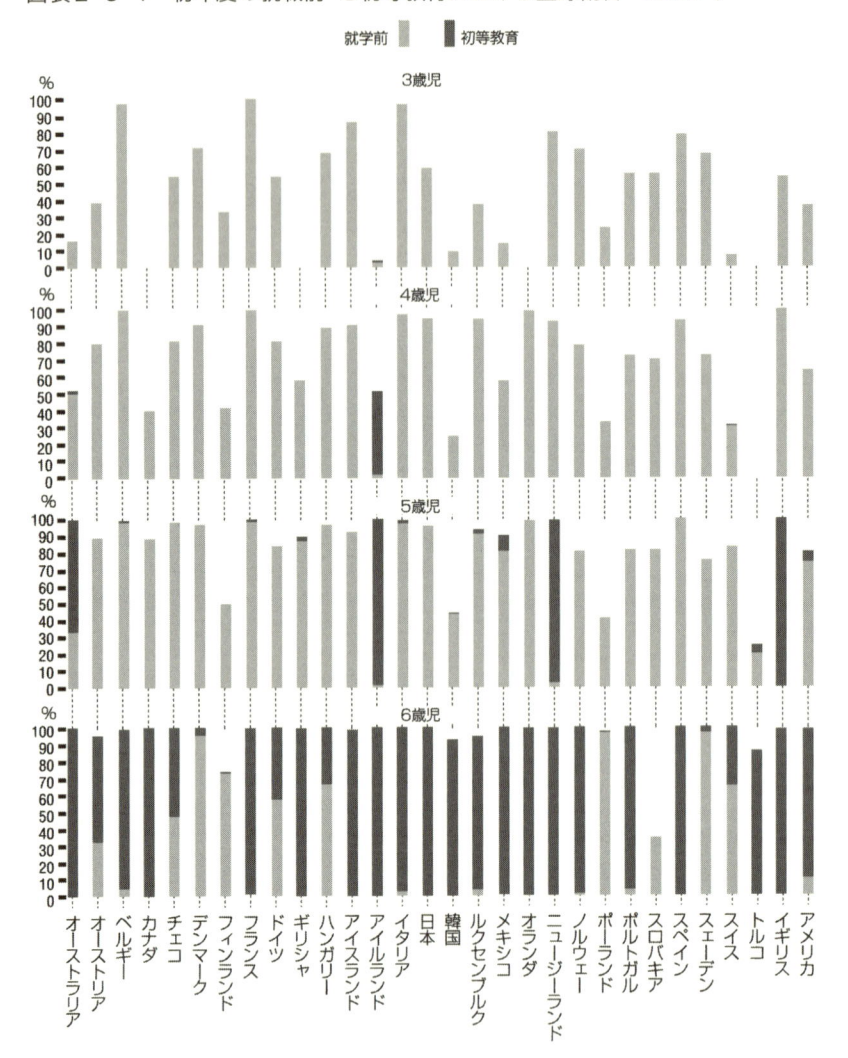

就学前　■ 初等教育

（3歳児、4歳児、5歳児、6歳児別の各国棒グラフ）

オーストラリア、オーストリア、ベルギー、カナダ、チェコ、デンマーク、フィンランド、フランス、ドイツ、ギリシャ、ハンガリー、アイスランド、アイルランド、イタリア、日本、韓国、ルクセンブルク、メキシコ、オランダ、ニュージーランド、ノルウェー、ポーランド、ポルトガル、スロバキア、スペイン、スウェーデン、スイス、トルコ、イギリス、アメリカ

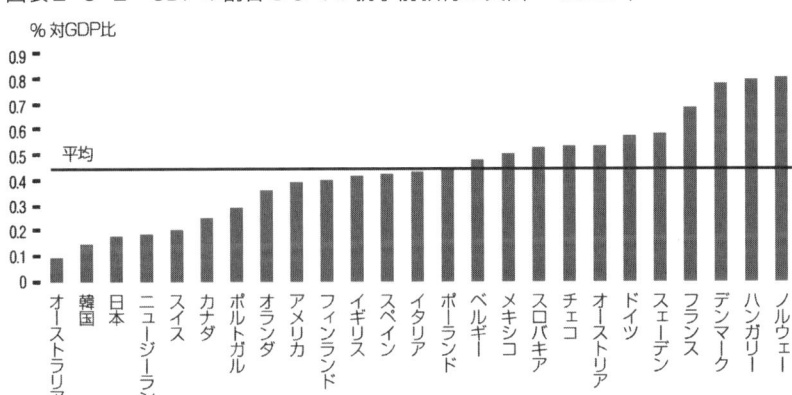

図表2-3-2　GDPの割合としての就学前教育の支出＊＊1999年

棒グラフ：オーストラリア、韓国、日本、ニュージーランド、スイス、カナダ、ポルトガル、オランダ、アメリカ、フィンランド、イギリス、スペイン、イタリア、ポーランド、ベルギー、メキシコ、スロバキア、チェコ、オーストリア、ドイツ、スウェーデン、フランス、デンマーク、ハンガリー、ノルウェー（平均0.5％）

2-3-1をみると，幼児教育から学校教育への移行期は5歳から7歳くらいとなっているが，その違いは単に年齢による違いを意味しているわけではない。

アメリカやイギリスは就学前の教育を就学のための準備教育とする傾向が強く，イタリアや北欧では，幼児の権利を守るための独自に意味をもつものとして位置づけている。しかし，これらの二つの傾向は，二項対立的に論じられるものではないだろう。準備教育としての幼児教育と人生最初の意味ある段階としての幼児教育という二つの教育観は，統一されることによって意味をなすとOECD2001年報告書の中でも指摘されている。

さて，このように重要視されつつある幼児教育に対して，各国はどのよう

＊　データは就学前教育を参考にする。それは，3歳からの子どもたちの義務教育において，学習，感情，社会的発達を助長するようにデザインされたセンターに基づく組織化されたプログラムに限定される。保育所，託児所，家庭に基づく構造化した発展的活動などは，これらのデータに含まれないであろう。いくつかの国々では，6歳児の正味の登録割合は100％を超える。それは多用なプログラムにおいて登録数を算出するため，異なる参考データを使用しているからである。OECD（2002）
＊＊　公立私立からの出所による教育機関の直接的と間接的支出。OECD（2002）

な公共投資をしているのであろうか。図表2-3-2は，GDPの割合としての就学前教育支出を示したものである。北欧，ヨーロッパ諸国が高水準であるのに対し，日本，韓国，オーストラリアの低水準が目立つ。高水準国の多くでは，年齢区分と期間は様々ではあるが，幼児教育の無償化が実現されている。

3. 幼児教育の質的向上

　幼児教育の質の向上は，言うまでもなく教育環境の充実と教師の力量にかかっている。OECD諸国においても，① 無認可の施設に頼らざるを得ない状況にあること，② 高度な専門性を備えた教員養成が十分になされていないこと，③ 教職員の労働条件の整備が不十分であること，④ 特別支援の必要な子どもに対するサービスがいまだ充実されていないこと，などの共通の課題を抱えている。

　とくに，教員の確保とそのレベルアップは，大きな課題である。報告書によれば，オーストラリア，オランダ，アメリカでは，年間スタッフの離職率が30％以上に達する可能性があると述べており，就職者の定着率および若い人材の採用が大変厳しい状況となっている。

　その背景にあるのは，教員の社会的地位の低さ，低賃金，過酷な労働条件，さらには多様なニーズへの対応（OECD諸国には，様々な人種と文化的背景によって子どもの要求が異なることが多くの場面で生じている）などがあげられる。

　こうした状況下においては，スタッフの養成課程，研修課程の充実，柔軟でモジュール的な職業の作成，実地訓練（実習），専門分野の開発の拡張，多様な労働力の補充などが急務であり，いくつかの国においては，そうした改革が進められている。

　たとえば，北欧諸国では，教員養成大学を大学レベルに統合し，養成課程の充実が進められており，デンマークやスウェーデンでは，キャリアアップの機会を拡大している。ベルギー，イタリア，ノルウェー，ポルトガルなど

では，教員が子どもの教育に直接携わらない時間を設け，学習や自己評価にそれらの時間を費やすことが可能となるようにし，教員の研修機会を確保しようとしている。さらに，アメリカでは，地域コミュニティーから親やボランティアを雇用することとし，移民の多い国々では，二言語の使用が可能なアシスタントを採用するなどの試みもなされている。

4. 幼児教育の研究開発

幼児教育の重要性に対する関心が深まることによって，この分野の専門家による大規模な研究が急速に進められつつある。オランダが実験的育児施設プログラムの評価を実施したり，イギリスがEarly Excellence Centersでのプログラムの調査を進めたことなどは，ひとつの例である。* こうした研究の成果が，各国の教育実践に反映され，実践の見直しや改善につながるなどの展開をみせている。

報告書は，幼児教育の変化に対応するためにも，各国において社会文化的調査，国際間の比較調査，長期的研究および大規模調査，その国独自の政策研究，心理学的研究，実践者による研究などの必要性を述べている。児童期以降の教育研究に比べ，幼児教育の研究は，やや遅れをとっている感は否めないが，報告書は最後に「我々の社会において，子ども達の環境を重要視することの重要性は疑うべくもなく，この視点は将来の幼児期政策の立案に影響を与え，市民のために組織されたサービスの質を改善していくことになるだろう」** と述べ，OECD諸国において，近年幼児教育政策に多大な進展が見られていることを確認し，さらなる充実の必要性を主張している。

OECDの調査は，わが国の幼児教育を見直す上でも，興味深い事実を示している。改革が進められるためには，まず現状を把握し，何が問題であるの

---

* OECD編 前掲書 p. 47
** OECD編 同上書 p. 53

かを明確にする必要がある。そのためにも，OECD関係諸国に共通する課題が確認されたことは，おそらく幼児教育の改革の一歩であり，新たな物語の生成の契機となるに違いない。

§2 わが国の幼児教育の現状
―小さな物語の意味する大きな物語―

　前節で整理したOECDの調査結果は，わが国の幼児教育を再考するうえでもきわめて示唆的である。制度については，幼保一元化，認定子ども園の設置，総合施設での実践の開始など，保育の諸制度はまさに転換期にある。保育者の養成については，保育者養成の主たる役割を短期大学が担っていた時代を経て，4年制大学での教員養成が増加傾向にあり，専修免許をもった教員が誕生する一方で，専門学校での養成も決して減少傾向にあるわけではない。研究や評価については，保育，子ども，幼児などを冠とした学部が増え，それと同時に学会等での研究成果の発表も決して少なくない数に及んでいる。さらに，第三者評価，外部評価の導入によって，実践の場においても，様々な見直しが進められている。

　こうした動きは，確かにわが国の幼児教育にいくつかの変化や改革をもたらしている。しかし，一世紀半近くに及ぶわが国の幼児教育の歴史の中で，積み上げてきた幼児教育の文化の中には，問い直されることなく，いつの間にか自明なものとされている事柄がないわけではない。ここでは，幼児教育が自明視してきた幼児教育の小さな物語を検証してみることにする。幼児教育のポストモダンは，大きな物語の終焉となるのだろうか。

1. 幼児文化の基底—子ども尊重と幼さの狭間で—

わが国の幼稚園の大衆化は，戦後の経済成長と共に進んだ。かつて地域共同体が担っていた教育の機能は，完全に「家族」に移行し，小さな家族においては，夫婦の関心は子どもに向けられ，〈教育する家族〉が誕生した。

図表2-3-3
お城のような幼稚園
香川・高松幼稚園舎昭和53年竣工
（前掲，『幼児保育百年の歩み』, p.183）

子どもたちは，「子どもの発見」以降，純真で無垢でかわいらしい存在として，その物語の主人公を演じ続けることになったが，その舞台を支える大きな役割を果たしたのが，幼児教育という営為であった。

確かに，幼児教育界は，ペスタロッチ，フレーベル，デューイらの教育思想の流れの中で，近代教育思想が標榜してきた子どもの主体性，自主性を尊重し，子どもの衝動を抑圧することなく活用するいわゆる子ども中心主義の教育実践を展開してきた。

子ども中心主義による子どもの本性の尊重は，大人とは異なる「価値ある存在としての子ども」という子ども観を確立した。さらに，教育心理学，発達心理学などの学問による「子ども研究」がそれらの子ども観の「科学的な」根拠となった。こうした子ども観に基づいた幼児教育実践が展開され，教師たちは，新教育運動の思想にあった学習可能態としての子どもを疑うことなく，教育可能性を確信して邁進した。前章で述べたように，小学校以上の学校教育においては，教師は時としてその矛盾にぶつかる機会に遭遇するが，幼児教育の場合は，その教育成果が目に見えて測れないだけに，矛盾に気づく機会が少ない。仮に気づいたとしてもその矛盾を正当化することにそれほど困難を伴わないでいられたのである。

こうした子ども観への信頼に対して，子ども市場の高まりとともに「子どもらしさ」「かわいらしさ」という観念が付加され，独特の幼児教育の文化がつくりだされていった。「子どもらしさ」の尊重は，ある意味で子ども時代の尊重でもあり，そのこと自体に問題はないだろう。問題は，「子どもらしさ」がいつしか「幼さ」へ変容し，メルヘンの世界ではなく「幼稚な文化」へと移行したことにある。子どもに対峙するとき，子どもを教育する専門家たちは，何がよき文化なのか，何が意味ある営為なのかを選択する指標をもつ必要がある。子どもの部分をみて，子どもの全体性を見落としたとき，教師は子ども理解の名の下に，子どもらしさを誤解し，誤った幼児教育の文化を生成することに加担することになってしまうのである。

2. 保育内容と教育環境の多様化
　　―ニーズに応えることへの問い―

　わが国においても昭和40年代から50年代前半までは，就園率が増加の一途をたどり，幼稚園の数も増え続けた。30年代以降には，文部省（現文部科学省）が幼稚園の設備の種類や規格について，具体的に提示したこともあり，劣悪な環境の幼稚園は減少し，幼稚園の多くが民営であることも手伝って，それぞれの幼稚園が幼稚園建築，設備，保育内容などに特色を打ち出すようにもなってきた。

　小学校のように，学区制をとっていない幼稚園では，保育内容の特色が入園希望者数に影響することも手伝って，就園率のピークを過ぎた50年代後半くらいから競って各園の特色が打ちだされるようになってきた。それらの特色は，昨今の幼児教育やその関連領域の研究成果を基に，より質の高い幼児教育への試みとして打ちだされたものから，地域や家庭のニーズに応えるための結果として選択された実践もある。残念ながら，後者の実践がその多くを占めているといわざるをえない。ここでは，これらの実践を整理することから，今日の幼児教育の課題を整理してみることにしよう。

(1) 教育内容の模索：visibleな保育への傾倒

　昭和31年の幼稚園教育要領時代の反省をもとに見直された現行の幼稚園教育要領においては，保育は，幼児の主体的な活動を促し，遊びを通しての指導を中心として行うことが明示されている。しかし，この「遊びを中心とした保育」というのは，まさに，見えない教育（invisible pedagogy）であり，この教育実践の中で，何を育てているのか，その実践の成果として何が育ったのか，どのような力がついたのかが計測しにくい。特色をわかりやすく打ちだすことを望む幼稚園は，何を育てているのか，それによって何が育ったのかということをわかりやすく説明したいわけだから，visibleな教育を実践することになる。

　外部講師を採用しての体育教育，ネイティヴの外国人を採用しての英語教育，その他茶道，プール，漢字，音楽など，昨今の幼稚園の多くではこれらのvisibleな実践が展開され，これを幼稚園の特色として打ちだしている。確かに，これらの実践は，「遊んでいるだけ」の教育よりは，目に見えるだけにわかりやすい。おそらく，その成果（と感じているもの）も見えやすいだろう。しかし，「遊びを中心とした保育」は「見えない教育」ではあるが，その中に「見える教育」の基盤がある。その基盤を探ることから遠ざかり，「見える教育」によって特色を打ちだそうとするのであれば，本来，保育の世界が目指そうとしている実践の本質とは，異なるものが展開されていくことになることを確認する必要があるだろう。

(2) 教育環境の検討

　従来，小学校舎を縮小したものでしかなかった園舎についても，近年見直されるようになり，幼児期の子どもにとってふさわしい生活空間としての園舎の建築が進められるようになっている。独創的なデザインの園舎，建築素材（自然素材や地域の樹木）にこだわった園舎，遊び空間に工夫がなされた保育室など，建築学の研究成果等にも基づき，建築家と保育者のコラボレーションによって，検討された園舎建築も進められている。

一方，園庭については，昭和50年代以前の幼稚園では，基本的に園庭が狭く，まずは十分な広さを確保することが当面の目標とされ，昭和31年に定められた幼稚園設置基準においても「広さ」だけが，その基準とされていた。* その結果として，小学校の校庭をイメージした広さを確保した園庭が用意されてきた。

昭和55年に出版された『戦後保育史 第2巻』の中で，塩川は，幼稚園の望ましい園庭の広さについて以下のように述べている。

> たとえば，広さについて今，定員200名の保育所・幼稚園で考えてみると保育所は660㎡（200坪），幼稚園は5学級と考え560㎡（170坪）となります。ところで，望ましい保育内容から必要な面積を出してみると，
> 1. 25メートル全力疾走できる（さらにスタートとストップのための前後5mずつ必要）
> 2. 幼児30人程度でボール投げ，ボールけりができる。また幼児式野球やサッカーゲームができる。
> 3. 全園児とその親を加えて，親子ダンスができる。また，全園児が同時に集会及び体操をすることができる。
> 4. 自園で運動会をすることができる。
>
> 以上の4点が可能となる広さは，臨床的経験から少なくとも図のようになります。
>
> すなわち，25m × 35m = 875㎡です。**

つまり，当時は，全力疾走やボール投げ，集団でのダンスや体操，全園児

---

* 昭和31年に制定された幼稚園設置基準では，運動場の面積は以下のように定められていた。

学級数	2学級以下	3学級以上
面　積	平方メートル 330 + 30 ×（学級数 − 1）	平方メートル 400 + 80 ×（学級数 − 3）

第3章 これからの保育物語の生成へ 129

が参加する運動会を行えることが，園庭の理想的な条件とされていたということになる。

しかし，都市化が進み子どもの生活環境がかわりつつある今日では，園庭に広さを求め，前述のような遊びを可能とする園庭の構想から脱していく必要があるだろう。子どもの遊びを再考し，保育内容を検討するならば，単に集団での運動遊びをイメージした園庭ではなく，それぞれの幼稚園の保育内容に適した環境を用意していくことが求められる。

現行の幼稚園設置基準では，広さと設置遊具についての規定は示されていない。規定が示されないという

図表2-3-4 園庭につくられた
　　　　　　ビオトープ
　　（国立音楽大学附属幼稚園）

図表2-3-5
空間の工夫がなされた園庭
　　（月かげ幼稚園）

＊＊　岡田正章他編『戦後保育史 第2巻』フレーベル館，1980，pp. 475-476

ことは，園庭の環境が劣悪になる可能性もないわけではないが，園独自の特色を出しやすい状況になったということでもある。小学校のグラウンドのような園庭に固定遊具を配した園庭を見直し，幼児にとって魅力ある環境とは何かを検討していく必要があるだろう。

実際に，自然環境を重視し，ビオトープや田畑を用意した幼稚園（図表2-3-4），平らなグラウンドを廃して築山や斜面のある園庭づくりをしている幼稚園（図表2-3-5），人工的に整備された庭から自然に近い庭への移行を試行する幼稚園など，新しい試みが生まれてきている。*

(3) 多様化する保育ニーズ―間接的ニーズに迫られる保育内容―

少子化，子育て機能の充実，多様化する価値観など，幼稚園の教育は，社会の変化，環境の変化に大きく揺さぶりをかけられている。

通園バス，給食，洗練されたデザインの制服などは，かつて三種の神器といわれた。

入園者を増やすためには，地域から離れた子どもの入園を可能な状況にしなければならない。スクールバスは，本来，徒歩圏内に学校や幼稚園がない場合に，それらの地域の子どもたちの登降園を可能にするためのものであった。あるいは，特別支援の必要な子どもの教育，一部の特色ある私立学校が，これを運用していたに過ぎない。しかし，現在では，その目的は大きく異なっている。遠距離までバスを走らせれば，それだけ保育時間が減少する。子どもたちは毎日バスの中で多くの時間を費やすことになる。バス到着時刻によって，子どもたちの生活時間がずれる，保育者がバス添乗をすることによって業務負担が増すなど，さまざまな問題が指摘されているにもかかわらず，改善の方向が見込めない。**

---

* 教育内容，教育方法等の多様化などの今日的な課題に対応するために，施設設備の見直しが必要であることから改訂された文部科学省「幼稚園施設整備指針」参照。
** 1994年の調査によれば，全国の幼稚園の通園バス保有率は，74.7％だという。岡田正章他編『現代保育用語辞典』フレーベル館，1997, p. 297

《コラム：間接的問いを本質的問いに》

　みどりの森幼稚園は，政令指定都市仙台の街中にある小さな幼稚園である。園の出発点は，大正時代の子ども園にあるが，戦後，幼稚園としての歩みを始める。しかし，園児減少のあおりをうけて休園。7年前に再スタートを切ったばかりの，長い歴史を背負った「新しい」幼稚園である。狭い敷地に3クラスの保育室，バスもなければ制服もない。駐車場もないのだから，送迎は不便この上ない。三種の神器をそろえた近隣の幼稚園とは，明らかに異なる。

　この幼稚園の入園希望者が増えている。かつて，多くの母親たちがそうしていたように，自転車の前後に子どもを乗せて，あるいは徒歩で子どもの手を引いて，親と子がやってくる。

　入園希望者が増えているとなれば，何か特別な教育をやっているのか。

　ところがここには，英語も体育もない。ただ「遊んでいるだけ」の日々である。正しく表現するのなら，「ただ」遊んでいるのではなく，学びの多い遊びを実現している。

　三種の神器のうち，唯一，週一回の手作り給食は実施していたこの幼稚園にある年，小麦アレルギーの子どもが入園してきた。当初は，小麦粉を除去した食事を用意すればいいのだろうと園長をはじめ，教師たちは比較的安易に考えていた。しかし，この子どものアレルギーは予想に反して大変なもので，わずかの小麦粉も子どもの周辺におくことができないことがわかった。子どもの母親も，給食の日には欠席させることを考えていたようだが，「一人の子どもを欠席させてまで行う給食とは何なのか」という問いの下，園にあるすべての環境と食を見直すことにした。そして，それは日々の保育そのもの，保育者の子どもへのまなざしそのものを見直す作業でもあった。この幼稚園からは，子どもたちが楽しみにしていた小麦粉で作るホットケーキづくりの活動は消えた。しかし，それ以上に多くの豊かな実践が生まれた。

　「一人ひとりを大切にする保育」——このテーゼを否定する保育者は一人も

いない。しかし，これを本当に実現することは難しい。

この幼稚園では，小麦粉アレルギーの子どもの入園が，保育そのものへの問いの契機となった。たった一人の子どもの給食を考える―その間接的な問いは，保育の本質を問う大きな問いでもあったのである。

三種の神器への問い……それは小さくて大きな本質的問いへの入り口でもある。＊

＊　みどりの森幼稚園の実践については，磯部裕子監修，みどりの森幼稚園『「食」からひろがる保育の世界』ひとなる書房，2007参照

父母が参加して給食作り

保育所とは異なり，給食が義務づけられていない幼稚園の多くは，基本的に園内に給食室（調理室）を備えていない。保育時間も短い幼稚園の昼食は，各自弁当を持参させる幼稚園が大半であった。しかし，毎日弁当を持参することを避けたい親たちの声により，給食を出す幼稚園が増えてきた。自園給食の設備をととのえることが困難な幼稚園は，これを外部委託することで給食に対応し，現在では，地域によって差があるものの，自園給食を含めると多くの幼稚園で何らかの給食を実施している。＊ しかし，アレルギー児の対

＊　2005年度の東京都の調査によると，東京都の幼稚園では，50.3％の園が給食を実施している。なお，1週間の実施回数については以下の通り。

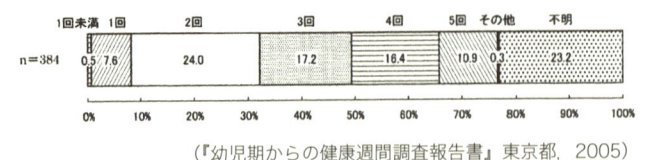

1回未満	1回	2回	3回	4回	5回	その他	不明
0.5	7.6	24.0	17.2	16.4	10.9	0.3	23.2

n=384

（『幼児期からの健康週間調査報告書』東京都，2005）

応や食育の課題を考えると今や幼児期の子どもの食の問題は，子どもの生活そのものを問う問題でもあり，検討すべき課題は多い。

　このような通園バスや給食の問題，預かり保育や子育て支援など，昨今の幼稚園は，本来，幼稚園の教育機能や教育内容の本流ではなかった課題に大きく左右されている。これらの問題は，もはや間接的な問題ではない。こうした現実はさておいて，本質の問題を考えればいいのだというアプローチは，もはや成立しない。これからのわが国の幼児教育がどの方向に向かおうとしているのかを再考する際，これらの間接的なニーズをどのように幼稚園の機能や役割の中に位置づけていくのか，その検討が迫られている。

§3　保育における学びへの問い

　わが国の保育が，「遊びを中心に」指導するということについては，これを否定する保育関係者は今や誰もいないだろう。しかし，こうした保育は，invisibleであるがゆえに，その本質が理解されにくく，誤解も生じやすい。「自由な遊び」を標榜すれば，自由気ままな遊びがイメージされ，「遊びを通して教育する」といえば，「英語遊び」「文字遊び」などという〈遊び〉が生まれたりもする。こうした誤解を解くことが，保育の本質を考察する第一歩であるはずであるが，これがきわめて難題である。

　「遊びを中心とした保育」「遊びを通して学ぶ」というテーゼにしがみついて，「そのとおりだ！」と繰り返し言い続けても，この本質には迫れない。ここでは，「遊びを中心とした保育」「遊びを通して学ぶ」というテーゼを一旦解体して，そのテーゼに組み込まれた意味を再読してみることを試みてみたい。

1.「学び」という概念

わが国の教育界に,「学び」という概念が登場し始めるのは,1990年代後半からであろうか。佐伯胖他『学びへの誘い』(東京大学出版会,1995),佐藤学『学びの快楽―ダイアローグへ―』(世織書房,1999) などの著書が,その火付け役だった。それらの著書が実践を巻き込んだものであったことも手伝って,それまで教育の場で多用されていた「学習」というタームが読み直されることになった。

おそらく,単純に英語表記をするならば,「学習」も「学び」も"learning"となるのだろうから,「学習」と「学び」の違いを定義するだけであるならば,そこに大きな意味があるとは思えないが,教育界で自明の言葉として使われ続けてきた「学習」というタームに注目し,「学び」と言い換える作業を通して,われわれの既存の「学習観」―それは,知識観でもあり,人間観でもあり,もちろん教育観でもある―を問い直したことが,教育という営為の中にある「人が学習する,あるいは学ぶ」といった漠然とした問いを整理することにもつながったといえよう。

佐藤は,学びを「対象と自己と他者に関する語りを通して意味を構成し関係を築きなおす実践である」とし,それは,認知的実践と社会的実践と倫理的実践の複合であると定義した。*「学習」がモノローグ的に知識を子どもに伝達する行為だとするならば,「学び」は,子どもが教師や仲間との関係を編み直した末に,自らのアイデンティティーを探りだし,表現する自立的なものと言い直せるだろうか。

このように,「学び」の概念を整理すると,保育の中にある「遊びを通した学び」というテーゼを,説明しやすい。子どもたちは,確かに遊びや生活を通して変容する。しかし,その変容の筋道は,決して直線的ではなく,時に揺れ動き,時に逆戻りしながら,ふたたび前進する。子どもたちが様々な

---

* 佐藤学「学びの対話的実践へ」佐伯胖他編『学びへの誘い』東京大学出版会,1995,p.72

出来事を経験し，学ぶその様は，系統的，直線的な学習の図式とは，本質的に異なることを保育経験者であれば，誰もが実感するはずである。子どもの変容を突き動かしている営為を「遊びを通した学び」と位置づけることで，われわれは次なる一歩，つまり，学びを実現させる遊びとは何か，保育とは何かという問いに迫れるのである。

2．遊びを通した学びを言語化する

　保育者は，日々の保育の中で，「遊びを通した学び」を漠然と実感するものの，具体的にどこにどのような学びがあり，この学びをどのように援助することが必要であり，またこの援助をどのように評価するのか，という点で，再び困惑する。いや，多くの保育者は，困惑している自分に気づくことなく，この保育の世界に「存在」している。われわれは，なぜ「遊びを通した学び」を確信しながら，この学びを具体的に説明できないのだろうか。一つの理由は，それを説明するための明確な言語を持っていないところにある。invisibleな教育を，明確に言語化することができずにいることを，保育の独自性，特殊性として，よしとしてきたのである。もちろん，明確な言語をもたないとしても，保育の実践を何も語らないまま，記録することのないままにすごすことはないわけだから，何らかの形で言語化してきたことは事実である。しかし，その言語が適切であったのか，それを検証する必要がある。（その検証の意味については，第3部第5章を参照されたい）

　「遊びを通した学び」がただ遊びの中での体験を積み上げていくだけでもなく，英語遊びや文字遊びをすることでもなく，認知的，社会的，倫理的実践であることを実証するためには，苦しいけれど，まずはこの営みを言語化することから始める必要がある。言語をもつことによって，保育者の探求の世界が広がり，そこに保育者の「知」が生まれるからである。

3. 保育における学びの構造

"New York Times"紙に,「世界でもっとも前衛的な教育」と形容されたレッジョ・エミリアの保育は,わが国においても,『子どもたちの100の言葉-レッジョ・エミリアの幼児教育』(世織書房,2001),ビデオ「レッジョ・エミリア市の挑戦」(小学館,2001),『子どもたちの100の言葉-イタリア／レッジョ・エミリア市の幼児教育実践記録』(学習研究社,2001)など多くの出版物によって紹介され,研究者,実践者の注目を集めた。

レッジョ・エミリアの実践がなぜ,これほどまでに注目を集めたのだろうか。それは,その実践を支えている諸要素に,今,保育や教育の実践の場が抱えている問題を解決するうえで,ヒントとなる取り組みが多く見られたからではないだろうか。たとえば,親や市民の参加の姿—学校開放,地域の教育力の復興などとスローガンを掲げるものの,なかなか問題解決には結びつかないわが国の現状からすれば,レッジョ・エミリアの市民のかかわりは,きわめて理想的な姿に映る。次に,ペダゴジスタやアトリエスタといったスタッフとの連携—学校の役割が増大し,教師の専門性が問われる中で,こうした専門家たちとチームを組んで行う実践は,教師の役割の再考のヒントともなる。さらに,ドキュメンテーションの取り組み—これは,教育という営為を記録し評価するという問題につきまとう様々な課題に新たな方法論を提示したともいえるだろう。こうした様々な要素がうまく機能しあってレッジョ・エミリアの実践は構築されているといえるだろう。

しかし,多くの研究者や実践者が注目したのは,レッジョ・エミリアの「学び」を実現する実践である。もちろん先にあげた諸要素は,これを支えるものであるわけであるから,言い換えれば,レッジョ・エミリアの実践は,教育や保育における「学び」そのものを問い直す上での,多くの問題を提起し,教育の可能性をわれわれに提示したものであったということもできるだろう。

レッジョ・エミリアの子どもたちが取り組む「プロジェクト」では,子ど

もたちが自分たちの興味や関心に応じてテーマを選択し、そのテーマに従って、活動が展開する。それは、教師が一方的に指導するものでも、教師の計画どおりに進めるものでもなく、仲間、教師、時に親なども加わって話し合い、試行錯誤し、活動を展開させる。そのプロセスは、ドキュメンテーションに記録され提示されるために、子どもは今自分が何に取り組んでいるのか、そしてその活動がどのような意味を持つのか、自分自身、あるいは仲間や教師とともに評価しあう。

　子どもたちは、そのプロセスの中で経験していることを、言葉や絵やその他の作品に表現する。そのプロセスこそが学びであり、表現されたものが学びの記録でもある。こうした反復された学びがやがて彼らの「知」を構築していく。その「知」は、系統的な学習の後に獲得される「学校知」とは基本的に異質なものである。*

　わが国の幼児教育は、基本的に「学校知」の獲得を否定してきた。「遊びによる学び」というテーゼは、「学校知」の獲得を否定することはできても、それに変わる「知」を提示できずにきたのである。つまり、遊ぶことによって何を学ぶのか、「学ぶ」ことの本質を提示することができないゆえに、見える成果を提示せずにはいられない状況をつくりだしてきたのである。レッジョの実践が注目された一つの理由は、「遊び」を通して「学ぶ」という実践にある「知」を浮かび上がらせたことにあるともいえよう。

　レッジョ・エミリアへの注目以降、探求的な保育活動、プロジェクトアプローチなどの様々な保育実践が試みられている。** それらは、単にコアカリ

---

*　レッジョ・エミリアの保育については、以下の文献参照。
　C. エドワーズ他／佐藤学他訳『子どもたちの100の言葉 レッジョ・エミリアの幼児教育-』世織書房、2001
　レッジョ・チルドレン／田辺敬子他訳『子どもたちの100の言葉-イタリア／レッジョ・エミリア市の幼児教育実践記録』学習研究社、2001
　J.ヘンドリック／石垣恵美子他訳『レッジョ・エミリア保育実践入門-保育者はいま、何を求められているか-』北大路書房、2000
**　プロジェクト・アプローチの一つであるプロジェクト・ゼロについては、第3部第5章参

キュラムを応用させたプロジェクト型の遊びの実践ではなく，遊びを重視し，それによって学びが構築される実践への挑戦である。

4. 学びの物語を生成する

「学校知」とは異なる「知」，保育の中で構築しようとしている「知」とはどのようなものなのか。それを模索するわれわれにとって，佐伯が述べる「知識」の概念は，きわめて示唆的である。

> 「知識」というものは，こちらが一方的に「与え」たり「伝え」たりできる代物ではない。子どもは常に自らの内なる問いかけに基づいて，外界の知識を彼なりに関心のあることに対する「答え」として受け止め，また，自ら新しい様相につくりかえて，自分で一番扱い易く利用し易い形態(モデル)に変形してしまうものなのである。*

佐伯は続けて一つの問いに対して，一つの答えが導き出され，それをよしとして鵜呑みにするような学びではなく，答えとして得られた事実から出発して問いをまさに問い直すような問いと答えの「関係」にこそ注目する必要があると述べている。

「学校知」は，そもそも日常知の文脈からは，分断されたところにある「知」にほかならない。学校という場においては，一つの問いに対して，一つの答えを出すことが強く求められ，その評価は教師が一方的に行う。保育

照のこと。ニュージーランドの「テ・ファリキ」の実践については，大宮勇雄『保育の質を高める-21世紀の保育観・保育条件・専門性-』第1章 ④ ひとなる書房，2006 参照。
その他，わが国においても，探求的な活動を核とした様々な実践と研究が進められている。以下，参考にされたい。
シルビア・チャード，芦田宏監訳『幼児教育と小学校教育の連携と接続-協同的な学びを生かしたプロジェクト・アプローチ 実践ガイド-』光生館，2006
リリアン・カッツ，シルビア・チャード／奥野正義訳『子どもの心といきいきとかかわりあう-プロジェクト・アプローチ』光生館，2004
＊ 佐伯胖『「学び」を問いつづけて-授業改革の原点-』小学館，2003，pp.116-117

が子どもの生活世界や遊びの世界における学びの実現を目指すのであれば，何よりも子どもがその日常―生活や遊び―の中で，為すことによって得る「知」(learning by doing) を重視し，子どもの「内なる問いかけ」が実現する環境を用意する必要があるだろう。

　子どもの生活世界を分断し，一つの答え（目に見える具体的成果）を求めるような〈遊び〉からは，「知」を生成する学びは実現しない。「遊びを通して学ぶ」という実践が，〈遊び〉によって行われている限り，学びの物語は生成しない。これまで多くの保育者は，「ただ遊んでいるだけ」という印象を覆すために，〈遊び〉を通して学ぶことの成果を披露しようと必死になったり，「遊んでいること」そのものを目的化しようとした。しかし，それらの実践は，残念ながら，「遊びを通して学ぶ」ことが実証できないどころか，逆に「遊ぶ」だけでは教育として成立しないことを主張することに加担することにもなった。

　〈遊び〉の中で指導され，練習を積み上げてきた生活発表会で，見栄えのする劇やミュージカルを披露するような保育に対して，多くの保育者は矛盾を感じていないわけではないが，「成果」を披露する以外の術を見いだせない保育者は，「この経験によって子どもが成長した」，「結果的に子どもたちが楽しんでいた」という言語でこの経験を終結させる。

　その逆に，遊びを目的化している保育においては，「子どもに練習させてまで」と「練習」という行為そのものを否定して，「子どもたちはとても生き生きとしていた」「子どもたちが楽しんでいることが伝わってきた」という報告によってこの〈遊び〉を評価する。

　子どもの内なる問いかけが「練習」を必然にする場合であるならば，「練習」は，子どもの自己活動を満たすものとなりうるのだから，練習そのものが悪だとはいいきれない。逆に，子どもの内なる問いが発せられない漫然とした遊びは「知」を浮かび上がらせず，学びを生成しない。「遊びを通して学ぶ」というテーゼを，単なるスローガンで終わらせないためには，保育の物語が，「知」を生成する学びの物語として再生される必要がある。

〈さらに学ぶために〉
佐藤秀夫『教育の文化史２―学校の文化―』（阿吽社，2005）
　　　学校慣行の歴史，学校にある「もの」の歴史をひも解いたもの。学校文化の意味を考えるうえで，きわめて興味深い。学校のひとつとしての幼稚園文化を再考する手がかりともなる。

佐藤学『学びの快楽―ダイアローグへ―』（世織書房，1999）
　　　「学び」という概念が議論される契機となった一冊。ほかに，佐伯胖他編『学びへの誘い』（東京大学出版会，1995），佐藤学『学びの身体技法』（太郎次郎社，1997），佐伯胖『「学び」を問い続けて―授業改革の原点―』（小学館，2003）など，保育の世界が，なぜこの概念に注目したのか，確認しておきたい。

第3部

物語るための保育学

　私たちは，保育を語るために言葉をもっているだろうか。保育学は，保育者になろうとする学生にとって，現場の保育者たちにとって，研究者たちにとって，保育の現実を言葉にし，自らの保育行為を語り直すための言葉を提供できているだろうか。実は保育学が栄え，保育の社会的要請が増してきているにもかかわらず，私たちは逆に保育を語るための言葉を失ったままであり続けているのではないか。第3部では保育学のこれまでを検証し，問題点を明らかにしつつ，保育を物語り，保育者としての自己を物語るための参照可能言語を提供する保育学を模索していく。

第1章

自己言及する保育学
　　　　啓発からナラティヴへ

　みなさんがこれから学ぼうとする保育学は，どんな学問か。実はこのことについてこれまで深く問われたことはなかった。この章では，保育学とは何かという問いにはじまり，保育学がいかにして維持されているかをみていく。その中では，手っ取り早く，保育学のエッセンスを体感できる！？かもしれない。

　これまでの保育学が二項コードによって保育を語る言葉を不在にしてきたことも事実である。はたして保育学は保育の新しい語りを生みだす「ナラティヴとしての保育学」にシフトできるだろうか。

§1　「保育学とは何か」に答えることはできるか

　「保育学ってなんですか？」この問いは，学生の質問の中でもっとも保育学担当の大学教員を困らせるものである。「保育に関する総合的な学問を保育学っていうんだよ」という，保育用語辞典に書いてあるような答えで満足してもらえればいいのだが，突き詰められると「それ以上聞いてはいけない」と怒りたくなる。

そもそも，たくさんの保育学に関する書物があるが，保育学とは何であるかということはほとんど不問である。「困ったときは広辞苑！」という格言があるかどうか知らないが，『広辞苑』には，「教育学」や「心理学」はあっても，「保育学」はない。にもかかわらず，保育学はあるものとして3500名以上の会員を集めた保育学会があり，毎年，盛大に研究大会が開催されている。

　保育学が「保育に関する総合的な学問」であるならば，「保育」の概念規定こそが重要であると思われるのだが，よくある「養護と教育とが一体となった乳児や幼児の発達を促す営みである」（森上史朗・柏女霊峰編『保育用語辞典-子どもの保育をみつめるキーワード-』ミネルヴァ書房，2000）以上の説明を見たことがない。とくにひっかかるのは「養護と教育とが一体となった」という部分で，実はこれもわかったようでわからない。

　それじゃあと，再び天下の『広辞苑』（第5版）で「保育」「養護」「教育」について調べてみた。その結果が，次ページの図表3-1-1である。

　ちなみに，「おいたつ」の意味は，「①生えてたつ。②次第にそだつ。成長する」。保育の一般的な定義も，突き詰めれば繰り返し，同じことを言っているようにしか思えない。ますます訳がわからなくなってきた。

　そもそも「教育」を定義するだけでも大変である。おそらく「教育とは何か」という問いに対しても，所与条件（たとえば「あなたの子どもに行うべき」「大学における」「あなたの論文で述べるところの」「21世紀に求められる」など）によって，本来100人いれば100通りの答え方があるのである。「保育」という用語も同様で，「幼稚園における」「保育士の担う」「児童養護施設における」「あなたが考える」などの所与条件によって，一般的に了解されている「養護と教育が一体となった」あるいは「乳幼児の発達」という自明性は大きく揺らぐ。「○○保育」の「○○」には，「乳児」「学童」「病児」「保育所」「施設」「障害児」などが入るが，「保育」という行為はその対象レベルが明らかにされない限り，本来それを具体的にイメージ化することが困難な用語である。「保育」という用語を了解されている定義に従って，突き詰め

図表 3-1-1 「保育」の定義をめぐる『広辞苑』の旅

「保育とは，養護と教育が一体となった乳児や幼児の発達を促す営みである」(森上)

広辞苑による各用語の定義
保育：（乳幼児を）保護し育てること
教育：教え育てること
養護：危険がないように保護して育てること

広辞苑的な第一次翻訳
「（乳幼児を）保護し育てること」とは，「危険がないように保護し育てること」と「教え育てること」とが一体となった，乳児や幼児の発達を促す営みである。

広辞苑による各用語の定義
保護：気をつけまもること。かばうこと。ほうご。
育てる：おいたつようにする。成長させる。教育する。大きくなるようにする。
教える：注意を与えて導く。さとす。戒める。

広辞苑的な第二次翻訳
「（乳幼児を）気をつけてまもり，おいたつようにする」とは，「危険がないように気をつけてまもり，おいたつようにすること」と「注意を与えて導き，おいたつようにすること」とが一体となった，乳児や幼児の発達を促す営みである。

れば突き詰めるほど，訳がわからなくなるはそのためである。

　不明瞭なのは「保育学」の「保育」だけでなく，「学」も同様である。「保育学」の「学」は，「保育」をどのように明らかにしていくのかという行為レベルを何も指し示さない。いわば，学問的なスタンスが不明瞭なのである。たとえば，教育学は，その「教育」と「学」は行為レベルあるいは対象レベルによって，諸学問が分類されている（図表3-1-2）。

　もちろん，ここで教育学がしっかりした学問であるということを言いたいわけではない。しかし少なくとも，行為レベル（「哲学的に言うならば」「歴史的に言うならば」），対象レベル（「障害児について言えば」「高等教育について言えば」）による意味の枠づけが可能であり，「教育学とは何ですか」という問いに，それぞれのレベル分けによって，ある程度答えることが可能となる。

　ひるがえって，「保育学」については，「保育哲学」「比較保育学」「幼児保育学」があるわけではなく，行為レベルも対象レベルも曖昧なまま，「保育学」が成立しているのである。「保育学とは何ですか」という問いに，一言で答えてほしいといえば，「保育学です」としか答えられない。

図表 3-1-2　教育諸学問の分類

行為レベル	対象レベル
教育哲学	障害児教育学
教育人間学	社会教育学
教育社会学	高等教育学
教育思想史学	教師教育学
教育史学	教育行政学
比較教育学	幼児教育学
⋮	⋮

（田中智志『教育学がわかる事典−読みこなし使いこなし活用自在−』日本実業出版社，2003，p. 237，一部改変）

§2 保育学はいかにして維持されているのか

1. ルーマンのシステム論

「保育学」は，その行為レベルや対象レベルが厳密に定義されることによって成立しているわけではないということはわかってもらえただろう。しかし，私も含め人々は，「医療」でも「政治」でもない「保育」というものが存在していると感じているし，それにかかわる「保育学」という学問があると思っている。それをどのように説明できるだろうか。実体化されない保育学の姿を捉え，これからの保育研究の可能性を模索していくために，現在の保育学はいかにして維持されているかを考えることは重要である。

保育と保育学の関係を見ていく際に参考となるのが，ドイツの社会学者であるルーマンのシステム論である。彼の理論は難解で，書物を読んでもピンとこないが，まさに「保育学はどのように維持されているか」という問いにもっともよく答えてくれる理論のように思える。

ルーマンによれば，近代以降の社会は，機能的分化社会として位置づけられる。その内部は，経済システム，政治システム，法システム，教育システムのように機能的なシステムによって構成されている。現代にいる私たちも社会も複数のシステムから構成されている。複数のシステムから構成されている？？　私が？？　と思ってしまうかもしれないが，イメージしやすいようにNHKの教育番組「ピタゴラスイッチ」で登場してくる「ぼくのおとうさん」という歌をみてみよう（図表3-1-3）。ルーマン研究者から異論がありそうだが，ルーマンのシステム論を知るためのきっかけとなるのは確かである。*

ぼくのおとうさんは，経済システムの中では，労働力という経済的な価値を生みだす会社員としてあるいは消費活動に参画するお客さんとして，医療

第1章　自己言及する保育学

図表3-1-3　ぼくのおとうさん

「ぼくのおとうさん」
詞：佐藤雅彦・内野真澄
曲・うた：栗原正己

おとうさん　おとうさん　ぼくのおとうさん
かいしゃへいくと　かいしゃいん
しごとをするとき　かちょうさん
しょくどうはいると　おきゃくさん

おとうさん　おとうさん　ぼくのおとうさん
はいしゃにいくと　かんじゃさん
あるいていると　つうこうにん

おとうさん　おとうさん　ぼくのおとうさん
がっこういけば　せいとさん
でんしゃにのると　つうきんきゃく
おとうさん　おとうさん　うちにかえると…
ぼくの　おとうさん

図表3-1-4　システムによって構成されたぼくのおとうさん

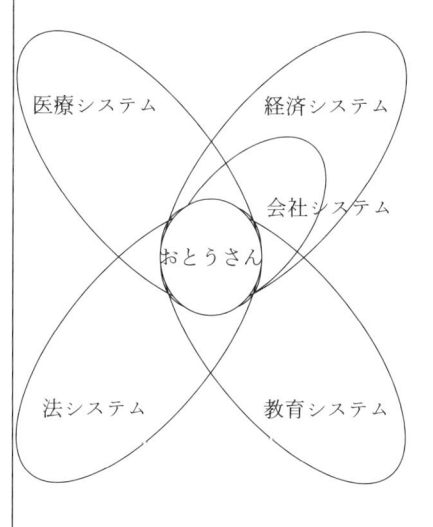

（医療システム／経済システム／会社システム／法システム／教育システム／おとうさん）

システムの中では医療行為を受ける側の患者として，教育システムの中では英会話学校の教育可能性を有した生徒として，法システムの中では法規を遵守する通行人として浮かび上がってくる。おとうさんは，本人が気づかなくとも瞬間瞬間いずれかの，あるいは複数のシステムの中で構成されているのである。

＊　ルーマンによれば，人はシステムの還元要素ではない。でも私たちはシステムによって構成されている。

ルーマンによれば，社会におけるそれぞれの機能システムは，自らの独自性について自ら語る（自己言及）。その際に，それぞれの機能システムは，経済学，政治学，法学，教育学などの自らの機能を把握するための学問（自己反照装置）の力を借りる。ルーマンの指摘の面白いところは，そうした学問が，それぞれのシステムを特徴づける基本的な二項コード（Aコード／非Aコード）によって意味をつくりだし，システムの維持にかかわっているとしている点である（田中智志「ルーマンの教育システム論」田中智志・山名淳編『教育人間論のルーマン−人間は〈教育〉できるのか−』勁草書房，2004, pp. 1-34）。

　二項コードによって，意味をつくりだすとはいわば，「あの人の細かい性格が嫌いだ」と私たちが述べるときに用いるように，「細かい性格」という否定項（非A）と「おおらかな性格」という肯定項（A）という単純な図式によって，自らを「おおらかな性格」として語る（＝自己言及する）ような運動である。そこでは，その人が実際に「おおらかな性格」であるかどうかが問題なのではない。この人の場合，おそらく違うだろう（おおらかな性格の人が他者の細かい性格についていちいち語るはずはないだろうから）。ここで重要なのは，二項コードという単純な図式によってどのように自らを意味づけようとしているのかという問題である。

　少々まわりくどくなったが，保育学がいかにして維持されているかの問いは，すなわち保育学がどのような二項コード（保育学的なるもの/非保育学的なるもの）をつくりだし，自らを語るのかをみていくことである。それは，同時に，保育システムの意味を保育学はどのように語るのかという問題にも深くかかわってきている。以下では，二項コードによる保育学の自己言及性をみていきたい。それによって，保育学を面白く学習していくためのたたき台にできればと考える。

2. 保育学の二項コード

(1) A　全人的・直観的な研究←→非A　数量的・客観的な研究

保育学の二項コードの最初を飾るのは,「A　全人的・直観的な研究」と「非A　数量的・客観的な研究」である。

A1「学会でもっとも多い,細かい糸の一本を取り出してきたような発達研究というのは,極端に言うと,幼児に対して誤りを犯しているのではないか,とさえ思うわけです。それは,痛烈に批判する必要があると思います」(森上史朗・大場牧夫「真の保育研究の方向性とその発展をはばむもの」『保育研究』9-4, 1989, p. 4)

A2「『保育研究』は子どもとともに楽しく遊ぶ心（これを私は童心とよんでいる）がなければ,研究のための研究,つまり自分本位の,点数稼ぎの研究になってしまう」(平井信義「対談に思うこと」『保育研究』9-4 1989, p. 16)

A3「佐藤は『反省的実践家』が,津守は『研究的実践家』がこれからは重要になってくるといいます。これとは逆に『実践的研究者』というものも重要になってくるでしょう」(森上史朗「新しい保育学と保育研究の提唱：実践と研究のかかわりの視点から」森上史朗編『新・保育入門』(別冊発達14),ミネルヴァ書房, 1993, pp. 165-166)

A4「子どもから学ぶことこそ,幼児教育の理論と実践の進展のための最大の条件であろう。神の創造物である人間の,もっとも純なものである幼児に,私どもは,教えられるものをたくさんもっているのである」(津守真『子ども学のはじまり』フレーベル館, 1979, p. 265)

ここで,「非Aコード」として想定されているのは,A1「細かい糸の一本を取り出してきたような発達研究」A2「自分本位の,点数稼ぎの研究」である。それらは,子どもの発達であれ,保育者の意識調査であれ,保育現実の断片的な一部のデータを統計的な手法を用いて分析・記号化した発達心理

学などで主流な研究群を指し示している。それらは，保育学ではやりすぎなほど痛烈に批判されている。この「非Aコード」を過剰なまでに意識している指導教員に対して，統計で相関係数を求めるような高度な卒論を提出すれば間違いなく卒業は危ない。

　それに代わり保育学では，「Aコード」として，保育現場と一体化した研究が推奨される。保育学においては，実践者が自己反省的に保育を研究していくのみならず，研究者もまた保育現場に身を置き，そこからその中に存在する問題を現場と共に解決していくようなA3「実践的研究者」でなくてはならない。いわば，実践者と研究者の区別がほとんどない。保育を研究しようとする実践者や研究者にとって重要なことは，A4「子どもから学ぶ」という研究態度をもつことである。そこから子どもの「全人的理解」が開始されるのである。

　保育学で「Aコード」を体現したかのような人物が，保育学会の会長も務めた津守真である。彼は，有名な大学教授という職を投げ打って保育現場に携わり，子どもとのかかわりでの個別の内的体験を内省していくことによって，普遍的な意味を獲得した。

　A5「一つの行為の意味を考えるのに，行為者の生活に内面に参与し，その子どもの生活を展開し，その動力となって意味を発見しようとするのが，保育における方法である。その過程において，一つの行為をとり出して，それを他者にも起こりうると考え，他者の一人である自分をも含めて，その意味を探る試みをする。そのとき，特定の子どもにとっての意味は，他の人に対しても広げられ，普遍的な意味となる」
　（津守真『保育者の地平－私的体験から普遍に向けて－』ミネルヴァ書房，1997，p. 131）

(2)　B 保育言説の正しい理解←→非B 保育言説の誤解・不徹底

　保育学の二項コードの二つ目は，「B　保育言説の正しい理解」と「非B 保育言説の誤解・不徹底」というコードである。

B1「20世紀は人権思想が世界的な規模で展開してきた世紀であり、日本の教育もその人権思想の流れのなかで、……発展してきました。それにもかかわらず、現在の子どもを取り巻く状況は、まだまだ子どもの人権が十分に守られているとはいえません。……本書では『かけがいのない子どもとともに歩む教育』として幼児教育を主題化してみたいと考えました」（小田豊・榎沢良彦編『新しい時代の幼児教育』有斐閣，2002，p.1）

B2「幼児教育は理念の点においても、またそれを実現する教育の形態においても『個』の尊重とその形成という理念に近いと考えられる。とはいえ、それは幼稚園教育要領でいう遊び中心の保育に沿った保育実践を続けている施設に限ってのことである」（小川博久『保育援助論』生活ジャーナル，2000，p.126）

B3「幼稚園教育要領や保育所保育指針には新しい発達研究の成果がだいぶ取り入れられているのですが、それらが必ずしも正しく理解されて、実践に移されているとはいえないものがまだだいぶあります」（森上史朗「最近における発達観の変化と保育−幼稚園教育要領・保育所保育指針との関連を中心に−」『発達』86，2001，p.2）

B4「教育要領と保育指針の改訂についての解説書も多く出版されていますが、それらもほとんどの場合、文章をどう解釈するかということが中心で、そこに示されている文言が、保育現場の実践とどうかかわっているのかというような点への言及がなされていない場合が多いように思われます」（森上史朗『新しい教育要領・保育指針のすべて−どう読みとき、どう実践に生かすか−』フレーベル館，2000，p.4）

「Bコード」と「非Rコード」のポイントは、「児童憲章」などで表明されている「子ども中心思想」「子どもの人権」「個の尊重」、『幼稚園教育要領』『保育所保育指針』に示される「遊びを重視した保育」「環境を通した保育」という保育言説を正しく理解しているかどうかという点にある。B1「十分に守られているとはいえません」B3「それらが十分に理解されていない」

B4「実践とどうかかわっているのかというような点への言及がなされていない」などの言及がそれを指している。この「Bコード」「非Bコード」の二項コードは，保育言説を正しく実践者が理解しているかどうか，あるいはそれらに無知である実践者に周知させるという，「啓発としての保育学」の姿を浮かびあがらせている。

(3) C 状況的・可変的な発達観←→非C 連続的・固定的な発達観

　保育学の二項コードの最後は，「C 状況的・可変的な発達観」と「非C 連続的・固定的な発達観」である。

C1「ある意味では，保育の世界を毒してきたのが心理学の今までの悪しき発達の考え方ではないだろうかということが，大枠として大事な点かなと思っているんです」(森上史朗『発達に合わせて援助する保育とは』フレーベル館，1997，p.180)

C2「子ども理解あるいは発達理解は根本的に変えていくことが必要になる。普遍性以上に個別性を，論理性以上に直観性を，客観性以上に主観性を，子どもの生きる現場では大事にすることが求められる」(大場幸夫・山崖俊子編『保育臨床心理学』ミネルヴァ書房，1993，p.21)

C3「これまでの発達心理学は，子どもの発達的変化を基本的には子どもの内部に潜在している力がおのずから外に現れてくるものと考え，遺伝的，成熟的要因がその変化の主要な要因をなし，外部からの働きかけは副次的な意味しかもたないと見なす一方で，その発達的変化をあくまで子どもの外部から眺める視点に立ってきました。……しかし，……私たちは子どもが育つということ，つまり子どもが発達するということは，子ども自らの発達する力と，大人の育てる働きかけとが絡み合い，『育てる―育てられる』という能動と受動の交叉した関係の中から立ち現れてくるものだと考えます」(鯨岡峻・鯨岡和子『保育を支える発達心理学-関係発達保育者論入門-』ミネルヴァ書房，2001，p.9)

　ここで「非Cコード」として登場するのが，C1「悪しき発達の考え方」

と非難される「連続的・不変的な発達段階」である。「非Aコード」でも登場した発達心理学がここでも登場するが、ここでは保育現実の研究手法ではなく、発達心理学のもつ発達観が問題とされる。子どもの発達をC3「遺伝的、成熟的要因がその変化の主要な要因」と見なし、年齢に即して段階的に発露してくるという発達観である。精神測定テスト（IQテスト）や発達診断テストは、知能や道徳性などの特定の因子が子ども内部にあり、それがある程度客観的に測定可能であるという前提に立っている。そういった誤った発達観に立った発達診断結果に一喜一憂してはいけない。そもそも子どもの発達は状況によって左右されるし、個体差があるものである。保育学では、保育者や研究者の「主観性」「直観性」（C2）をもとに、保育者と子どもとのかかわりの中で立ち現れてくる個別の発達に目を向けていかなければならないとされる。

「個別の発達って何ですか？」と言われても、Cコードを支持する限り、その中身については詳しく語ってはいけない。なぜなら、「Cコード」は、保育現場での保育者や子ども同士とのかかわりの中で瞬間的に立ち現れてくる子どもの姿を重視する、いわば状況的・可変的な発達観であるから。現場で個々の子どもとのかかわりの中で見いだされるべきものなのである。

§3　保育学の自己言及の運動

これまでみてきたように、保育学はこの三つの二項コードをもとに、自らを語ってきた。「非A　数量的・科学的研究」「非B　保育言説の誤解・不徹底」「非C　連続的・固定的な発達観」を否定項、「A　保育実践と一体化した研究」「B　保育言説の正しい理解」「C　状況的・可変的な発達観」を肯定項として、保育学の意味を生成し続けてきたのである（図表3-1-5）。

よって，ゼミなどでこうした肯定項を上手く取り入れた発言をすれば，保育学のエッセンスを会得した優等生になれる。たとえば，こうである。「私たちが保育者として現場に入ったとき，大切にすべきことは三つあると思います。一つ目は，保育実践を行いながら子どもから学ぶ姿勢をもち，子どもの全体的な理解に努めようとすることです。二つ目は，『遊びを重視した保育』『環境を通した保育』といった保育理念を正しく理解し，子どもの自発的な活動を促していくためのあらゆる援助を推進していくことです。三つ目は，発達心理学などの成果を参考にはしてもそれを絶対視せず，長期的なスパンで個別の子どもの発達を見守っていくことです」。さらに，それぞれの二項コードの再生産の運動に深くかかわる保育界の重鎮の名前をあげるとさらに説得力を増す（図表3-1-6）。

しかし，すこしいじわるな言い方をすれば，こうした肯定項を全面支持する優等生の発言は，目新しさがないばかりか，それ以上の議論を生まないことも確かである。おそらく，上記の発言は，30年前であっても優れた発言であり，おそらく30年後も優れた発言であるからだ。

通常ならば，命題や研究アプローチの変化によって，学問の自らへの語り

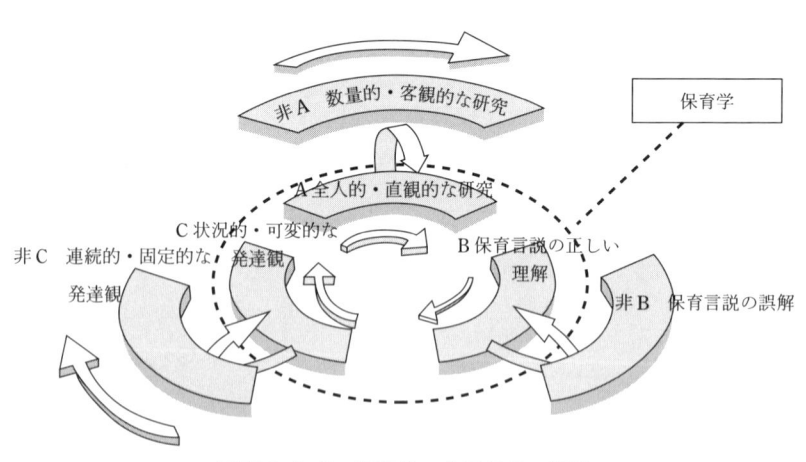

図表 3-1-5　保育学の自己言及の運動

は変化していくものである。教育学が，単純な旧来の二項コードでは教育現実を上手く捉えられなくなり，対象レベルと行為レベルによって様々な教育諸学問へと分化していったのもそれと無縁ではない。

　ルーマンにおいては，システムとは「複雑性の増大」に対処し，それを縮減するためにつくられたものである。ここでいう複雑性とは，どうしていいかわからないくらい過剰な可能性に満ちたカオス的な状況である。保育学が保育システムのための自己反照装置であるならば，保育学で用いられる二項コードは，保育現実に横たわる複雑で多岐にわたる問題を縮減化させるために用いられているということもできる。§1でみたように「保育」と「学」は多義的であるにもかかわらず保育学が成立できているのも，二項コードによって保育にかかわる複雑な問題群を縮減化し，肯定項を再生産しているからにほかならないのである。しかも，こうした保育学の二項コードは，倉橋

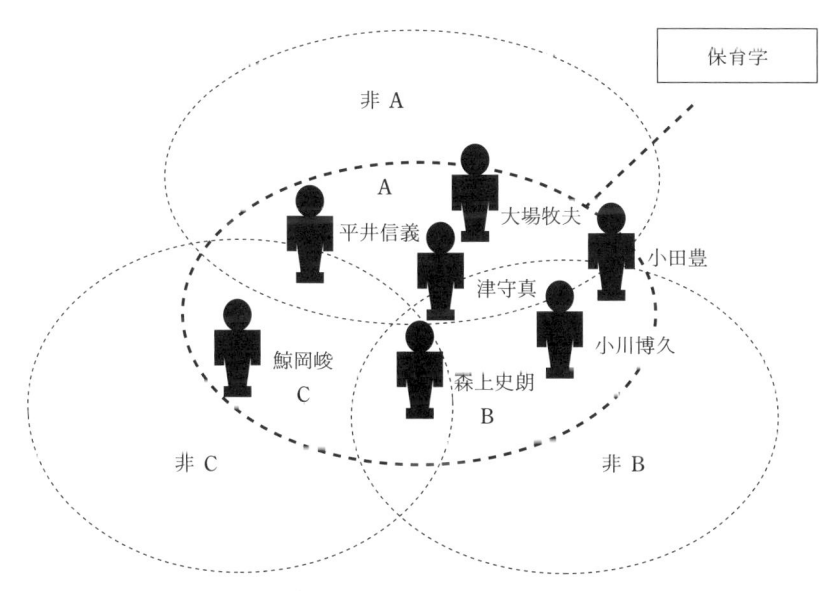

図表 3-1-6　保育学の自己言及の運動にかかわる人物鳥瞰図

惣三以来この100年間ずっと再生産を繰り返してきたという歴史もある。その意味で，保育学の自己言及の運動は文化遺産級の重みがある。

　保育学の二項コードは，複雑な保育現実を長期に渡ってわかりやすくしていると同時に，逆にそれは多くの語られていないものを生みだす。現場に入れば，すぐに明らかになるが，保育現実は肯定項で語れるほど，単純なものではないし，生やさしいものでもない。

§4　保育の「語り」と「物語」

1．語る言葉が奪われている

「子どもがわからなくなるんです」
「どうしても子どもを受け入れることができないんです」
「ついつい子どもを怒ってしまうんです。ほんと自分がいやになります」

　保育の現場に入った卒業生たちが，久々に母校を訪問して口にする言葉。もちろん，「楽しくやっています」という卒業生もいるのだが，話がしたいと研究室を訪れてくる卒業生の多くは，こうした保育の職場では語れない自分の悩みを吐露する。私は，卒業後も会いたいとわざわざ時間を割いてきてくれたことをうれしく思うのだが，同時に「もうすこし頑張ってみたら」といった類の言葉以外，気の利いた言葉など見つからない。私のもとを訪れてくる学生は，まだ語る場を見いだせたのだからいい方なのかもしれない。悩みを悩みのまま抱き続けながら，保育実践に日々立ち向かっている卒業生たちは，いったいどうやって過ごしているのだろう。

　保育の現場に出た彼女たちを追い詰めているものは何か。もちろん，人間関係であったり，勤務時間や待遇の問題であったりと，職場の様々な要因が関係している場合もあるが，保育を語る言葉が奪われているということも大

きな問題である。

　現在，私たちは保育者としての自己や保育を語ろうとしたとたんに，二つの大きなブラックホールのような語りの力にその言葉を絡み取られていく。それは，現場の保育者だけでなく，大学の教員であっても例外ではない。

　一つは，これまで見てきた保育学の二項コードの語りの力である。「子どもの思いを理解せよ」「保育援助を正しく理解せよ」「子どもそれぞれの個別の発達を知れ」という保育学の語りは，「そうであるか／そうでないか」という二分法へと私たちの語りを封じ込めてしまう。「子どもがわからなくなるんです」「どうしても子どもを受け入れることができないんです」という保育者の言葉は，まさにその二分法の中で，そうはなれない自分に苦悩している姿である。保育学の二項コードが支配的であればあるほど，現場においても「子どもがわからない」という生の言葉を同僚に語ることすらいけないような雰囲気がつくられる。同時に，大学の教員も二項コードの中で言葉を奪われ，肯定項としての成功事例を提示しつづけるか，学生や現場の保育者には何を言ってるかさっぱりわからないような研究の世界に引きこもるかの選択を迫られるようになってしまう。

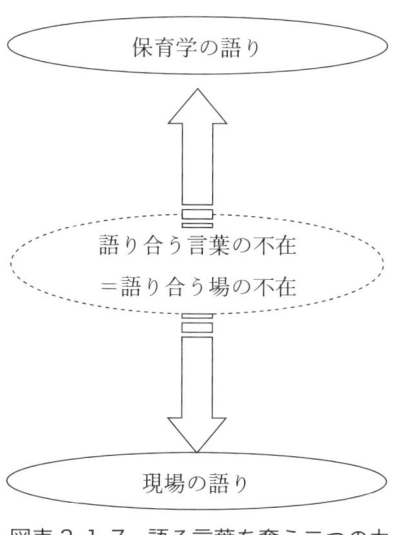

　もう一つは，現場の語りの力である。保育現場に入ったばかりの保育者は，まさにベテラン保育者の保育の「コツ」を知りたいわけだが，それはひたすら「盗む」ものである。どうすれば子どもたちが他人の声に耳を傾けてくれるのか，どうすれば集団に入れない子どもが友だちと一緒に遊べるような働きかけができるのか，どうすれば子どもたちがこの場所に居心地の良さ

図表 3-1-7　語る言葉を奪う二つの力

を見いだしてくれるのか、どうすれば子どもの学びが発展的・継続的なものとなるのか、どうすれば保育者は多くの子どもたちと効果的な交わりができるのか、それらについて語る言葉はほとんどない。それらは、保育者が経験を重ねていく中で「自然に身につくもの」として語られないのである。他方で、この保育実践は「上手くいった／上手くいかない」という語りが現場を支配している。何が良くて何が悪いのかについては、ベテランの保育者のみが知ることができる。

　保育学が推奨する強力な二項コードの語りの視線と、現場での「語る」ことよりも「こなす」ことを求める視線の中で、現場の保育者たちはまさに語る言葉を奪われているのではないだろうか。

2. ナラティヴとしての保育学

　保育者としての自己省察、保育の反省的実践の可能性を切り開くこと。それが保育学の担う重要な役割の一つである。そのためには、まず保育学は、保育を学ぼうとする学生や現場の保育者たちを常套句によって啓発するだけではなく、保育者同士が保育や保育者としての自身を語り合うための参照可能な物語と言葉を提供し続けなければならない。

　これまでの保育学は、反省的実践家としての心構えを強調し、保育言説の正しい理解を唱え続け、子どもの願いを読み解くことを推奨してきたが、もはやそういった使い古された言葉の中では私たちの目の前にある諸問題を語ることができなくなってきている。現場に出れば、職場で支配的な発達観を受け入れなければならないこともあるし、大学で学んだ理念では説明できない事象に至るところで出くわすし、集団をいかに切り盛りするかに追われて子どもの願いをいちいち読み解く暇もないのが現状だ。そんな中で、保育者としての自らを反省し始めるのは、保育者としての自己の閉塞感に襲われるとき、子どもの内面が見えなくなるとき、なんらかの理由で保育の方法を問い直す必要に迫られたときである。その際に必要なことは、正しい理論に立

ち返ることだろうか。それとも，振り返りの中で自己省察することだろうか。結論的にいえば，「語ること」である。保育について新しい「語り」を行う自身の行為が，新たな「物語」を形成するための語り合いの場が，必要なのである。

　これは「物語としての自己」という考え方である（野口裕二『物語としてのケア－ナラティヴ・アプローチの世界へ－』医学書院，2002）。私たちは，それぞれ自分はこういった人間だと語ることができる。その場合，それまでの生い立ちや苦労や成功の経験をもとにしてそれぞれがもっている「物語」が，その「語り」を生みだしている。逆に，「自分は不幸な星のもとに生まれてきたんだ……」と語る場合のように，「語り」によって不幸な自分という「物語」を形成する。このように，「物語」と「語り」は，相互に作用し合うものであり，不可分な関係にある。この両者の働きを，「ナラティヴ」と呼ぶ。自己の「語り」が自己の「物語」を生み，またその「物語」が次の「語り」を生む。こうした連鎖が「ナラティヴ」である。

　もし，保育者としての自己を変革し，保育現実を新たな視点で捉えることが可能となるとすれば，そこにはこの「ナラティヴ」が不可欠である。テキストで正しい理論を紹介されても，講演会で有名な学者からありがたい話を聞こうとも，保育者自身がそれらを自分を語る言葉として使わないならば，もっと言えばそれを誰かと語り合うための言葉として使わなければ，「新しい物語」は形成されない。

　「ナラティヴ」をイメージしやすいように一つの例をだそう。たとえば，友人に電話をかけようとするとき，私は前もって何かの要件を伝えようとするのだが，話しているうちに当初の想定とは別の方向に会話がどんどん進んでいくことはよくあるだろう。このとき，私と友人は情報を共有しているのでも，一方的に情報伝達しているのでもなく，お互いの「語り」によって共同の「物語」づくりを行っている。いわば，あらかじめ「物語」の筋書きが決まっていない「物語」を，私と友人で共同執筆するようなものである。「知らなかったと思うけど，○○はこんな風に，お前のこと言っていたよ」

「昨日見たテレビでこんなおもしろいことを言っていたよ」という，既存の物語を揺さぶる新しい「語り」が，新しい「物語」を形成していくのである。そしてその新しい「物語」が，次の「語り」を形成していく。友人との電話の会話で現れるような現象が「ナラティヴ」である。

　言ってしまえば，私たちは「物語」と「語り」の中で，常に自分自身が更新されていっているともいえる。こうしたナラティヴの中で形成される「物語としての自己」という考え方を，ここではナラティヴ思考と呼ぶこととする。このナラティヴ思考は，保育現場でよく耳にするような，「この子どもが情緒不安定なのはそれまでの家庭環境に問題がある」というような何か特定のものに原因を求めるような因果的思考，「私は子どもの思いを理解できていなかったのだから保育者として失格だ」というような正しい理論や理想像との対比によって判断するような啓発的思考，とは別の思考として是非みなさんに覚えておいてほしい。なぜならば，因果的思考によって「それまでの家庭生活に問題がある」としても，その子どもの生い立ちを変えることなどできないし，家庭そのものを取り替えることなどできない。まして，どのようにその家庭に接するべきかは，因果的思考からは簡単に導きだせないし，保護者に寄り添う保育者のカウンセリング・マインドで解決されるはずもない。このとき，その家庭の人と「新しい語り」を持ち込みながら，新しい共通の物語をつくり上げていくというナラティヴ思考の立場に立つことが有益であったりもする。また「保育者たるものこうあるべきだ」という啓発的思考は，まさに二項コードによってつくられたものである。先にみたように，その前提に当てはまらない膨大な現実を無視した言い方であるがゆえに，「言われていることは正しいのだけれど………」と保育者自身の生きた言葉を奪っていく。これに対して，ナラティヴ思考は，保育者自らの物語に注目する。問題は理想や正しい理論との距離によって測られるものでなく，まさに問題として自らを追い込んでいる「物語」によってもたらされるのである。自己の「物語」を自己の「新しい語り」によって更新していくことによって，その問題を別の物語の中で捉えていくこと。ナラティヴ思考は，こ

うしたアプローチを可能とする。

　保育学は，これから保育者になろうとする学生たちにとって，現場の保育者たちにとって，新しく語れるための参照可能な言葉を提供する学問であってほしい。『幼稚園教育要領』はこうだ，『保育所保育指針』はこうだ，フレーベルはこんな人だ，保育者の専門性はこうだ，という一つの物語を強要するだけでなく，読み手や聞き手がそこから様々な「物語」を読み取れるような，さらにはその中で「新しい語り」を見いだせるような「ナラティヴとしての保育学」であってほしい。保育現実（アクチュアリティ）は，そもそも一つの言葉で言い表せないほど複雑であるし，様々な言葉で語られうるものである。いまだ語られていないが重要な保育現象の宝の山は，眠ったままである。研究者も実践者もそうした保育現実を切り取る言葉を紡ぎだす作業にとりかかることが必要である（山内紀幸「教育学における臨床知の扱い方」教育思想史学会編『近代教育フォーラム』10　教育思想史学会，2001，pp. 183-191）。新たな「語り」のための材料を提供し続けることが保育学の重要な役割のひとつである。共同で語りを形成できる「語りの場」の中で，その場に参画する者のそれぞれの新たな「物語」を更新していくプロジェクトに，保育学が深くコミットしていくことができればと願う。

　その意味で，学生は「もっと語れる言葉をください！」と保育学（とりあえずは講義を行う教員）に要求すべきである。もし保育についての語りを一つの枠組みに押し込もうとするアカデミック権力があるとすれば，「わかるように言い直してください」「そう言われてもピンとこないところがあります」「～のような場合は，今日の理論でどのように説明できますか」と抵抗してほしい（自分で自分の首を絞めているが……）。そこから教える側，教わる側という関係を超えた，「ナラティヴとしての保育者養成」も始まるだろうから。

〈さらに学ぶために〉
田中智志・山名淳編著『教育人間論のルーマン−人間は〈教育〉できるのか−』
(勁草書房, 2004)

　　　　ルーマンの社会理論は難解であるが,「システム」「コード」「テクノロジー」「コミュニケーション」とそれまで誰も思いつかなかった新しい社会分析の方法を提示してくれるだけに, 今もその魅力は失せない。そんな難解な理論を教育学の視点から何とか読めるようにしてくれた書物がこれである。しかし, この本が教育学の中で正当に評価されるにはあと20年はかかるだろう！

野口裕二『物語としてのケア−ナラティヴ・アプローチの世界へ−』(医学書院, 2002)

　　　　カウンセリングといえばロジャースの来談者中心主義だが, それに代わる新しいケアの「ナラティヴ・アプローチ」がわかりやすく解説してある。大変読みやすい。「物語」と「語り」の中で常に自分自身が更新されているという「ナラティヴ」の考えは, 今後様々な分野で展開していくと思われる。

第 2 章

保育の語りの創造
保育の「いま・ここ」を切り取る概念

　保育の新しい語りを生みだすために，保育の「いま・ここ」を切り取るためのいくつかの言葉を獲得しよう。「リアリティ」と「アクチュアリティ」，「自己充足」と「他者に位置づけられる私」，「ここ」と「あそこ」，「共感」と「共鳴」，「発達」と「生成」。どこから読み始めても大丈夫。

§1　なぜ保育の現実は語りにくいのか

1.「リアリティ」と「アクチュアリティ」：生きられる保育現実

　子どもたち同士，保育者と子どもたちが織りなす保育には，日々数えられないくらいの出来事が起きる。でもその瞬間瞬間を言葉で語ることは不可能である。「うそだっ！　語れるよ！」と思うかもしれないが，もしそれが可能となるとすれば，それは木村がいうところの「リアリティ」(reality) としての保育の現実である（木村敏『偶然性の精神病理』岩波書店，2000）。
　「リアリティ」とは，私たちが日常的に語ることのできる現実であり，自然科学が語るような固定的，一元的な現実である。たとえば，よくある子ど

も同士のケンカの場面。これを詳しく語ろうとすれば,「午前10時半頃,多目的ホールで,ユウマくんとリクシくんとのケンカがありました。ケガはありませんでした」という新聞記事のような報告的な語りか,さらには「リクシくんが持っていたおもちゃをユウマくんが欲しくなり,リクシくんが貸すのがいやで,ケンカになりました」というそれぞれの子どもの動機から捉えた語りを行うかが私たちの語りであろう。

　こうした「リアリティ」を捉えた語りは,事後的である。振り返ってみてはじめて語れる現実である。どんなにこの語りに科学的で細かな情報を加えようとも(たとえばサーモグラフィーでそれぞれの体温の上昇をみたり,発話数をカウントしてみたりしたとしても),それはすでにケンカそのものを指す言葉ではなくなっている。つまり,その場,その時の二人が生きた臨場感や固有の関係性,さらにはまわりの子どもとの感覚的なやりとりなど,その「生きられる現実」を明らかにしない。

　そうした「生きられる現実」は「アクチュアリティ」(actuality)と呼ばれる。この「アクチュアリティ」は,進行形で固有的な現実であり,言葉にされることを拒むような現象学的な現実である。保育の現実は「リアリティ」としてではなくまさに「アクチュアリティ」としてあるといってもいいだろう。ベテランの保育者たちが生きる現実はまさに,「アクチュアリティ」としての現実である。たとえば,私が保育現場の見学にいったときに,「○○先生はあのとき,とっさに子どもに「〜」と言葉がけしましたよね。どうしてですか」とその先生に聞いてみても,「さあ,なんでそうした言葉が出たのかはわかりません」という答えが返ってくることがしばしばである。観察者としての私は,保育の現実を「リアリティ」として言葉にしようとはするが,そこにいる当事者にとっては保育の現実は「アクチュアリティ」であり,彼女はその場所・その時間(=「いま・ここ」)の瞬間瞬間を生きている。

　もちろん,保育の現実には,事前に予測できたり,その場で分析的に判断できる「リアリティ」としての現実もある。しかしそれは,保育の現実を知

らない素人の保育現実の捉え方である。「子どもがこういう反応したら，こうすべきだ」「こういう問いかけをすれば，こうなる」「子どもの問題行動の背景には，家庭問題がある」という，大学の講義で覚えたような単純な因果関係で語れるような一元的な現実（リアリティ）として，保育の現実があるとすれば大間違いである。

2.「アクチュアリティ」を語ることのジレンマ

　前章で，強力な二項コードによる「保育学の語り」，こなすことを求める「現場の語り」の中で，保育者自身の語り合う言葉，語り合う場所が奪われていることを指摘した。これはつまり，保育の現実（アクチュアリティ）の「いま・ここ」をどのように言葉として切り取れるかという問題に深くかかわってくる。

　しかし，これが難しい。つまり，言語化の作業は，常に事後的であるがゆえに，「アクチュアリティ」に遅れる。また，「アクチュアリティ」はどんどん変化していくものであり，意を決して言葉にしたとしても言葉にした瞬間に固定化された「リアリティ」に変わっていってしまうことは避けられない。「アクチュアリティ」を語ることは難しいが，それを切り取って語らなければ，保育の現実を明らかにすることも，語り合うこともできなくなってしまう。まさに，「アクチュアリティ」を語ることのジレンマである。言ってしまえば，水面に映った月をすくいとるような作業であり，すくいとった瞬間に月ではなく水に変わっていくようなものである。

　重要なことは，アクチュアリティを語るための言葉を生みだす努力を怠らないことであろう。以下，保育の「いま・ここ」を語るための，まさに「アクチュアリティ」を捉えるためにいくつかの概念を紹介したい。ここでの言葉が，「アクチュアリティ」を捉えるための，あるいは保育者同士語り合えるための「新しい語り」になるかどうかは，はっきりいって読者に委ねるしかないが。

§2 保育の「いま・ここ」を切り取る概念

1.「自己充足」と「他者に位置づけられる私」

　保育学は「自己」が好きである。「自己を発揮する」「自己を実現する」「自己の要求を満たす」「自己を表現する」という「自己」中心の記述と，それを「養う」「培う」「育てる」ことを最善とする『保育所保育指針』や『幼稚園教育要領』の記述。子どもの内部にはあらかじめ「強い願い」「強い動機」があり，それを発露させることが，保育の本質であるかのような記述が多い。

　確かに，自己充足的に子どもをみなくてはいけない場面もある。お腹が空いてミルクを求めている乳児や，おしっこに行きたくてもじもじしている幼児などは，その欲求を満たしてあげることが大切である。一人遊びの段階では，まだ自己充足的な語りが通用するだろう。しかし，保育者と子どもたち，子どもたち同士によって構成される保育のアクチュアリティに迫ろうとするならば，子どもは単体として自己充足的な存在としてあると考えてはいけない。

　臨床哲学に従えば，私は他者によって位置づけられてはじめて私となる。私が私でありうるためには，私は他者の世界の中に一つの確かな位置を占めていなければならない（R. D. レイン／志貴春彦・笠原嘉訳『自己と他者』みすず書房，1975，鷲田清一『じぶん・この不思議な存在』講談社，2005）。

　たとえば，あなたたちの友人関係を考えてほしい。友人はここでは他者である。あなたは，「おもしろい」「おっちょこちょい」「頼りになる」なんでもいいが，他者（＝友人）との間で位置を占めているはずである。自己充足のためにやったはずのショートカットへの髪型チェンジも，バイトのお金をはたいて買ったヴィトンのバック購入も，他者（＝友人）に「いいね」とか

「素敵じゃない」と言われないと意味がなかったりする。私たちはたえず，他者によって位置づけられないと不安なのだ。

　重要なことは，あなた自身も友人にとっての他者であるということである。他者（友人）の他者として位置を占めていることが求められる。友人もまたあなたを意味ある他者として承認し，あなたから位置づけられることを望んでいる。仮に，あなたは他者に「素敵だね」と承認されたいが，他者の他者としてのあなたではなく，「あなたのことは知らない！」という自己充足的なままでいようとするならば，私と他者からみた友人関係は成立しない。それは，偽造的な友人関係であり，あなたの欲求を満たすための機械としての他者である。本当の友人関係とは，私と他者との肯定的な関係性が成立しているものであり，私と他者が互いに相手を「かけがえのない存在」として応答し合う関係である。それは，私が他者に及ぼす効果，また他者が私に及ぼす効果によって，互いが互いを何者か知っていく関係である。一方が自分の思い通りにしたり，計算された関係ではなく，相手は「他」者であるという「違い」も承認するような関係である。1日何時間も電話し続けないと成立しないような関係は，本当の他者関係ではなく，1年間会っていなくても本当に困っているときに助けを求め合えるような友人，手を握っただけでがんばり合えるような友人こそが「ほんとうの他者」である。＊

　私が他者に及ぼす効果，また他者が私に及ぼす効果によって，互いが互い

＊　私と他者の関係がもっと強いのは，親子関係である。乳児の微笑みに対して笑いかける母親や父親との関係は，他者との肯定的な関係の原初的な経験である。虐待を受けた子どもでさえもそうであるように，幼い子どもたちは決して他者としての親を放棄しない。いつまでたっても「私を位置づける他者」であり，他に代替不可能な「かけがえのない存在」である。他方で，親にとっても子どもは「かけがえのない存在」であり，そうであるからこそ，他者（子ども）によって私（親）が位置づけられる。しかし，親は自分の子どもは間違いなく他者であるにもかかわらず，子どもを「他」者としては考えないことがある。親の考える「よい子イメージ」の中でしか子どもを位置づけないとき，子どもは親が位置づける「自己イメージ」の中で生きようとする。本来の応答し合う私―他者関係の中では，「自己イメージ」は揺らいで当然であるのに，この場合，偽装的な位置づけの中で薄っぺらな自分を演じつづける（鷲田清一『教養としての「死」を考える』洋泉社，2004）。

を何者か知っていく関係は，まさに子どもが家庭を離れ，様々な他者で構成される保育の現場で日々実践されていることに他ならない。保育のアクチュアリティの中で，子どもは私の行為の意味を，自己の視線から考えるだけでなく，たえず友だちや保育者という他者の視線から考えようとしているという事実に注目すべきである。そこにはもちろん，他者との肯定的な関係だけでなく，否定的な関係，他者不在の関係など，様々な私―他者関係が生成される。

　自己の欲求とみなされがちな感情さえも，私―他者関係の方が説明できる。たとえば，自分で柱におでこをぶつけて今にも泣きそうな子どもに，保育者が「大丈夫！　強い！」というか，保育者が「痛かったね。かわいそうに！」というかで，痛さも変わるのである。また，友だちとのケンカやトラブルの場面で，親や保育者がいるのといないのでは，これが同じ子どもかというくらいに子どもの振る舞いが全く異なることもある。実は保育のアクチュアリティの中での子どもの行為の意味を探ろうとするならば，自己欲求としてではなく，私―他者関係の語りの方がより説明できるのである。

　保育のアクチュアリティを私―他者関係で語るとするならば，保育者と子ども，子ども同士のかかわり方は様々なバリエーションとして捉えることができる。保育者と子ども，子ども同士の関係は，決して固定的な関係でなく，私―他者関係の中でたえず私の位置づけが揺れ動く。その中での様々な私の位置づけの経験は，同時に様々な私の意味づけの経験である。子どもの人間関係とは，様々な他者の視線から私を位置づけ，さらには自らもまた他者の他者としての位置づけを経験するプロセスである。他者にある私とは異なる「他」を経験し，「かけがえのない」他者と「かけがえのない」私を獲得していく場として，保育における集団保育の重要性はあるともいえる。

2.「ここ」と「あそこ」

　たとえば，電車の中で私が「ここ」に座り，「あそこ」にいる他の見知ら

ぬ乗客を見ているとしよう。「ここ」は片時も私のもとを離れることのない，他のどの場所からも区別された絶対的な場所であり，「あそこ」（あるいは「そこ」）はどの乗客でも，どのつり革広告でも任意に選べるような，視線を向ける先がすべて「あそこ」となり得るような相対的な場所である。私たちの日常の空間感覚からすれば，電車に座っているところの自分の半径50cmくらいが「ここ」で，それ以外が「あそこ」といったところだろうか。

　そのとき，ある駅から知り合いによく似た女性が，遠くの入口から車両の中に入ってくる。その女性は「あそこ」にいる。「ここ」から特定の「あそこ」を注視する場面である。私は，遠くにある横顔を見ながら「前にあったときは，あんな髪型だったっけ」「あんなカバンをもっていたっけ」と「あそこ」に注目する。さらに「そういえば，彼女のお父さんは今入院してて，大変だったよな。つぎの駅で病院にいくんだろうな……」と彼女に感情移入していくとき，彼女がいる「あそこ」は，擬似的な「ここ」へと変化してくる。そして彼女が自分に気がつき，目線を向け，私に微笑んで軽く頭をさげて会釈した瞬間から，彼女と私との間は「ここ」へと変化し，それ以外の乗客すべてが「あそこ」となる。

　このように，「ここ」と「あそこ」は，瞬間で常に流動的に動く。決して「ここ」と「あそこ」は，空間的に定義されるような場所ではない。木村敏によれば，「ここ」とは「自己移入」の場所，あるいは「歴史の投げ入れ」が行われている場所である（木村敏『あいだ』筑摩書房，2005）。つまり「ここ」は瞬間瞬間に自分が思い入れをする場所であり，手術を受けている息子を思う母親のように空間的に離れていても息子のいる場所が「ここ」にもなる。いわば，私の歴史が生成される場所が「ここ」である。その意味で「あそこ」とは，「ここ」以外の場所であり，電車の中の視界に入る乗客や電車の中に映しだされる風景のような私の歴史には関係ない場所である。

　もっと例をだそう。たとえば，保育室にたくさん子どもがいて集団保育を行おうとする場面。保育者Aがこれから行おうとすることを語り始めるが，子どもがAに注意を向けてくれないとき，このときは子どもにとって保育者

Aは「あそこ」である。しかし，保育者Bがやってきて，魅力的な言葉がけで話を始め，子どもたちがBの言葉に引き込まれていくとき，このときは子どもにとって保育者Bは「ここ」である。実習生がはじめて保育を行うときに，子どもたちとの間で起こっていることは，保育者Aのようなケースである。

　もし，保育の現場でそれぞれの子どもの「ここ」が風船のように立体的な色（たとえば薄い赤色）で見えたら，おもしろいだろう。保育室は様々な方向を向いた風船がふくらんだり，小さくなったりする。ときに，保育者も含め全員が大きな風船の中にいる。保育室の「いま・ここ」が一目瞭然である。

3.「共感」と「共鳴」

　「子どもに共感的にかかわる」「子どもの共感的な理解」。保育の現場は「共感」という言葉にあふれている。その理由は，文部省（現文部科学省）も推奨する形で保育者の専門性として「カウンセリングマインド」をもつことが求められているからである（氏原寛・東山紘久編著『幼児保育とカウンセリングマインド』ミネルヴァ書房，1995，森上史朗編『保育原理』ミネルヴァ書房，2001など）。保育でよくいわれる子どもの「全人的な理解」を可能とするのも，保育者の共感的・受容的姿勢が前提となる。共感に基づく「全人的な理解」は，保育（child care）だけでなく，ケアを実践する看護や福祉や教育の分野においてもしばしば主張されたりする。ここには，感情の通い合わない一方通行の実践を戒め，それぞれの子どもの感情や思いに配慮することの要請がある。

　しかしこの共感，本当に保育現場でそんなことが可能なのだろうか。保育者と子どもが向き合う一対一の状況ではある程度可能だろうし，たとえば相手の悲しい気持ちが自分の中に入り込んでくるという「感情の転移」というならばわかるが，少なくとも共感によって「全人的な理解」につながるわけ

ではない（河合隼雄・鷲田清一『臨床とことば-心理学と哲学のあわいに探る臨床の知-』TBSブリタニカ，2003）。

　私たちは，真剣に相手の気持ちを理解しようとするほど，わからなくなることが出てくるものである。それは相手が子どもであっても同様で，気持ちや願いに共感しつつ全体として理解することはとても難しい。もし，子どもに共感しつつ全人的な理解が本当にできるとすれば，保育者側の一時的な思い込みなしでは不可能である。「本当のあなたの気持ちは私にはわからない，それでもわかりたい」というのが共感的な理解の本来の姿ではないか。

　実際に，保育者は多くの子どもたちに目を配らなければならず，まして集団保育をリードしているときにいちいち「この子どもはこういった気持ちにいる」「あの子どもの今の願いはこれだ」などと考えたりしない。複数の子どもの感情や願いに共感しながらの保育実践などできない。にもかかわらず，子どもの気持ちと一体化した保育実践を行う保育者はいる。これをどういう風に説明できるだろうか。

　これは子どもに「共感」する保育者ではなく，子どもと「共鳴」する保育者である。「共感」は，他者が子どもの内面に形となった感情や願いを想定し，できる限り同じ感情や願いを共有しながら，子どもを全人格的に理解していくことである。ここには，対象としての子どもの内面という明確な自他の区別が存在する。私たちが「共感」をベースとした「全人的な理解」を貫徹しようとするならば，その感情の発生源を様々な要因から探り当て，時には生育暦まで遡って，一つのストーリーを想定していかなければならない。他方，「共鳴」は相手が知らない人だろうと，場合によっては相手が動物だろうと生じる関係である。「共感」は他者を対象化し，自己が「かわいそうに」「悲しかったのね」という判断を行う自他関係として現れるが，「共鳴」は自他の区別なく現れる感覚でもある（田中智志『臨床哲学がわかる事典』日本実業出版社，2005）。

　たとえば，子ども同士がごっこ遊びをしている場面を思い浮かべてほしい。彼らは，それぞれが互いを共感し合っている関係ではなく，ある子ども

の呼びかけが他の子どもの呼びかけを生み，さらに別の遊びが生みだされていく。それは，それぞれが別の個をもちながらも，ひとつの音楽を生みだしていくオーケストラに似ている。それぞれのメロディーを奏でながらも，互いに互いのメロディーを聴きながら共鳴し合って曲を生みだしている。

　保育者が子どもたちに何かを話す場面で，保育者と子どもの区別なくひとつになっていくような感覚をもったことがあるだろう。子どもたちが息を飲んで保育者の声を聴き，その反応が保育者のさらなる語りを生みだしていく。また，言葉を交わさなくても共鳴する関係もある。熱を出してぐったりしている子どもの手を保育者が握っているような場面，愛犬が交通事故にあってしまい動物病院での手術を待合室で待っている場面，それらは互いの間に言葉はなくても，共鳴し合っているのである。

　保育における人間関係を語ろうとするならば，「共感」よりも「共鳴」の方が語れる範囲が広がる。もし「共感」を保育者の専門性の前提とするのであれば，長年に渡ってその子どもにかかわり子どもの感情パターンを理解しているのがいい保育者となってしまうし，新しいクラスをもったばかりの保育者はその意味で苦境に立たされることになってしまう。しかし，実際はそうはなっていない。たとえ初めて出会った子どもたちであろうとも，子どもと「共鳴」できる保育者はたくさんいるのだから。

4.「発達」と「生成」

　保育において，「発達」は欠くことのできないキー概念である一方で，今やもっともわかりにくい概念となってしまった。

　心理学的にいえば，「発達」は，人間が生まれて，成長し，老いて死ぬまでの身体的・生理的・精神的変化である。こうした発達は，節目に分けて捉えられる。もっとも簡単なのが「子ども／大人」の区分，少し複雑にすれば「新生児期／乳児期／幼児期／児童期／思春期／青年期／中年期／壮年期／老年期」となる。認知的な側面に注目すれば，「感覚運動期／前操作期／具

体的操作期／形式的操作期」のピアジェ (*Jean Piaget* 1896-1980) などの発達の区分が有名である。どのように発達の区分を捉えるかは，人によってまちまちであるが，心理学的に「発達」を捉える際に重要な点は，a発達には一定の順序がある，b発達には個体差があるという2点である（山内宏太朗編『人間の発達を考える1：胎児から青年まで』北樹出版，1997など）。aについては，ハイハイができるようになってから二足歩行ができる，1桁の計算ができるようになってから2桁の計算ができるということであり，bは幼児語をしゃべり始める時期が1歳の子どももいれば，2歳の子どももいるということである。

　こうした心理学的な説明はとてもわかりやすいにもかかわらず，前章でみたように保育学ではaを否定するキャンペーンをはっている。つまり「〜ができる」「〜がすぐれている」といった個別の能力に基づく発達観や，発達を一定の順序に基づく発達段階や年齢区分による発達観を問題視し，「状況的・可変的な発達観」あるいは「全人格的発達観」に立つべきだとしているのである。またその発達観が『幼稚園教育要領』『保育所保育指針』に反映されているとする（森上史朗「最近における発達観の変化と保育-幼稚園教育要領・保育所保育指針との関連を中心に-」『発達』86　ミネルヴァ書房，2001，pp. 2-8）。

　「発達」をますますわかりにくくさせたのは，こうした最近の保育学の言説が一つの要因である。「発達には一定の順序がある」という命題には，個別の反証例はあるだろうが，それを述べることが封じられることはあってはならない。近代社会が学校制度を維持する限り無視することはできないはずである。「〜ができる」という能力に注目せずに，発達の順序性や段階を考慮せずに，どういった保育計画や子どもの評価の語りが可能となるというのだろう。保育者は，様々なアプローチを駆使しながら，箸が上手に持てない子どもには持てるように，語彙が少ない子どもには語彙を増やせるように，人前で話せない子どもには人前で話せるようにしようとし，3歳児には3歳児に適した，5歳児には5歳児に適した保育アプローチを想定しないはずは

ない。保育学の近年の「状況的・可変的な発達観」は，子どもの見方を長期間の時間軸でできるだけ多くの事象からみていくことを啓発するものとしては一定の効果を果たしているが，逆にそれによって保育現場の語りの広がりはなくなり，保育のアクチュアリティを切り取るための語りをできなくさせている。

　ここで提案したいのは，保育学の「発達」という概念を，先の心理学のabの語りに戻すということである。bの個別性に配慮しつつ，aの「～ができる」「○歳であれば，一般にこうした精神的傾向がある」という語りを再開することである。それを通じて，何が子どもにとってふさわしい保育内容なのか，何がこの集団保育の目的なのか，というきわめて実践的な語りが可能となる。保育学が推奨する「状況的・可変的」な語りでは，保育現場における保育者同士の相互批判もできなければ，お互いに保育のあり方を検討することも，子どもを具体的に評価し合うこともしにくい。「発達」という概念の意味を，保育学的な言説によって解体し拡散させるのではなく，具体的な次元での語りを保障するための概念につなぎとめておくことが重要である。

　そして，このように「発達」の概念を明確にした上で，「生成」の概念を新たに導入することを勧めたい。矢野は，「発達」の論理に根拠をおいた「発達としての教育」と，そこに含まれない「生成としての教育」について述べている（矢野智司『自己変容という物語-生成・贈与・教育-』金子書房，2000）。「発達としての教育」は，現代の学校教育の立場で，目指すべき段階やこうあってほしいという目的があり，そこに向けたカリキュラムをつくり上げることが可能である。そこでは，人間のいわば「動物性」の否定（最初の否定）を通じて，その社会の「有用性」の獲得が目指されている。対して，「生成としての教育」は，非段階，非目的で，人間はただ変容するのみである。ここで，人は日常社会の「有用性」を否定（否定の否定）し脱人間化を体験する。*

　たとえば，星空を見上げて，星の中に吸い込まれるような体験をしたこと

がないだろうか。星空を見ている観察者と見られている星空という主客の関係を超えて，それらの区分が溶けて一つになるような感覚。はじめてきれいな星空を見上げたときには，誰もが感じたような体験，それが「溶解体験」といわれるものであり，「生成」の瞬間である。そのとき，おそらく私たちは言葉を失うか，「わ～～～っ！」という声にならない声を出すだけである。こうした「溶解体験」が子どもの中で発生するために，カリキュラム化することは不可能である。やってはみるが賭けでしかない。しかも，1か月前の星空の下での「溶解体験」を，今再現できるわけではない。その意味で，「生成」とは「一回的」である。

　他方で，段階と目的を重視する「発達」の視点に立てば，星空を天文学者のように眺めることが必要であり，「あれはアルタイルで，こっちがデネブとベガ。これが夏の大三角形か」という認識を獲得させるプロセスということになる。これは十分にカリキュラム化可能であり，一度行ったことを復習と称して何度も再現することも可能である。

　このように，「生成」は，人間の「恍惚性」「内奥性」「野生性」「非合理主義」の体験である。これによって，私たちが通常の合理的な知の世界（言葉

＊　ここで，「経験」と「体験」についても触れておきたい。「子どもに～を経験させる」「必要な体験を得られるようにする」など，保育や教育の現場でよく使われるこの「経験」と「体験」。この両者はほとんど区別なく使われる。日本語で「経験」は，「経験を重ねる」「経験者歓迎」というように，積み重ねることが可能な知として捉えられる。それらは，直観的な知だけでなく，言語的，数理的な知も含んでいる。だから保育や教育の世界で頻繁に用いられる「経験」は，「数を経験する」「文字を経験する」といったなんでもありの言い方をすることもある。「経験」はまた，「このクラスの子どもたちにとっていい経験になりました」というように事後に反省できる対象にもなる。

　他方，日本語で「体験」は「初体験」「戦争体験」「臨死体験」というように，身をもって知る「一回限り」の直観的な知として捉えられる。ドイツの哲学者ディルタイ（Dilthey, Wiihelm 1833-1911）は，「体験」（Erlbnis）を直観的，思惟性，統一的（全体的），体験する当人の存在との不可分性，更新性の5つで捉えている（田中智志『臨床哲学がわかる事典』日本実業出版社，2005）。矢野の議論に関係づけつつ，保育における「経験」「体験」の言語使用を考えるならば，「発達としての教育」では「経験」，「生成としての教育」では「体験」という言葉を使用するという方策もある。

の意味）を揺さぶり，社会的な自己を変容させる。矢野は，教育というものを「発達」だけでなく，この「生成」という視点から重層的に捉えようとする。彼は「生成」の考えに立った「非知の体験」、「この体験こそが，逆説的なことに道徳的生活の源泉である」と述べる。

　保育の場所で過ごす子どもの世界において，「発達」で語れることよりも「生成」で語れることの方が多い。子どもが夢中になって絵本にのめり込むとき，ひたすら泥ダンゴをつくり続けているとき，ただひたすら水遊びに興じているとき，保育者はその場面を発達の言葉で語ることは難しい。しかし，確かに子どもに何らかの変化が起きていることを感じる。実は，こうした子どもの世界はまさに「生成」の瞬間であり，「生成」の語りで説明すべきである。もし「泥遊びしているあの子どもは何を学んでいるのか？」という問いが来たならば，「彼は今，生成している最中です」と答えるのが，もっとも手っ取り早い的を射た回答である。

〈さらに学ぶために〉
鷲田清一『じぶん・この不思議な存在』（講談社，2005）
　　　　レインの他者論をとてもわかりやすく解説してくれている。とても読みやすい。ちなみに私の教育哲学の授業でもとりあげる一冊である。臨床哲学の入門編としても最適だが，男女関係に悩んでいる人にもお勧め。

矢野智司『自己変容という物語―生成・贈与・教育―』（金子書房，2000）
　　　　絵本分析という独自の研究スタイルから「生成としての教育」の全体像を明らかにした本。「生成としての教育」を自分の語りにするためには，「純粋贈与」「イノセンス」「供犠」「生の技法」といったサブ概念をマスターしておこう！

第3章

保育行為の臨床哲学
ユウマくんの「いま・ここ」

　保育所実習や幼稚園教育実習を経験した学生なら，すでにご承知のことと思うが，保育の世界では，「援助」という言葉を使わなければならない。保育指導案では，「指導する」のではなく，「援助する」「配慮する」「子どもの目線に立つ」といった言葉で保育行為を表現しなければならないのである。そこでは，大人の価値観を子どもに押しつけるのではなく，子ども自らが価値観を獲得していくということが念頭におかれている。

　保育行為を「援助」として語ることは，それはそれで一定の言説効果を生みだしているが，実際の保育行為は，「援助」という一言で表現され得るほど単純なものではなく，むしろダイナミックで動的なものである。ここでは，ユウマくんのエピソードから，保育行為の瞬間を切り取ってみたい。

§1　ユウマくんのエピソード

　複数の男の子とヒーローごっこをしていた年中児のユウマくん。教室を走りまわっていたが，勢いあまって柱におでこをぶつけてしまった。今にも泣き出しそうなユウマくんに対して，以下の1～6の中で，あなたならどのか

かわりを選ぶだろうか。

① どうしても他に手が離せないことがあるので，しばらくそのままにしておく（ユウマくんは「痛いよ～」と大声で泣く）。
② 「ユウマくん，先生は教室で走りまわってはダメっていったよね」と優しく言う（ユウマくんは真剣に聞いていたが，その後ワ～っと泣き出す）。
③ 「ユウマくん，痛かったね」と言って，おでこをさすりながら抱きしめる（ユウマくんは泣き出すが，落ち着くまで膝の上で抱えつづける）。
④ 「腫れてるね。職員室にいって氷をもらってきましょ」と言って，職員室に向かう（ユウマくんは泣きながら保育者の後をついていく）。
⑤ 「ユウマくんは，ぶつかっても泣きませんよ。つよいですよ。みなさんみててください」と，ユウマくんに聞こえるように保育室の友だちに語りかける（ユウマくんは泣き出しそうだったところをぐっとこらえて，ニッと笑い，おでこに手をあてながら走り出す）。
⑥ 他の子どもたちがユウマくんをどのように助けるかしばらくみている（仲良しのリクシくんとナツキちゃんが「大丈夫？」と駆け寄る。ユウマくんは「へっちゃら！」といって走り出す）。

ユウマくんのおでこぶつけ事件は，保育現場ではよくある日常的なトラブルである。この６つの行為についてゼミの学生に尋ねてみた。保育者としてどれが一番いいユウマくんへのかかわりか，どれが一番いけないかかわりか。するとほとんどの学生が，優れた保育者のかかわりは③であり，少数だが⑥もいい保育者の援助であるという。逆に，①，②は，援助とよべない，保育者が行ってはいけないかかわり方であるとほとんどの学生が回答する。なぜ，そう思うのかとその理由を尋ねると，「保育者は，受容的で共感的でなければならないから」と，これまたほとんどの学生が答える。私は「なるほど。そうだよね」とひとまず（共感的に）答える。

次に，どのケースが，保育者とユウマくんとの関係が上手くいっていて，どのケースがあやうい関係であるか質問をしてみた。この質問に対しても，

③がいい関係であり，①，②が危うい関係であるという。

　ところが，おもしろいことに，現場の保育者の反応は違った。この6つのかかわりについて，現場の保育者に尋ねてみたところ，最初は，学生と同じように③がよくて①，②がよくないかかわりであると答えた。しかし，どれが保育者とユウマくんとの関係が上手くいっていると思うかという質問をしたとき，その保育者は考え込んだ。しばらくして，出した答えは，④である。理由を尋ねると，一番信頼関係ができている気がすると述べた。さらに，保育者の能力として高いのは，⑤のような気もすると言いだした。

　彼女はさらに，以下のようなかかわり方もあることを教えてくれた。

⑦　今にも泣き出しそうなユウマくんのところに駆け寄り，柱に対して「ユウマくんにぶつかったのは，この柱ね。ばか，ばか，どうしてユウマくんにぶつかるの！」と言いながら，柱を叩く（ユウマくんは笑う）。

⑧　今にも泣き出しそうなユウマくんのところに駆け寄り，柱に対して，「ユウちゃんも痛かったけど，柱さんも痛かったね」と言って，ユウマくんと柱の両方にバンソウコウを貼ってなでる（ユウマくんは笑う）。

⑨　ユウマくんの大好きなリクシくんに，「行ってあげて」と頼む（リクシくんが駆け寄って「ユウマ，大丈夫？」と声をかける。ユウマくんは「へっちゃら！」と言って，リクシくんと手をつないで走り出す）。

⑩　ユウマくんに「泣いていいよ。大きい声で泣いて」という（ユウマくんは泣かない）。

§2　私と他者の「あいだ」を読み解く

1.「あいだ」を読み解くための基礎概念

　最初にとりあげた6つのかかわり，それにプラスして付け加えられた4つのかかわり。どれが正解なのか。答えはいずれも正解であり得るということである。つまり，通常「保育者のかかわり」と一言で片付けられる保育行為には，ユウマくんがおでこをぶつけてからのほんの20秒くらいの時間をとっただけでも，様々なアプローチの仕方とその展開可能性があるのである。

　この意味で，保育というのは，子どもと子どもの「あいだ」，保育者と子どもの「あいだ」に起こるひとつの化学反応みたいなものであり，そこにいる構成員の瞬間瞬間の「いま・ここ」に呼応した共同制作活動のようなものなのである。

　この「あいだ」こそが，保育のアクチュアリティであり，それを言語化したり，可視化したりすることは確かに難しい。だが，あえてここでは，ユウマくんのおでこぶつけエピソードを臨床哲学的に図式化してみたいと思う。第3部第2章で取り上げた，保育を語る基礎概念の「ここ」「あそこ」，「共鳴」，「私」「他者」をもとに，ユウマくんが柱におでこをぶつけてからほんの20秒程度の間になされる様々なかかわりを，いかにして説明できるだろうか。

「私」「他者」	「私」は常に「他者」によって意味づけられる。といっても「私」と「他者」との関係は様々である。お互いに意味ある他者として承認し合いお互いに生きる意味を見いだすことのできる肯定的な関係，一方的に他者から私を定義づけられる否定的な関係，だれも自分を意味づけてくれない他者不在の関係など。いずれにせよ，私の存在は他者なくしては語れない。

「ここ」 「あそこ」	ここでいう「ここ」は物理的に近い場所を指すのではなく、瞬間瞬間に自分が思い入れをする場所、私の歴史が生成される場所である。「ここ」の場所にいる他者は、私にとって意味ある他者となりやすく、代替不可能な存在として現れてくる。対して、「あそこ」は「ここ」以外の場所である。「ここ」と「あそこ」は、1日の流れの中でドラスティックに変化する。
「共感」 「共鳴」	他者の思いや願いに対して、感情を一つにすることが「共感」であり、保育の世界では重視されてきた。しかし、一対一の場面を除きそうした感情移入は難しい。「あいだ」を考えるなら、互いの同意や受容がなくても互いが響き合う関係こそ、保育の場面でみられる関係であり、それをここでは「共鳴」と呼ぶ。

2. ユウマくんの「いま・ここ」と10のかかわり

① 現れず

> どうしても他に手が離せないことがあるので、しばらくそのままにしておく（ユウマくんは「痛いよ～」と大声で泣く）。

これは、ユウマくんの「ここ」に他者がだれも来ない、「現れず」の図式である（図表3-3-1）。ヒーロー遊びの中で、勢いあまって頭をぶつけたユウマくん。彼は突然のアクシデントに、ヒーローとしての位置づけが消滅し、どこにも位置

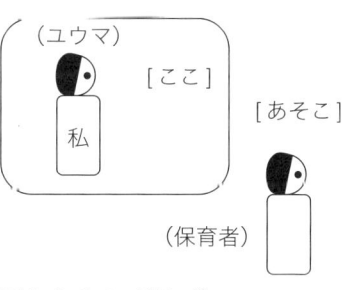

図表3-3-1 現れず

私を意味づける他者が現れない。「ここ」で私はだれにも位置づけられないままである。

づけられない，宙吊りの状態にある。「ここ」で私（ユウマ）は，自分を位置づけてくれる他者を待っているが，だれも来ない。保育者は「あそこ」にいて，ユウマくんの「ここ」に参入しようとしない。ユウマくんは，「ここ」にだれか他者を引き寄せようと大声で泣く。保育者はなにもしていないように見えるが，そのせいでユウマくんは他者を求めて大声で泣くというアピールを自ら行っている。

② 届く

> 「ユウマくん，先生は教室で走りまわってはダメっていったよね」と優しく言う（ユウマくんは真剣に聞いていたが，その後ワ～っと泣きだす）。

これは，保育者が私（ユウマ）の「ここ」の世界を共有し，共鳴しながらメッセージを伝えるという「届く」図式である（図表3-3-2a）。これ以降，ユウマくんが保育室を走りまわらなくなったかどうかは別としても，「保育室で走りまわってはダメっていったよね」という言葉がこれ以外のタイミングはないというくらいユウマくんの心に染みる瞬間である。

しかし，いつでもこのようにメッセージが届くわけではない。ユウマくんが保育者と「ここ」を共有していないとき，保育者を代替可能な「あの人」としてみなしているときには，メッセージはただ押し付けられるものとなる（図表3-3-2b）。同じメッセージが，「ここ」で発せられるか，「あそこ」で発せ

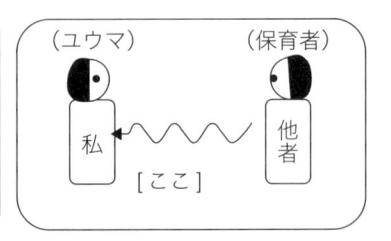

図表3-3-2a　届く
私と他者がここにいながら，他者からメッセージが示される。

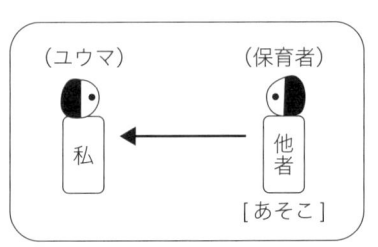

図表3-3-2b　押し付けられる
他者があそこから，私にメッセージを示す。

られるかによって，伝わり方は全く異なる。

③ 向き合ってつながる

> 「ユウマくん，痛かったね」と言って，おでこをさすりながら抱きしめる（ユウマくんは泣きだすが，落ち着くまで膝の上で抱えつづける）。

これは，保育者とユウマくんが「ここ」を共有し，共鳴する「向き合ってつながる」図式である（図表3-3-3a）。痛い目にあった私（ユウマ）は，他者（保育者）によって痛い目にあったものとしての位置づけを与えてもらっている。これは，保育の世界で最もポピュラーな「受容的なかかわり」と呼ばれるところのものである。この場合，たとえ「ユウマくん，痛かったね」という言葉がなくても，保育者が傍に来て，痛そうな顔をして抱きしめるだけで，十分に共鳴関係を築くことができるだろう。

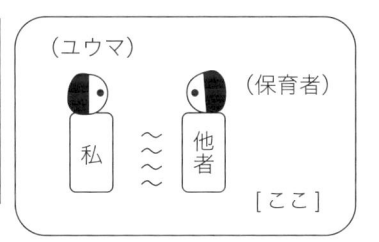

図表 3-3-3a　向き合ってつながる
私と他者との間で共鳴する。

しかし「援助」「受容的なかかわり」という言葉で端的に表されるこの図式も，ときに「偽装的な向き合い」にすりかわってしまう（図表3-3-3b）。「痛かったよね。痛かったよね。かわいそうに。先生わかるよ」というように，過剰な受容がなされると，ユウマくんは保育者にとっての「他者の他者」で

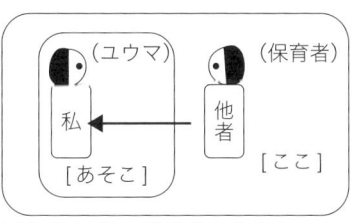

図表 3-3-3b　偽装的な向き合い
私と他者がここにいるが，私は「他者の他者」ではない。

はないことに違和感を覚える。「そんなに僕ってかわいそうなの」「本当はがまんできるのに」とユウマくんが感じるならば，ユウマくんは自分が保育者にとって「あそこ」にいるように感じるだろう。「君のことはなんでもわかっている」という言葉が逆に，私を「他者の他者」でなくならせてしまうこ

ともある。

④ 背中でつながる

> 「腫れてるね。職員室にいって氷をもらってきましょ」といって，職員室に向かう（ユウマくんは泣きながら保育者の後をついていく）。

これは，「③向き合ってつながる」の別バージョンであり，対面してなされる直接的な会話がなくても，共鳴し合う「背中でつながる」図式である（図表3-3-4）。ここで重要なのは，私（ユウマ）は泣きながら後をついていっている間に，他者（保育者）と「ここ」を共有していることである。もし，私（ユウマ）が保育者に「あなたのことはもうしらない」と否定されたように感じているのであれば，職員室に向かっている間は「あそこ」であり，「背中によってはねつけられる」ような図式となってしまう。しかし，この事例にはどこかしら保育者の温かさが感じられる。言語に頼ることなく「背中でつながる」ことができるのも，互いの信頼関係があってこそであり，この事例にはそうしたふたりの関係が窺われるのである。

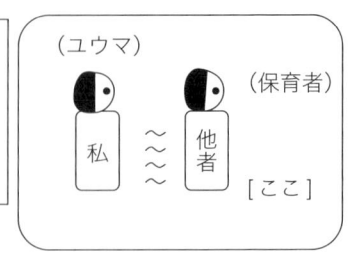

図表3-3-4　背中でつながる
対面して直接話をしなくても，私と他者が共鳴する。

⑤ 差し込まれる

> 「ユウマくんは，ぶつかっても泣きませんよ。つよいですよ。みなさんみててください」と，ユウマくんに聞こえるように保育室の友だちに語りかける（ユウマくんは泣きだしそうだったところをぐっとこらえて，ニッと笑い，おでこに手をあてながら走りだす）。

これは，保育者の発言をきっかけとして，「あそこ」にいた保育室の友だちが「他者」として「差し込まれる」図式である（図表3-3-5）。「みなさんみてください」と言ったこの瞬間，教室全体が「ここ」になり，ユウマくんにとっての重要な「他者」は友だち

第3章 保育行為の臨床哲学　185

ということになる。「他者」としての友だちのまなざしによって，私（ユウマ）は，「泣いてはいけない。泣くような自分ではない」と自らを位置づけようとする。別の意味ある他者が差し込まれることによって，保育者とユウマくんの二者関係から，まわりの子どもを取り込んだ包括的な関係へ変わったのである。

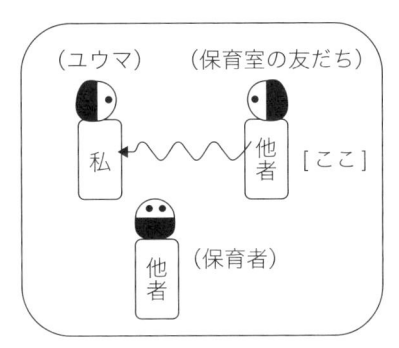

図表3-3-5　差し込まれる

ここに，他者とは別の他者（クラスの友だち）も引き寄せられ，別の他者が私にとって意味ある他者となっていく。

⑥　待つ

他の子どもたちがユウマくんをどのように助けるかしばらくみている（仲良しのリクシくんとナツキちゃんが「大丈夫？」と駆け寄る。ユウマくんは「へっちゃら！」と言って走りだす）。

これは，自らを意味づける「他者」を私（ユウマ）が「待つ」図式である（図表3-3-6）。ここでは保育者が意図的に「あそこ」からユウマを眺め，まわりの友だちがどのようにユウマくんの「こ

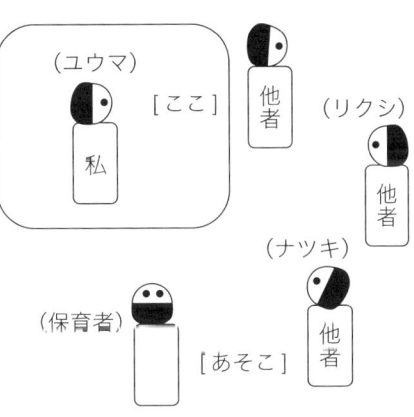

図表3-3-6　待つ

私を意味づける他者を待つ。他者とは別の他者（クラスの友だち）も引き寄せられ，別の他者が意味ある他者となっていく。

こ」に参入し，彼を位置づけるかを見ている。一見すると①「現れず」にも似ているが，保育者は決して無視しているのでも，ほったらかしにしているのでもない点が大きな違いである。保育者にとっては，まわりの子どもが「他者」としてユウマくんの「ここ」に立ち現れるという見通しがあり，もし他の子どもが「他者」として現れない場合，自らが「他者」としてユウマくんの「ここ」に入り込む用意もある。私（ユウマ）がどのように他者（まわりの子ども）によって位置づけられるのかをいわば観察し，その関係の場面を大切にする図式といえるだろう。

⑦ 並んであそこを見る

| 今にも泣き出しそうなユウマくんのところに駆け寄り，柱に対して「ユウマくんにぶつかったのは，この柱ね。ばか，ばか，どうしてユウマくんにぶつかるの！」と言いながら，柱を叩く（ユウマくんは笑う）。|

これは，ユウマくんと保育者が「ここ」で共鳴しつつ，「あそこ」にある「事象」（もの，こと）との結びつきによって，自らを位置づける「並んであそこを見る」図式である（図表3-3-7）。この事例では，「あそこ」にある「柱」の存在（もの），あるいはその擬人的な行為（こと）に対して，否定的な関係をつくりだしている。こうした共鳴し合う「ここ」という場所をベースとしながら，共通の「あそこ」を見るという関係は，やまだようこが「並ぶ関係」として名づけた関係性に等しい（やまだようこ『ことばの前のことば：ことばが生まれるみちすじ1』新曜社，1987）。

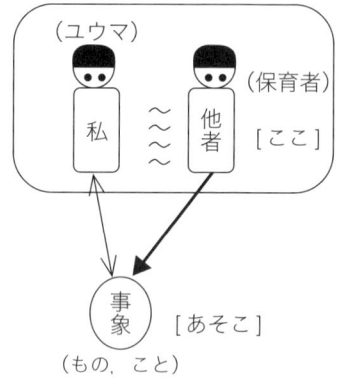

図表3-3-7 並んであそこを見る

私と他者は共通の「もの」を見ながら共鳴しつつ，私を泣かせた柱（もの）と結びつき（否定的）をもつ。

おんぶをしても夜泣きが止まない赤ちゃんに「○○ちゃん，あそこ！　外で何か動いたよ！」といって，外を一緒にのぞきこみながら，見事に赤ちゃんを泣き止ますおばあちゃんを見たことはないだろうか。まさに日本の伝統的なこの子育てのテクニックは，「並んであそこを見る」図式でもある。

⑧　並んでここを見る

> 今にも泣き出しそうなユウマくんのところに駆け寄り，柱に対して，「ユウちゃんも痛かったけど，柱さんも痛かったね」と言って，ユウマくんと柱の両方にバンソウコウを貼ってなでる（ユウマくんは笑う）。

これは，⑦「並んであそこを見る」と親戚関係にあるもので，私と他者が共鳴しつつ，「事象」（もの，こと）を「ここ」に引き込み，それとの結びつきをもつ。「並んでここを見る」図式である（図表3-3-8）。「柱」は対象であるが，肯定的な結びつきをもつことで，擬他者化された仲間として機能している。同じ対象でも「ここ」にあるか「あそこ」にあるかは，その対象との近さによる。ここでは，「柱」が傷ついたものとして設定され，ケアの対象となるため，「ここ」を共有しているといえる。並んでここ・あそこを見る⑦⑧の図式は，共鳴しながらも，甘える私（ユウマ）とそれを満たす他者（保育者）という既存の予定された文脈を，別の文脈に置き換えていく，高度なかかわりでもある。

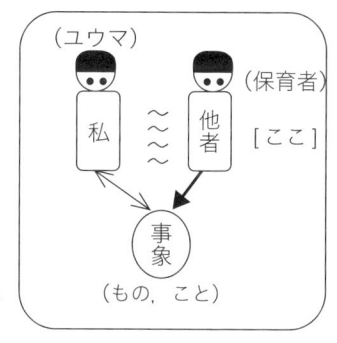

図表3-3-8　並んでここを見る

私と他者と共鳴しつつ，「もの・こと」も加えた三者が「ここ」を共有している。共通の「もの・こと」と結びつき（肯定的）をもつ。

⑨ 入れかわる

> ユウマくんの大好きなリクシくんに,「行ってあげて」と頼む（リクシくんが駆け寄って「ユウマ,大丈夫?」と声をかける。ユウマくんは「へっちゃら!」と言って,リクシくんと手をつないで走りだす）。

これは，保育者が他者としてユウマくんの「ここ」を共時するのではなく，リクシくんが意味ある他者として役割を果たす「入れかわる」図式である（図表3-3-9）。保育者はユウマくんにとって，どのような他者とつるのかを知っていたうえで，リクシくんとの関係の方が事態がスムーズにおさまることを知っていたのかもしれないし，ちょうど他に泣いている子がいて，ユウマくんのところに駆けつけられなかったのかもしれない。⑥の「待つ」の展開として，この⑨「入れかわる」という保育者のかかわりもあり得る。

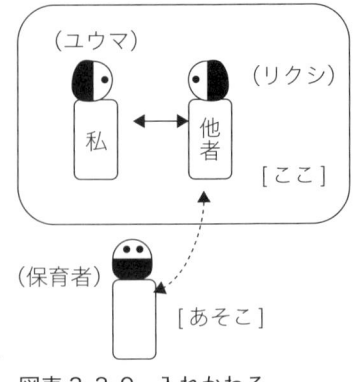

図表 3-3-9　入れかわる
他者（保育者）が別の他者（リクシ）と入れかわり，私と他者（リクシ）との関係を結ぶ。

⑩ ゆさぶられる

> ユウマくんに「泣いていいよ。大きい声で泣いて」と言う（ユウマくんは泣かない）。

これは，予期しない他者の行動により，既存の関係が反故にされ，新たに私が位置づけられる「ゆさぶられる」図式である（図表3-3-10）。ユ

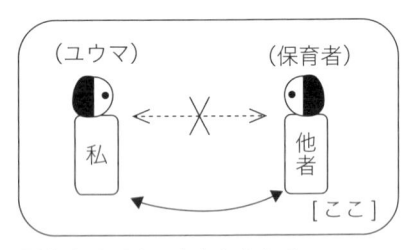

図表 3-3-10　ゆさぶられる
予期しない他者の行為により，既存の関係が宙吊りにされ，新たなる私が位置づけられる。

ウマくんには，自分を慰めてくれる，あるいは，やさしく叱る他者としての保育者への期待があったはずである。しかし保育者は，ユウマくんが他者としての自分に想定している役割を止め，「大きい声で泣いて」という想定外のかかわりによって，既存の関係をゆさぶる。この逆説的ともいえる保育者の発言によって「ゆさぶられる」ことで，ユウマくんは思わず泣くのを止めて笑いだす。この際に重要な点は，この二人が「ここ」を共時していることである。一見すると同じにみえても，「あそこ」の保育者が身勝手な発言を自分に押し付けるのと，「ここ」にいて「ゆさぶる」のとは大きな違いがある。前者は，図表3-3-2bのような押し付けられる図式，あるいは否定や抑圧される関係にほかならない。

§3　社会文脈実践としての保育行為

　柱におでこをぶつけたユウマくんへの10のかかわり。私（ユウマ）と他者（保育者あるいは他の子ども），「ここ」「あそこ」の生成，共鳴の有無といった基礎概念をもとに，それらの図式化を試みてきた。これまで「援助」といった一言で表現されてきたに過ぎない行為にも，実は様々なバリエーションと展開可能性があることがわかった。ほぼすべての学生が一心に支持する図表3-3-3aのいわゆる「受容的なかかわり」以外にも，これほど多くのかかわりが存在し得るのであり，それらを強引にでも図式化し語ってみることで，初めてそれらは学生たちの目にも「見えてくる」のである。
　とはいえ，本章で試みてきたユウマくんの「いま・ここ」の図式化によってでも，保育の生きた現実であるアクチュアリティのうち，ほんのごく一部が明らかにされたのにすぎない。しかもどのように構成されているかを図式化できたとしても，瞬間瞬間様々なかかわりの中で保育者がなぜそうしたかかわりをしたのか，明らかにするのはとても難しい。まして，いくつかのか

かわりの中で，どれが正しいのかを明快に語ることは不可能である。
　保育という営みをダイナミックなまま捉えようとすればするほど，「なぜ」「どれ」に答えることが難しくなっていくというジレンマにぶつかっていく。それらは，まさに「アクチュアリティ」であり，保育者はまさに感覚的に瞬間的に「おもわず」そうしているにすぎないのだから。「なぜ」「どれ」は実践後に事後的に説明されるにすぎないのである。しかし，重要なことは，「保育は〜こうあるべし」「子どもが〜なときは，こうすれば上手くいく」という経験知の語りに対抗して，「いま・ここ」で展開される子どもへのかかわりが「どのように」あるのかを語る言葉を得ていくこと，そしてそれを実際に使って同僚たちと語ることである。「私」「他者」「あそこ」「ここ」「共鳴」という言葉が，意味あるものになっていくかどうかは，自分の保育の実践を切り取るための言葉として，皆さんにそれらを実際に使ってもらえるかどうかにかかっている。いかに捉えにくくとも，保育という営みを「新しい語り」で捉えようとするとき，「どれ」「なぜ」という価値的な語りをたえず見直す円環的な運動が開始されるだろう。
　それにしても，なぜ，保育行為にはこのように様々なバリエーションがあり得るのだろうか。少なくとも，ユウマが成長し小学生や中学生になって柱におでこをぶつけたとしても，そこにいた教師のかかわりにこのようなバリエーションはない。せいぜい「大丈夫？」か「自分で保健室いける？」程度のかかわりである。
　実はなぜ保育行為にこのような様々なバリエーションがあるのかというこの問いこそが，保育者の専門性を考えていく上での重要な視点である。保育者は子どもたちの「あいだ」で，今ある文脈を別の様々な文脈に置き換えたり（文脈置換，たとえば図表3-3-7，図表3-3-8），子どもとつながる言葉を繰りだしながら文脈をわかりやすくしたり（文脈促進）しながら，子どもたち自らが育っていこうとする力を期待する職業なのである。詳しくは次章で述べるが，その意味で保育という営みは，高度な社会文脈実践であるし，保育者は社会文脈実践家としての専門性を有している。

〈さらに学ぶために〉
やまだようこ「身体とことば」泰野悦子・やまだようこ編『コミュニケーションという謎』(ミネルヴァ書房, 1998)

> この章での図式にあたっては，前掲書『ことばの前のことば』とともにこの本のモデルに大きなヒントを得ている。見えない「身振り」から人と人の「あいだ」を読み解こうとする一連の研究は，保育学でももっと評価されていいと思う。

第4章

保育ジャーゴンの研究
社会文脈実践家としての保育者

　保育者の専門性ってなんだろう？　カウンセリングマインドをもつこと？　保育の専門用語を覚えていること？　たくさんの子どもを喜ばせるいろんな折り紙ができること？　どんな言葉を用いようとも，保育者の専門性の一部しか言い当てることができない。

　ここでは，日本の保育者が保育現場で使用する「ジャーゴン」に着目しながら，子どもたちと織りなす現実に生きる保育者の専門性について考えてみたい。

§1　ジャーゴンとは

　ジャーゴンとは，特定の職業集団の間だけで通用する特殊な職業言語である。一般にどの職業集団でもジャーゴンは使われている。それらは大きく三つの機能がある。

　一つ目は，仲間以外の人たちに秘密が漏れないようにする「隠語」としての機能である。美容室やスーパーで「お弁当食べに行きます」「トイレに行きます」とお客さんの前でいうのを避けるために，「5番入ります」「10番入

第4章　保育ジャーゴンの研究　*193*

ります」というジャーゴンが使われているのを誰でも一度は聞いたことがあるだろう。

　警察には秘密捜査を遂行するために多くのジャーゴンがある。「これは199（いちきゅうきゅう）だな」といえば「殺人事件」（刑法第199条「殺人罪」から）を意味する。さらにこんなのもある。事件の捜査を行う警察官の間では，初めから被疑者がわかっていることを「牛の爪」，被疑者がわからないことを「馬の爪」という。牛の爪の先が割れていて，馬の爪の先は割れていないという特徴から，被疑者がわかっている（割れている）か，わかっていない（割れていない）かが使われるようになった（ジャーゴン・アカデミー『業界用語のウラ知識』新潮社，2003）。

刑事A　「それで怪しい人物は？」
刑事B　「被害者の元同僚が，事件のあった日から無断欠勤を続けています。会社から連絡を受けた母親がアパートに行ってみたところ，『ごめんなさい』と走り書きされたメモがあったそうです」
刑事A　「それは**牛の爪**だな！」

　ジャーゴンの二つ目の機能は，長くて複雑な専門用語を短縮して伝えやすくする「略語」としての役割である。いうなれば，「地上波デジタル放送」のことを「地デジ」というようなものである。医療現場では，ドイツ語や英語の病名を短く表現する場面に出くわす。

医者A　「昨晩，救急で運ばれてきた患者さんは？」
医者B　「**アポってステったよ**……」

　「アポ」というのは，英語・ドイツ語の「脳卒中（アポプレキシー）」（英apoplexy；独Apoplexie），「ステる」というのはドイツ語の「死亡する（ステルベン）」（sterben）を短縮したものである。医療現場では，古くはドイツ医学，現代ではアメリカ医学を取り入れている関係上，こうした略語が多い。上の例の「アポってステった」というのは「脳卒中で死亡した」という意味

となり，「ヘモる」といえば「出血する（ヘモレージ）」（英hemorrhage）の略語である。いうまでもなくこうした略語としての機能は単独であるわけではなく，もしも患者さんに聞かれても精神的な打撃を与えないようにという，一つ目の隠語としての機能もあわせもっている。

　ジャーゴンの三つ目の機能として，「仲間意識」を向上させる効果がある。ジャーゴンを理解し使用することによってその職業集団の仲間としての繋がりを確認するのである。実は，「現場を知る」「現場にとけ込む」「現場に慣れる」ということと，ジャーゴンを会得するということは繋がっている。ジャーゴンは，警察現場，医療現場，教育現場ごとに全国共通ではなく，地域によって多少の違いがあるし，もっといえば地域内のそれぞれの現場ごとに独自の表現をもつ。就職先の現場においてその使用方法を学び，その現場独自のジャーゴンを実際に使えるようになることで，仲間の一員になれたという感覚を強くもつようになるのである。それはその現場の文化を理解することでもある。

§2　二つの保育ジャーゴン

　これまで保育学において言語の問題は，たとえば「幼稚園幼児指導要録」「保育所保育士配置基準」などの専門用語を覚えているかどうかが重要であった。それはそれで保育者としての専門知識として必要であり，たとえば定期試験や公務員試験や保育士資格試験の試験問題の場面ではそうした知識が求められる。しかし，日常の保育においては，それらはあくまで二次的な重要性しかもたない。むしろ保育者にとって重要な言語問題は，保育現場における子どもや同僚や保護者とのコミュニケーションの問題である。

　そのコミュニケーションの問題を，保育実践集団の間だけで通用する特殊な職業言語としての保育ジャーゴンという視点からみたとき，どのような保

育の特徴が現れてくるのだろうか。

　先に，ジャーゴンの機能を，隠語，略語，仲間意識の三つの側面からみてきた。確かに保育実践集団においても警察ジャーゴンのように隠語を使う場面はある。「この子は乱暴すぎて他の子どもに迷惑をかけて困る」とか「この母親は口やかましく子どもに指示しすぎだ」などと直接いえない場面などに使用される。Y県のある幼稚園での調査では，それらを「この子は元気すぎる」や「あのお母さんはしゃべりすぎる」という隠語で，保育者同士が会話しているのを観察できた。

　しかし，保育実践集団の言語全体からみて，こうした隠語としてのジャーゴンは，同僚との会話，保護者との会話の中でごくわずかに確認できるのみである。また，特筆するような略語としての言葉もほとんどみあたらない。

　むしろ，観察の結果からわかったことは，保育ジャーゴンを性格づけるのは，隠語，略語，仲間意識の三つの機能で語られるものとは，大きく異なった二つの言語形式であるという点である。一つ目は，保育者が子どもに対して，保育実践の中で使用する「保育実践ジャーゴン」であり，もう一つは実習生指導や公開保育の反省会などで使用する「保育指導案ジャーゴン」である（図表3-4-1）。

　「保育実践ジャーゴン」は，子どもとコミュニケーションを成立させる鍵

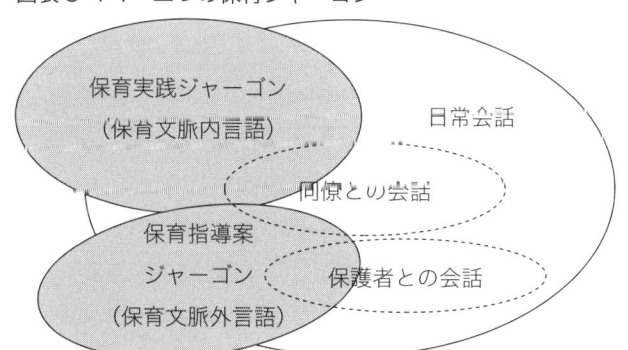

図表3-4-1　二つの保育ジャーゴン

となる保育者の発話である。保育実践場面において，保育者が子どもに対して「自分のハサミを自分のロッカーの道具箱にきれいに片付けてください」と言っても，子どもは保育者の言葉に共振できない。当たり前の大人の日常会話が通じないのである。保育現場に入ったばかりの実習生が陥るパターンである。ベテランの保育者たちならば，その場の文脈にあわせて様々なジャーゴンを自在に使用する。ある保育所の片付けの場面において，保育者は「ハサミを**お部屋に戻しましょう**」という言葉を発した。すると，子どもたちは，自らハサミを道具箱に戻し始める。詳しくは次節で述べるが，保育実践場面ではこのような「保育実践ジャーゴン」がたくさんある。それは，それぞれの幼稚園，保育所の「いま・ここ」の文脈に根ざしているという意味からは，保育文脈内言語とも呼べるだろう。それぞれの保育現場の文脈に根ざした言葉であるからこそ，地域によって園によって，場合によってはクラスによって様々な「保育実践ジャーゴン」が存在する。また，同じ園でも時代によってジャーゴンの意味やその使用方法が異なったりもする。いずれにせよ，保育者たちが子どもとの文脈の中に生きようとするならば，「保育実践ジャーゴン」は欠くことのできない重要な言語である。

　もう一つ，保育実践集団にとって重要な言語形式は，「保育指導案ジャーゴン」である。これは，保育実践をその文脈を離れて計画したり，反省したりする際に用いられる特殊言語である。「自己の充実感を味わう」「豊かな心情の芽生えを培う」といった「保育指導案」のねらいなどに頻出する保育の語りの形式である。現場の保育者が実習生たちに実習日誌の書き方を教える際に，特に注意するのもこの言語形式である。これは，指導案の作成時だけでなく，研修会や反省会などでも，専門家間で共有される言語である。「保育指導案ジャーゴン」は，保育実践の文脈外の記号としての言語形式であり，その記号を使いこなすことが保育者たちには求められる。

　その他に，「同僚との会話」「保護者との会話」に特徴あるジャーゴンが存在するだろうか。調査の結果では，これらの会話はむしろ日常会話ベースで語られる場面が多い。保育者と保護者とのやり取りは，たとえば連絡帳にお

いては「園での出来事」「健康」についての事実報告がほとんどであり（剣持安里・山内紀幸「保育者と保護者の連携-0歳児～2歳児の連絡帳のメッセージ分析を通して-」『山梨学院短期大学紀要』26, 2006, pp. 113-123），保護者との対人場面においても，具体的な事例に即した「～ができました」「こんなことがありました」という日常的な語りが行われている。「保育指導案ジャーゴン」が用いられる場面もあるが，頻繁に確認できるわけではない。

また，同僚同士の会話も，「おはいり」「お片付け」など一部「保育実践ジャーゴン」で会話する場面もみられたが，基本的には日常会話をベースとしている。「○○先生は，△△ちゃんをフォローしてください」「紙をとりやすいように，もうすこしテーブルを真ん中におきましょう」といった日常会話によるコミュニケーションが行われている。

このように，保育ジャーゴンは，日常会話の形式による「同僚との会話」「保護者との会話」でも一部使用されているが，大きくは「保育実践ジャーゴン」と「保育指導案ジャーゴン」という言語形式によって成り立っている。

以下，保育の二大言語形式である「保育実践ジャーゴン」「保育指導案ジャーゴン」を詳しくみていきたい。

§3 保育実践ジャーゴン

1. 日本の保育文化の中で

保育現場にはじめて足を踏み入れる者にとって，保育実践の保育者の言葉は意味不明であろう。他の職業集団においてだけでなく家庭や小学校以降の教育現場においても耳慣れない言葉が，子どもとのやりとりの中で聞こえてくる。

保育者A　「今からプールに入りますよ。その前にトイレに行きましょう！　テラスに**電車になるよ！**」
　　　　　（子どもたちがテラスに集まり，並ぼうとするが，バラバラ）
保育者A　「みんな，**へびさんになっているよ**。では，**がっしゃんしましょう！**」
　　　　　（トイレと着替えが終わり，円になって体操がはじまる）
保育者B　「さあ，丸い**おなべをつくって**体操しましょう！」
　　　　　（背中を反る体操で）
　　　　「**お空をみてください**」
　　　　　（足首をまわす体操で）
　　　　「**足で穴を掘る**ようにしてね」
　　　　　（深呼吸の場面で）
　　　　「それでは**息を静かにしましょう**」

　こうした太字の言葉は，小学校以降の教育現場でも家庭でもほとんど用いられない。保育現場に入るとたくさんのこうした「保育実践ジャーゴン」を確認することができる。Y県における調査の結果を章末の図表3-4-5にまとめてあるので，後で詳しく見てほしい。
　「一列に並んでください」ではなく「電車になってみよう」，「一列に並べていません。きちんと並んでください」ではなく「へびさんになっているよ」，「真っ直ぐ並んでください」ではなく「がっしゃんしましょう」，「円になってください」ではなく「丸いおなべをつくりましょう」，「背中を反らしてください」ではなく「お空をみましょう」，「足首を回しましょう」ではなく「足で穴を掘るようにしてね」，「深呼吸しましょう」ではなく「息を静かにしましょう」。
　こうした「保育実践ジャーゴン」は，保育の「いま・ここ」に根ざした言葉である。保育者と子どもの瞬間瞬間の関係性の中で，つまり保育実践の特定の文脈でのみ意味が確定される言語である。たとえば，「へびさんになっ

てるよ」という「保育実践ジャーゴン」は，一列に並ぼうとして並べない子どもとの文脈においてのみ，「一列に並べていません。きちんと並んでください」という意味が生じてくる。クレヨンで線を描こうとしている子どもとの文脈では「へびさんになってるよ」は「線が曲がってるよ。まっすぐかけるかな」の意味，トカゲのまねをしようとしている子どもとの文脈では「へびさんになってるよ」は「トカゲに似てないよ。どちらかといえばヘビに似てるな」の意味となる。同様に，「お空をみて」も，背中を反る体操をしようとしている子どもとの文脈，園外を散歩している子どもとの文脈，鼻血が出た子どもとの文脈，紙芝居をみている子どもとの文脈によって，それぞれの意味が確定される。だから「へびさんになってるよ」は，テストで出題されるような意味が確定された言葉ではない。実際の子どもたちとの特定の文脈において意味が生成され，また新たな文脈が形成されていくような「生きた言葉」なのである。

　何人かのアメリカ人に聞いてみたところ，こうした「保育実践ジャーゴン」は，すくなくともアメリカの幼児教育ではあまり使用されていないらしい。「一列に並びましょう」は，おそらくアメリカのどの幼稚園でも「Line up, please」であり，それを「電車」や「ヘビ」や別の言葉で表現することはないという。逆に，アメリカのとある幼稚園では，「Line up, please」を補完するように，複数のカラーのラインが引いてあって，そこに子どもが並ぶように工夫しているという。アメリカのある小学校教師に日本の保育現場で使われているこうした「保育実践ジャーゴン」について語ったところ，是非アメリカの学校でも試してみたいと話していた。でも「アメリカの子どもたちに電車になりましょうといったら，おそらく子どもたちは一人ひとりが電車のマネをするでしょう」と笑っていたのが印象的であった。「保育実践ジャーゴン」は，単なる「言い換え」でなく，その場の文脈に即した「生きた言葉」であるから，日本のある園での事例はほとんど参考にならないにしても，文脈に即した多様な表現に慣れていないアメリカのような教育文化と，幼い頃からそうした表現に慣らされた日本のような教育文化では，人格形成

にも違いがありそうで興味深い。個人に対する直接の命令口調が多いアメリカの教育文化と，全体に対する問いかけや提案を通じて個人の集団への協調を求める日本の教育文化との違いがあることはこれまでも指摘されている（臼井博『アメリカの学校文化 日本の学校文化−学びのコミュニティの創造−』金子書房，2001）。

　既存の言語形式を吟味するということは，その社会生活のパターンを吟味することにほかならない（K. J. ガーゲン／永田素彦・深尾誠訳『社会構成主義の理論と実践：関係性が現実をつくる』ナカニシヤ出版，2004）。保育実践集団に特徴的な「保育実践ジャーゴン」の検証は，すなわち日本の保育世界を吟味することである。それは，日本の保育者の専門性が何なのかを分析する言語にもなっていくだろう。

2. 社会文脈実践家としての保育者

　保育文脈内言語として様々な文脈で使用される「保育実践ジャーゴン」は，どのように分類できるだろうか。図表3−4−2を見てほしい。

　保育実践者ジャーゴンは多岐に渡っているためすべてを統一カテゴリーに当てはめることは難しいが，大きくは9つに分類されるように思う。

　① 対象の擬人化，② 子どものモノ化・動物化，③ 他動作への置き換え，④ 子どもの特別呼称・敬称，⑤ 対象の別名称化，⑥ 動作・状態の擬態化，⑦ 幼児語の動詞化，⑧ 事物の丁寧化，⑨ リズムのある掛け声，である。

　①対象の擬人化は，「おもちゃがお出かけしちゃったよ」「ハサミが迷子だよ」など子どものまわりの対象物を人のようにみなし，その感情や状況を伝える。②子どものモノ化・動物化は，「あずさになって行こう」「へびになってるよ」など，子どもの動きを動物，キャラクター，電車などにたとえながら，具体的な動きをイメージさせる。③他動作への置き換えは，「お空をみましょう」「おへそをこちらにむけて」など，別の身体動作を示しながら，

第4章　保育ジャーゴンの研究　201

図表 3-4-2　保育実践ジャーゴンの主な特徴

	分類	Y県の保育所・幼稚園の事例から
置き換える言葉（文脈置換）	①対象の擬人化	おもちゃがお出かけしちゃったよ（どこかにいってしまったよ） おくつがいたいいたいだよ（壊れちゃうよ） ハサミが迷子だよ（ひとつだけ残っているよ） 靴と靴をなかよしにしてね（揃えてね） ブロックさん　うわばきさん
	②子どものモノ化・動物化	ひよこさんになって（小さく座って） あずさになって行こう（急いで行こう） へびになってるよ（列が乱れているよ） アリさんの声（小さな声） 忍者で（静かに素早く）
	③他動作への置き換え	お空をみましょう（背中をそらす） 首をのばして（注意して） おへそをこちらにむけて（話し手の方に体と視線を向けて） おへそがみえるよ（服をズボンに入れて） ばんざいする（両手をあげる）
	④子どもの特別呼称・敬称	お掃除チャンピオン 立ち歩く子は赤ちゃんかな？ ○○ちゃんはお片付け名人だね ○○くんは虫博士だね 弱虫さん（騒がしい子ども）
	⑤対象の別名称化	ぱっぱ（ふりかけ） 魔法の水（ただの水）
つながる言葉（文脈促進）	⑥動作・状態の擬態化	お皿をがっちゃんする（重ねる） ガラガラする（うがいする） シャカシャカする（歯みがきする） パタパタする（よく噛む）
	⑦幼児語の動詞化（主に3歳未満児に対して）	ポンポンする（検診する） ワンワンになる（よつんばいになる）
	⑧事物の丁寧化	お集まり　お帰り　お片付け　お入り
	⑨リズムのある掛け声	いちに　いちに，せーの，ワン　ツー

保育者が意図する動きを子どもに教える。④子どもの特別呼称・敬称は，「お掃除チャンピオン」「お片付け名人」など，特定の呼称や敬称によって子どもを評価する。⑤対象の別名称化は，「魔法の水（ただの水）」「ぱっぱ（ふりかけ）」など，対象を別の名称で呼びその場にいる人たちだけがわかる暗号のような働きをする。⑥動作・状態の擬態化は，「ガラガラする」「シャカシャカする」など，擬態語を用いて子どもが行う動作をわかりやすく示す。⑦幼児語の動詞化は，「ポンポンする（検診する）」「ワンワンになる（四つん這いになる）」など，主に3歳未満児を中心にして使用される「幼児語＋する」という形で動詞として具体的な動きを指示する。⑧事物の丁寧化は，「お集まり」「お片付け」など，名詞の接頭に「お」をつけて丁寧な表現にする。⑨リズムのある掛け声は，「いちに，いちに」など，リズムに乗った掛け声で子どもの身体動作を促す。

　このように「保育実践ジャーゴン」を分類してみると，保育者というのは実に高度な専門性を有していることを思い知らされる。保育者は，子どもとの文脈の中に生きつつも，子どもの文脈を新たな文脈へと置換したり（文脈置換），保育者と子どもとの既存の文脈を促進したり（文脈促進）する瞬間瞬間の高度な社会文脈実践者である。こうした社会文脈実践は，看護師にも医師にもカウンセラーにもほとんどないし，小学校教師や中学校教師にもほとんどみられない。もし，保育者の専門性を一言でいうとすれば，私は迷わず「社会文脈実践家」であると答える。保育実践ジャーゴンを見事に使いこなす保育者は迷わず，その能力を大切にしたほうがいい。「あなたの保育はチイチイパッパしかやってないじゃないの！」というチイチイパッパすらできない偉い人の中傷に対して，これから保育者は，胸を張って「私は社会文脈実践を行っているんです。それが私たちの専門性です」と答えよう！（ただ，社会文脈実践で満足してはダメで，幼児の学びに精通したプロになってください→第5章必読）

3. 置き換える言葉：文脈置換

　社会文脈実践家としての保育者の，置き換える言葉（文脈置換）の機能を具体的にみていこう（図表3-4-2）。①〜⑤は，「保育者―子ども」という二者の文脈から，子どもを別の文脈へと「置き換える言葉」である。「保育者―子ども」の二者関係では，メッセージを送る側と受ける側という関係か，場合によっては上下の命令関係となりがちである。①対象の擬人化では，保育者は対象を擬人的に「いま・ここ」に参画させ，「保育者―子ども」関係を「子ども―感情をもった対象」の関係へと置き換えていく。子どもへの直接的なメッセージではなく，その対象との新たな関係の中で子どもが何をすべきかということを気づかせようとする方略である。日常的に「ブロックさん」「うわばきさん」などモノの語尾に「さん」という敬称をつけるが，これらは「対象の擬人化」のための日常的な仕掛けでもある。②子どものモノ化・動物化は，子どもを「忍者」「あずさ」「へび」として呼ぶことで，子どもは日常的な文脈から，「忍者としての私」あるいは「忍者のような私」としての新たな文脈が生成される。③他動作への置き換えもまた，子どもにとっては文脈の置き換えである。「背中を反らして」という言語的な指示を受け，それを的確に理解し，自分の身体を反らすという文脈を，「お空を見る」という文脈へと移し変えられる。④子どもの特別呼称・敬称は，保育者に評価される存在としての子どもが，「チャンピオン」「〜名人」と呼ばれることで，集団からの憧れや社会の中での地位と接続する文脈へと位置づけられる。⑤対象の別名称化も，別名称を与えることで，新たな文脈が形成される。

　なぜ保育者は，他の文脈へとつなげ新たな文脈を生成させる「置き換える言葉」を多用するのだろうか。ここには，先にアメリカの教育文化との比較でも述べたように保育をただ単に威圧的な命令によって行うのではないというプロとしての信念があるように思う。「保育者―子ども」の二者関係の中で「〜すべきだ」という規範を強要するのは簡単だ。危険な行為の場合にはそうした「〜すべきだ」メッセージが威圧的に伝えられることもあるだろ

う。しかし，このことばかり行っていけば，子どもにとって「その保育者がいるかいないか」が「〜すべきかどうか」の判断基準となっていく。重要なことは，自らそうしたい，そうすべきだという思いを子どもたちがもつことであると，保育者たちは考えているし，そうあるために保育のプロとしての専門性を感じているのだろう。そのプロの仕事を支えているのが，「置き換える言葉」としての保育実践ジャーゴンである。この言葉が契機となって，子どもの既存の文脈を揺さぶり新たな文脈から新たな意味生成が行われる。保育現場は，絶えざる文脈生成の場であり，そこに保育者がかかわれるかどうかが試されている。子どもは既存の文脈を離れることで新たな行動を獲得したり，場合によってはそれまでの文脈を見つめなおすことが可能となるのである。

4．つながる言葉：文脈促進

⑥〜⑨は，「保育者―子ども」関係を前提としながらも，その間の文脈を促進しコミュニケーションを円滑にしていく「つながる言葉」である。⑥動作・状態の擬態化，⑦幼児語の動詞化に共通するのは，身体動作を伴う繰り返し語（シャカシャカ，ポンポンなど）が頻繁に用いられていることである。これはとくに，3歳未満児への使用が多い。

音のカオスの中から幼児はまず「名詞」を取り出して意味づけを行い，それを様々な文脈へと適応させながら幼児は言語獲得していく。しかも幼児は，名詞を意味づける際，あるいは動詞について学ぶ際，手や足を使って身体から覚えていこうとする（正高信男『子どもはことばをからだで覚える-メロディから意味の世界へ-』中央公論新社，2001）。「つながる言葉」としての保育実践ジャーゴンでの「繰り返し語」の多用は，とくに3歳未満児の子どもがメッセージを理解しやすいのだろう。子どもたちは，保育者が発する音の中で，「ガラガラ」という聴き取りやすい名詞を覚え，保育者の「ガラガラですよ！」という言葉から，文脈に即して「うがいをする」「うがい」「うがい

のコップ」「うがいの時間」などその意味が確定されることを経験する。⑦の幼児語の動詞化は，それまでの「繰り返し語」理解をベースとしており，「繰り返し語」＋「する」として多様な文法的活用を行ったものであり，発達認知心理学の近年の考えに沿った言葉がけである（すこし誉めすぎか……）。

　⑧事物の丁寧化は，「お着替え」など「お」を接頭につけることにより丁寧化するものであるが，単に丁寧さを演出するためだけではなさそうである。「お集まり」「お入り」「お片付け」「お着替え」「お帰り」など，集団保育の現場における節目にあたる活動の多くに「お」がついていることに注目すべきだろう。「お廊下」「おクレヨン」などというのはあまり聞かれない。そうした保育実践ジャーゴンは，活動中の子どもたちにとって次の活動に移るための特別なシグナルでもある。「お入りだよ！！」と，家庭での日常会話とはあえて別の言い方をすることで，集団場面における特別な振る舞いを要求するメッセージを，子どもたちに伝えやすくしているのかもしれない。⑨リズムのある掛け声も，音韻のリズムを利用しながら，子どもが自身の動きをそれに乗せていけるための工夫である。

5．生きた言葉：保育実践ジャーゴン

　「置き換える言葉」「つながる言葉」も共通して，「いま・ここ」にいる子どもとの文脈の中ではじめて意味をなす言葉である。「あずさで行こう！」という保育実践ジャーゴンを北海道の幼稚園で使用しても，なんの機能も果たさない。中央線沿線の特急あずさを知っている子どもたちで，さらには汽車や電車に興味をもっている子どもたちとの文脈において，しかも「急いでほしい」保育者と「急いだほうがいい」ことを知っている子どもとの文脈の中で「あずさになって行こう」は意味をなす。その意味で，いずれも「保育実践ジャーゴン」は，保育文脈内の言語であり，生きた言葉である。

　さらに，「置き換える言葉」「つながる言葉」としての保育実践ジャーゴンは，子どものやる気を喚起する言葉でもある。言語によって自らを客体化

し，自らの言動の一つひとつを分析していくということができない子どもたちにとって，「そんな歩行速度では，集合時間に間に合いません。遅れないように少し早く歩きましょう」「この列はとても乱れています。前の人と直線になるように整然と並んでください」というような大人の発言は，ほとんどカエルの鳴き声と同様に何を伝えたいのかわからない環境音である。この「あずさになる」というジャーゴンは，「だれが」「なにを」「いつ」「どこで」「どのように」という複雑な言語説明を遥かに超えた的確な言語的説明となる。かつて，鉄棒に両手両足でぶら下がりができない子どもに，ある保育者は「ブタの丸焼きになるだけだよ」といった途端に，ぶら下がりが長時間できてしまった事例を思い出すが，まさに「〜になる」「〜のように」がその文脈にフィットすれば，大人のややこしい複雑な言語説明を超えて子どものやる気まで喚起する。

　こうした「保育実践ジャーゴン」は，さらに研究されていく必要がある。養成課程の学生にとっては，どのようなジャーゴンを保育現場の保育者が使いながら，子どもとの文脈の中に生きているのかを見る一つの視点となるだろう。さらに本格的な保育研究を行う際にも，「保育実践ジャーゴン」に注目することは有益である。今回収集したY県のサンプルは，集団保育場面を中心に集められたものであり，個別の子どもと保育者がかかわる場面では，個別の文脈に即して新しい文脈を生成させるような「ジャーゴン」があるだろうからだ。その子どもとの間でしか通じないが，その子の文脈を更新していくような言葉を多くの保育者は発している。言葉を分有しそれを発展させていくことを子どもの学習と捉える考えに立つならば（J. V. ワーチ／佐藤公治他訳『行為としての心』北大路書房，2002），まさにこうした「保育実践ジャーゴン」は，保育における子どもの学びを広げていくものであるとみなすことができるだろう。

§4　保育指導案ジャーゴン

1．保育指導案ジャーゴン

　はっきり言おう。私は「保育実践ジャーゴン」は高く評価しているが，これから取り上げる「保育指導案ジャーゴン」はかなり問題があると考えている。

　「保育実践ジャーゴン」が保育の文脈に即して用いられる言語形式とすれば，「保育指導案ジャーゴン」は，保育の文脈とは別に使用されるもう一つの言語形式である。これは，保育実践をその文脈を離れて計画したり，その実践を表示したりする際に用いられる特殊言語である。たとえば，「保育指導案」などで記載される子どもの学習行為は，「自己の充実感を味わう」「豊かな心情の芽生えを培う」「やり遂げようとする気持ちをもつ」「不思議さに気付く」といった言語形式で記載される。これは，小学校以降の教育現場ではあまり使用されない言語形式である。幼稚園教育要領と小学校学習指導要領で使用される言語を比較してみた（図表3-4-3）。

　もちろん，現場の保育者の「保育指導案ジャーゴン」の出所がすべて，幼稚園教育要領ではないが，大部分を方向づけているのは確かであろう。小学校学習指導要領で多く表される子どもの学習行為が，「考える」「調べる」「理解する」「読む」「書く」という具体的な行為を示す動詞であるのに対し，幼稚園教育要領は「かかわる」「味わう」「親しむ」「表現する」「気付く」といった漠然とした動詞が使われる。「調べる」や「理解する」という言葉は，幼稚園教育要領では全く使われていない。

　さらに，子どもたちは「何にかかわり」「何を味わい」「何に親しむ」のか。幼稚園教育要領に表される動詞の前接続フレーズを見ていくならば，さらに独特の言い回しとなる（図表3-4-4）。

　「環境にかかわる」「楽しさを味わう」「充実感を味わう」「動植物に親しみ

図表 3-4-3　頻出動詞（望まれる子どもの行為）

	幼稚園教育要領		小学校学習指導要領
1位	かかわる／かかわりを深める	1位	考える
2位	味わう	2位	調べる
3位	親しむ／親しみをもつ	3位	理解する
4位	表現する	4位	読む
5位	気付く	5位	書く
5位	考える	6位	表す
6位	関心をもつ	7位	聞く

をもつ」「尊さに気付く」「不思議さに気付く」「自分なりに考える」「事象に関心をもつ」「表現を楽しむ」「感動を伝え合う」「イメージを豊かにする」「事象に興味をもつ」「心を動かす」「幼児と触れ合う」「心情が育つ」「意欲を発揮する」など，子どもの学習行為をこうした言い回しによって語り，専門家同士なんとなくわかり合えるのは保育職業集団以外にはない。

　小学校学習指導要領で，教師の行為として頻出する動詞の1位は，「指導する（指導を行なう）」である。これに対し，保育者の行為として幼稚園教育要領に頻出する動詞は，1位「配慮する」，2位「育てる」，3位「養う」，4位「考慮する」，5位「培う」，6位「展開されるようにする」，7位「図る」である。こうした動詞だけを並べるならば，子どもではなく，植物か農作物を栽培しているかのような動詞群である。

2．保育指導案ジャーゴンの問題点

　幼稚園教育要領などで表されるような「保育指導案ジャーゴン」を，現場

図表 3-4-4　幼稚園教育要領における頻出動詞と前接続フレーズ
（望まれる子どもの行為）

前接続フレーズ（左から上位）	動詞	出現数
（人・友達と）（環境・物に）etc.	かかわる／かかわりを深める	30
（楽しさを）（充実感を）（喜びを）etc.	味わう	18
（人に）（自然・動植物に）（絵本・物語に）etc.	親しむ／親しみをもつ	15
（言葉で）（自分なりに）etc.	表現する	14
（よさ・悪さに）（尊さ・大切さに）（美しさ・不思議さに）（音・色・形に）etc.	気付く	12
（自分で・自分なりに）	考える	12
（事象に）（健康に）（性質・仕組みに）（文字・数字に）	関心をもつ	10
（物を）（動植物を）（生命を）（親を）etc.	大切にする	9
（表現を）（共に）	楽しむ	8
（思ったこと・考えたことを）（感動・感情を）（経験したことを）	伝える／伝え合う	7
（イメージを）	豊かにする	7
（事象に）（性質・仕組みに）（情報に）	興味をもつ	7
（生活を）（活動を）	展開する	7
（習慣を）（態度を）	身に付ける	6
（体を〜）（心を〜）	動かす	6
	行動する	6
（工夫して〜）	遊ぶ	5
（教師と・幼児と〜）	触れ合う	5
（集団の中で）（支えあって）	生活する	5
（気持ちが・心情が）	育つ	4
（話・言葉を）	聞く	4
（感動を）	共感し合う	3
（自分でできることを）	自分でする	2
（相手を尊重する）（やり遂げようとする）	気持ちをもつ	2
（自己を〜）（意欲を〜）	発揮する	2
（言葉が）	分かる	2

の保育者は語るだけでなく，それを効果的に保育指導案や園のお便りに記述できなければならない。保護者の前で保育実践を語るときにも，こうした言葉を使うこともある。養成課程の学生にとって，まず最初に直面する大きな言語問題は，専門用語を覚えることではなく，こうした「保育指導案ジャーゴン」を実習日誌に書けるかどうかである。

しかし，「保育指導案ジャーゴン」の習得はその専門性を高めることに繋がっているかといえば，かなり疑問である。むしろ弊害の方が多いのではないかと思う。

まず「保育指導案ジャーゴン」は，保育者が保育で目指すべき保育内容を何も示さない。何が育ってほしいのか，最低限子どもが獲得すべき文化は何なのか，あまりにも高踏化され広く保育世界に広まった「保育指導案ジャーゴン」の言い回しからは，ほとんどその答えを見つけることができない。つまり，何が子どもにとって必要な環境で，教材なのかという具体的な語りができないままであるのだ。

また，「保育指導案ジャーゴン」は，けっして評価言語として要件を満たしていない。「○○くんは楽しさを味わっています」「○○さんは心情が育っています」と言っても，それは具体的にどういった姿を指すのか，何も示さない。本来ならば，「保育指導案ジャーゴン」にはさらに，細分化され具体的な評価言語がなければならない。でないと，保護者が情報開示を求めてきたときに，保育者は説明に困る。これは保育者が，教育評価をしていないという意味ではない。おそらく，カンファレンス等で日々，子どもたちの具体的な姿を語りながら，子どもの成長について教育評価を行っているだろう。

重要なことは，その際にお互いに語り合うことができる「評価言語」があるかどうかである。具体的な事例の集積では，教育評価はできない。そこには共通に語り合える具体的な評価言語が必要なのである。「保育指導案ジャーゴン」は，ただ「保育指導案ジャーゴン」のためにある。これを解体し，私たちは具体的な，子どもの姿を捉え，学びを評価するための語る言葉を獲得していかなければならない。

図表 3-4-5 保育実践ジャーゴン一覧（Y県の保育所・幼稚園）

（山内紀幸・有賀由佳理・天野裕美・岩間智美・原愛実・山下絵美・山本理仁，2005年調べ）

	ジャーゴン	意味	事例
1	あーん	口を大きく開けること	あーんしてね
2	アイロンをかける	きれいに折り目をつける	しっかりアイロンをかけようね
3	赤ちゃん	保育者の期待しない行動をする子どもの呼称	立ち歩く子は赤ちゃんかな？
4	足で穴を掘る	足首を回す	足で穴を掘るように体操しましょう
5	足をグーする	足をそろえる	足をグーしましょう
6	あずさで	早く動いて。中央線特急（あずさ）から。	あずさになって行ってきてね
7	あそんでいる	そのときやるべきこと以外のことをしている	おててがあそんでいるよ おはしがあそんでいるよ
8	あつまれあつまれする	お茶碗のご飯粒を残さず集めること	ごはんをあつまれあつまれして食べてね
9	アヒルさんガーガー	アヒル型のおまるで排泄をすること	アヒルさんガーガーに行ってきてね
10	アリさんの声	小さな声	アリさんの声で歌ってみよう
11	アンパンマン	タオルを体にまきつける	アンパンマンにして待っててね
12	あんよ	①足 ②歩行	①あんよをそろえようね ②あんよが上手だね
13	いいこいいこする	①かわいがる ②頭をなでて仲直りする	①子犬さんをいいこいいこしてあげて ②○○ちゃんにいいこいいこして
14	いたい	物や植物が乱暴に扱われている	お花がいたいって言ってるよ

15	いたいいたい	①壊れてしまう ②ケガ	①おもちゃがいたいいたいだよ ②いたいいたいしたね。バイキンさんバイバイしようね
16	いちに，いちに	歩くことを応援する掛け声	いちに，いちに！
17	いる	（物が）ある。	おかばんの中に連絡帳がいないかな？
18	うさぎさんになる	軽やかにピョンピョン飛び跳ねる	うさぎさんになって跳んでみよう
19	うさぎのお耳	きちんと聞くこと	うさぎのお耳で聞いてね
20	お集まり	部屋に集まること	お集まりの時間ですよ
21	おあつめ	ご飯粒をあつめてもらう	○○ちゃんおあつめしましょうね
22	おいしいおいしい	①食べること ②おいしい	①おいしいおいしいして ②ごはんおいしいおいしいね
23	おいたする	いたずらすること	おいたしちゃだめよ
24	おうち	お道具箱・ケース（ただし，片付けるとき）	クレヨンをおうちに帰そうね
25	おうちに戻す	片付ける	クレヨンをおうちに戻してあげて
26	お片付け	後片付け	お片付けしましょう
27	お着替え	着替えること	みなさん，お着替えをしましょう
28	お客さん座り	正座をする	お客さん座りでいようね
29	お口を動かす	よくかむ　かんで食べる	どんどんお口を動かして
30	おくつがバナナ	靴が左右反対になっていること	おくつがバナナになっているから直しましょう

31	おこぼしゼロ	こぼさずきれいに食べること	今日もおこぼしゼロにしましょうね
32	おせんべい	ねそべること	おなかをつけておせんべいになってね
33	お空をみる	背中をそらす	次は手を腰にしてお空をみるよ
34	おそうじをする	きれいに並べなおす	ロッカーの中をおそうじしましょう
35	おっきする	起きること	おっきする時間よ
36	おでかけする	①（物が）なくなる ②（物が）指定の場所にない	①おもちゃがどこかにおでかけしちゃったよ ②くつがおでかけしてるよ
37	おててがステキ	①しっかりと手がひざにのっている ②拍手が上手	①〇〇ちゃんのおててがステキです ②みんなおててがステキですね
38	おててぱっちん	「いただきます」「ごちそうさま」をする時手を合わせる	おててぱっちんして〜
39	おててをポン	手と手を合わせる	おててをポン
40	お友だち	①全体に対して ②個人に対して ③となりの人，ペアの人	①お友だちのみんな！　片付けをしましょう ②お友だちとケンカしていいの？ ③お友だちと協力してね
41	おなかゴロゴロ	おなかをこわす	おなかがゴロゴロになっちゃうから，プールからもう出ようね
42	おなかにバイキン	腹痛	おなかにバイキンが入っちゃったんだね
43	おなかをしまう	上に着ている洋服をズボンの中にいれる	おなかしまって！

44	おねんね	眠ること	みなさん、おねんねの時間ですよ
45	おはいり	戸外で遊んでいる子どもが室内に入る	おはいりですよ
46	お引越し	人や物に対して移動する	机をお引越ししよう
47	お布団	のりを出す台紙	のりのお布団にのりを出して！
48	おぶちゃん	水	おぶちゃんも飲もうね
49	おへそが見える	上に着ている洋服をズボンの中にいれる	○○ちゃん、おへそが見えちゃうよ！
50	おへそをむける	話し手の方に体と視線を向ける	おへそを先生の方にむけてください
51	お部屋に戻す	引き出し、道具箱にものをいれる	はさみをお部屋に戻しておいてね
52	お弁当をきれいにする	全部食べきること	お弁当きれいにしましょう
53	お耳をダンボにする	しっかり聞く、よく聞く	お耳をダンボにして聞きましょう
54	お休みする	寝ること、体を休めること	○○ちゃん、お休みしようね
55	お山さんにする	三角に折ること	この折り紙をお山さんにして
56	おんぶする	リュックを椅子の背もたれにかける	リュックはおんぶさせてあげてね
57	おんりする	降りること	○○くん、おんりしよう
58	かいじで	早く動いて。中央線特急「かいじ」から。	かいじでお片付けしよう
59	かいじゅうが来る	注意するときに使う	はやくしないと、かいじゅうが来ちゃうよ
60	かくれんぼ	しまう　片付けること	はさみかくれんぼして
61	がっしゃんする	くっつく	電車がっしゃん
62	がっちゃんする	重ねる。くっつける。	お皿をがっちゃんしてね

63	カメさんになる	よつんばいになって並んで行く。ハイハイをする	カメさんになっていこう
64	からからする	口の中であそぶ	スプーンをおくちの中でからからしないよ
65	ガラガラする	うがいをする	外から帰ったらガラガラしましょう
66	がんばるまん	ごはんをいっぱい食べる子どもたち	今日はがんばるまんだね
67	汽車ポッポ	一列につながること	みんな汽車ポッポになってトイレにいこうね
68	ぎゅう	抱きつくこと	先生にぎゅうしてね
69	ぎゅっ	しっかりとにぎること	ちゃんとぎゅっとして階段をのぼってね
70	きょうそう	みんなで急いでやること。やる気を出させる為に用いる掛け声。	ゴミ拾いきょうそうするよー！
71	キラキラする	手や体をふる（お遊戯の時）	手をキラキラしてね
72	きれいきれいする	①きれいに手を洗う ②着替えや排泄物の処理をする	①おててをきれいきれいにしてね ②汚れちゃったからきれいきれいしようね
73	くさいくさい	排泄物	くさいくさいが出てるよ
74	ぐちゅぐちゅ	口をすすぐこと	お口ぐちゅぐちゅして〜
75	くつがけんかしてる	靴箱に靴が左右反対に置いてあること	くつがけんかしているよ
76	くっつきっこする	一ヶ所に集って座る	ここにみんなでくっつきっこして待っててね
77	首をのばして	注意して。注目させたいときに使う。	首をのばして見てね
78	ぐるぐるする	タオルなどを巻く	タオルをぐるぐるしましょうね

79	くるりんぱする	スリッパをそろえてぬぐ	くるりんぱしておこうね
80	ゲー	嘔吐	ゲーしちゃだめよ
81	ケガをする	物が壊れること	おもちゃがケガしちゃったね
82	ごあいさつ	あいさつ	朝のごあいさつをしましょう
83	ゴシゴシする	きれいにする	おててをゴシゴシしてね
84	ごっくん	飲み込む	はい，ごっくんできるかな？
85	ごっちゃま	ごちそうさま。食事を終了すること。	ごっちゃまする？
86	ごっつんこ	①しっかりくっつける ②ぶつかる	①手と手をごっつんこしてください ②ごっつんこしないようにね
87	ご用意	次の動作のための準備	はい，ご〜用意！
88	ごろんする	横になる	床にごろんしようか（オムツを換えるとき）
89	こんにちはする	①頭を下げて挨拶すること ②おでこを机につけてふせること	①こんにちはするよ ②おでこと机さんをこんにちはしてね
90	さん	人ではなく物につける敬称	ブロックさん　うわばきさん
91	寂しがっている	片付けられていない　指定された場所に置かれていない	ぼうしさんが寂しがっているよ
92	シー	①静かにする ②排泄をする	①シーだよ ②おしっこシー
93	静かにする	深呼吸する	息を静かにしましょう
94	しっし	トイレ	しっしに行こうね
95	ジャーする	水を流す	トイレが終ったらジャーしてね

96	シャカシャカ	歯みがき	○○ちゃん、シャカシャカするよ
97	ジャバジャバ	水遊び	プールでジャバジャバしようね
98	じゃぶじゃぶ	手洗い	じゃぶじゃぶしてください
99	しゃんこする	座ること	椅子にしゃんこして
100	じゅんばんこ	順番	じゅんばんこで待とうね
101	しわしわおじいさん	衣類が乱れている	しわしわおじいさんになっているよ
102	心配	かわいそう	お道具箱がぐちゃぐちゃで心配
103	すてき	いい姿勢できちんとしている	誰が一番すてきでしょうか？
104	スピードで	急いで	スピードで座りましょう
105	背中の磁石をくっつける	深く座る	背中の磁石をくっつけて
106	先生	保育者の期待する行動をする子どもへの敬称	○○先生。すごいですね！みんなも○○先生のまねしてね！
107	ぞうさんのお耳	しっかり聞く　よく聞く	みんな、ぞうさんのお耳で聞いてね
108	たいたい	痛い	たいたいねー
109	達人	〜をよくできる	さすが、お掃除達人だね
110	たっちする	立つこと	はい、たっちしようね
111	チーンする	鼻をかむこと	はい、ナーンして
112	チャック	口を閉じること。静かにすること	お口はチャックですト
113	チャックがこわれる	話してはいけないとき話す	お口のチャックがこわれている子だぁれ？
114	チャンピオン	〜が一番できる	誰が片付けチャンピオンかな？

115	チュッパ	おしゃぶり	チュッパもっておいで
116	ちょっきん	①はさみで切ること ②ピースする	①ここをちょっきんちょっきんしてね ②ちょっきんできるかな？
117	つよい〜	しっかり〜する	つよい足で歩きましょう。 つよい耳で聞きましょう
118	手はおひざ	手をひざにおいてしっかり座る	手はおひざだよ
119	透明人間になる	静かに歩く	透明人間になっていきましょう
120	ドーナツになる	輪になる	ドーナツになって並んでね
121	トントン	寝るときにトントンと体をたたくこと	トントンしてあげるから，ねんねしましょう
122	ドンドン	床にたたきつけること	足をドンドンしませんよ
123	とんとんまえ	リズムにあわせて前倣えをして，列を整える	とんとんま〜え！
124	泣いている	片付けてない，放置されている	靴が泣いている
125	ないない	①しまうこと ②目をつむること（お昼寝）	①ないないしようね ②おめめないない
126	なかよし	①二つあるものを平行に揃えること ②二人一組になって手をつなぐこと ③密着させること	①靴と靴をなかよしにしてね ②となりのお友だちとなかよしさんしてください ③布団とお腹をなかよしにしてね
127	逃げる	①物が放置されている ②きちんと座るように	①○○くん，おいすが逃げてるよ ②おいすが逃げちゃうよ！
128	忍者で	静かに素早く。	この廊下は忍者でいきましょう

129	ぬぎぬぎ	脱衣	○○ちゃん，ぬぎぬぎしようね
130	バイキンマンを退治する	手をきちんと洗う	バイキンマンを退治しようね
131	博士	ある事柄をよく知っている子どもの呼称	さすが，虫博士だね
132	パクパクする	よく噛んで食べる	お口の中のものをパクパクしてください
133	ぱちぱちする	拍手する	パチパチするよー
134	ぱっくんする	食べること	あと一口だよ。ぱっくんしようね
135	ぱっちん	手と手を合わせる	おててぱっちん
136	ぱっぱ	ふりかけのこと	ぱっぱかける人？
137	バブバブ赤ちゃん	ハイハイして移動すること	バブバブ赤ちゃんでむこうに行きます
138	はぶらしシュッシュ	歯みがき	はぶらしシュッシュしましょ～
139	はみちゅっちゅ	歯みがき	はみちゅっちゅしようね
140	バリアする	間を空ける	友だちにバリアしましょう
141	ばんざいする	着替えの時に手をあげること	○○ちゃん，ばんざいしようね
142	はんぶんこする	衣類をたたむ	ぬいだら，はんぶんこにしてね
143	ピカピカにする	手をきれいにふく	おててをピカピカにしてね
144	飛行機になる	素早く移動する	飛行機になって行きましょう
145	ピッ	①姿勢を正すこと ②しっかりと伸ばすこと	①気をつけーピッ！ ②おててをピッ
146	ぴったんこする	ぴったりとくっつく	ロッカーにぴったんこして座ってね

147	ピッピ	検温	ピッピしようね
148	ひよこさんになる	小さく座る	ひよこさんになろうね
149	ピョンピョンする	ジャンプ	ピョンピョンしよう
150	ふきふきする	手や体をふく	おててをふきふきしてください
151	服をしまう	上に着ている洋服をズボンの中にいれる	服をしまって！
152	プンプンする	怒る	プンプンしないで
153	ぺったん	①シールなどを張ること ②平らにすること	①シールをぺったんしてね ②粘土をぺったん
154	ぺったんこにして	椅子などに深く座る	お尻をぺったんこして座りましょう
155	へびさん	①列が乱れている様子。列が曲がっている様子 ②波線	①へびさんになってるよ ②へびさん描いてみようね
156	変身する	①折り紙などをつくる ②模倣する	①折り紙を鶴に変身させましょう ②ネコさんに変身！
157	ポイする	捨てる	ポイしてこよう
158	ポッポー	汽車	ポッポーが通るよ
159	ポン	①投げること ②手をおひざに置くこと	①ボールをポンできるかな？ ②おひざにポン
160	ポンポン	①おなか ②検診	①ポンポンしまおうね ②今日はポンポンの日です
161	迷子になる	①無くなる ②一つだけ残されている	①○○くんのハサミが迷子です。誰か知りませんか？ ②スコップが迷子になってるよ〜
162	巻き寿司にする	布団などをたたむ	お布団を巻き寿司にしてもってきてね

第4章 保育ジャーゴンの研究

163	またね	さようならの挨拶	またねしようね
164	まねっこ	まねをする	先生のまねっこしてね
165	魔法の粉	ふりかけ。ご飯の食べる進み具合が悪い子どもに対して。	魔法の粉をかけてあげるね
166	魔法の水	はみがきの時に使う水	魔法のお水を先生からもらってください
167	まるくなる	手をつないで円になる	まるくなりましょう
168	マントマンになる	タオルを体にまきつける	マントマンになりましょう（プールの時）
169	むしむし	口のなかの汚れ。しっかりと歯を磨かせるときに。	お口の中にまだむしむしがいるよ
170	名人	ある事柄を一生懸命行う子どもの呼称	〇〇ちゃんは，お片付け名人だね
171	もぐもぐする	よく噛んで食べる	お口の中でもぐもぐしてね
172	よいお胸	話し手の方を向くこと。いいお胸と同じ。	よいお胸を先生に見せて
173	よいお口	よく噛んで食べること。いいお口と同じ。	よいお口で食べようね
174	よいお耳	しっかり聞くこと。いいお耳と同じ。	よいお耳で聞きましょう
175	よーいどん	急がせる時に用いる掛け声。	お部屋に戻るよー。よーいドン！
176	喜んでいる	（物が）喜ぶ。	ブロックさんが「片付けてくれてありがとう」って喜んでいるよ
177	弱虫さん	騒がしい子ども	弱虫さんがたくさんいるよ。困るなぁ〜
178	ライオンのお口	大きな口	ライオンさんのお口をあけて食べましょう

179	ワニさん	プールの時などに行うワニさん歩き	ワニさんできるかな？
180	笑う	物が喜んでいる	お花もにっこり笑っているね
181	ワンツー	気をつけ（ワン），休め（ツー）。	せーの，ワンツー
182	ワンワンになる	よつんばいになってお尻を出す	ワンワンになって

〈さらに学ぶために〉

臼井博『アメリカの学校文化 日本の学校文化-学びのコミュニティの創造-』（金子書房，2001）

　　　学校教育のアメリカと日本の文化比較を行った書物で，幼児教育についてもたくさんの記述がある。アメリカ文化を礼賛し自国文化を卑下するスタンスではなく，アメリカとの比較から日本の教育文化のよさを引きだそうとしている点が高く評価できる。海外の研究者が見た日本の保育文化研究はとても興味深い。

第5章

「学びの評価言語」試論
「保育指導案ジャーゴン」の解体

　今後，保育世界は自らの存在意義をこれまで以上に語っていかなければならない。さらには，規制緩和と自己責任の流れの中で，たえず自らの成果と課題についての自己点検が求められていく。

　これまで，保育のアクチュアリティを語る言葉，保育者の専門性を語る言葉を考えてきた。さらにそこから進めて，自らの保育を振り返る言葉を探っていきたい。そのさらなる一歩として，前章で触れた「保育指導案ジャーゴン」を解体し，「学びの評価言語」についてみていく。漠然とした「豊かな経験」の中身を問い，具体的な「学びの評価言語」を私たちが獲得していくことができるかどうか，本章は，そのための試みである。

§1　保育における「学びの評価言語」の不在

1. 究極の保幼小一貫校「基礎学校」ができたなら

　シミュレーションしてみよう。仮に今，保育所（3歳児から）・幼稚園と小学校の9年間が一つの学校種になり，究極の保幼小連携が達成されたとす

る。この学校の名称を仮称「基礎学校」としておこう。移行措置として幼小いずれかの教員免許をもてばこの基礎学校の教員になれる。この基礎学校に，従来の保育所，幼稚園，小学校に勤務していた者たちが，教員として集まった。もちろんこの基礎学校では，小学校免許状をもつ者が4歳児クラスの担任をすることもあれば，幼稚園免許状をもつ者が12歳児クラスの担任をする場合もある。

〈保幼小一貫校「基礎学校」でのエピソード①〉

まず，基礎学校での職員会議での会話を聞いてみよう。5歳児クラス担当の旧幼稚園出身のA先生と6歳児クラス担当の旧小学校出身のB先生とのやりとりである。

B先生：太郎は，最近とくに算数の授業のときに集中力がなくて，学業に身が入っていません。宿題もよく忘れます。今の時期に指導を適切に行わないと，一学期の算数の学習内容を十分にこなす事ができなくなって，授業についていけなくなるんじゃないですか。教師は，児童の生活態度に配慮しながら，主体的学習ができるように努めなければ駄目です。そうやって，基礎・基本の学力を保障することが求められているんですよ。

A先生：お勉強することも大切でしょうけど，むしろ今は，太郎の心に寄り添うことが大切ではないですか。ひとりの人間としての彼の育ちを見守っていきましょう。太郎くんは算数には興味を示さないけれど，音楽には親しみをもってかかわっていますよ。それに，そのときは友だちと一緒に活動する楽しさを知ろうとしています。音楽には心が動いているんですよ。そうした意欲的な心の芽生えを大切にすることが重要じゃないですか。

B先生：すみませんが，A先生の言葉は，聞き取りはできるんですが，何を伝えようとしているのかさっぱりわかりません。

エピソード①で見えてくるものは，前章の最後で指摘した「保育指導案ジャーゴン」によるコミュニケーション不全の現実である。A先生の「育ち」「興味」「親しみ」「楽しさを知る」「心が動く」「心の芽生え」という言葉に，文字通りB先生はなんの親しみも覚えず，心も動かない。他方，B先生の「集中力」「学習内容」「生活態度」「主体的学習」「基礎・基本」「学力」という言葉は，A先生の耳にはひっかかりもしていない。

あなたは，このエピソード①のA先生とB先生のどちらの発言の方がすんなりと頭に入ってきただろうか？ もし，A先生の言葉の方が聞きやすかったとすれば，あなたはかなり「保育指導案ジャーゴン」に毒されている。保育者養成課程の学生も，何週間もの実習を経験した2年生の終わりごろになると，「保育指導案ジャーゴン」がすんなりと耳に入ってきてしまう。

「保育指導案ジャーゴン」の何がいけないのか。「育ち」「親しみ」「心の芽生え」がなぜダメなのか。別にそうした「保育指導案ジャーゴン」を使うことは構わない。子どもの行為を一言で言い表すとするならば，そうした漠然とした言語使用もありである。文部省（現文部科学省）の通達に基づく指導要録の評価の視点には，「明るくのびのびと行動し充実感を味わう」「幼稚園生活を楽しみ，自分の力で行動することの充実感を味わう」「いろいろなものの美しさなどに対する豊かな感性をもつ」などの文言が並んでいる（文部省「幼稚園幼児指導要録の改訂について（通知）」1990，別紙）。

問題なのは，「『充実感を味わう』ってどういうこと？」「『豊かな感性をもつ』ってどういうこと？」という最も基本的な問いに対して，保育の世界では誰も答えられないということである。「保育指導案ジャーゴン」は，子どもの学びの姿の具体的イメージを何も指し示さない。つまり「保育指導案ジャーゴン」は高踏化されすぎた言語であり，それらを具体のレベルへと還元するサブカテゴリーがないということが一番の問題なのだ。このため「保育指導案ジャーゴン」で語られる子どもの評価が，結局，保護者のため，子どものため，次の保育実践を見通すための有効な言語となり得ていない。具体的な中身が問われないサブカテゴリーなき「保育指導案ジャーゴン」は，保

育者同士あるいは専門家たち同士を，わかり合ったような気にさせるだけの偽装言語にすぎない。

2. 問われない「豊かな経験」の内容

> 〈保幼小一貫校「基礎学校」でのエピソード②〉
> 5歳児クラスを担当していた旧幼稚園出身のA先生に6歳児クラスを担当していた旧小学校出身のB先生が，廊下で話しかける。
> B先生：今，6歳児クラスで算数の一桁の加法と減法をやっているんですけど，できる子とできない子のバラつきが激しいんですよ。
> A先生：5歳児位では，日常の場面で，椅子の数や花の数を数えたりして，数についての豊かな経験をつませています。あまりしたくはないのですが，B先生にお願いされたように，5歳児クラスの子どもたち全員に100までの数は数えられるようにしてきましたよ…
> B先生：10まで数唱できるというのと，それを使いこなすには大きな差があるような気がするんですが。5歳児クラスまでの数についての豊かな経験ってなんなんでしょうね。
> A先生：さあ？　考えたこともありません。

A先生が述べた「豊かな経験」。この「豊かな経験」は，「〜を知っている・知らない」「〜ができる・できない」という個々の知識・能力の獲得という固定的な語りでなく，子どもの学びのプロセスや多様性を重視しつつそれを一言で言い表すことのできる魔法の言葉でもある。これも「保育指導案ジャーゴン」として，言語明瞭意味不明な言葉である。

この「豊かな経験」についてのエピソード②は，何が価値ある事柄なのか，何が育成すべき子どもの力なのかという「教育内容」あるいは「保育内容」の議論が，保育所・幼稚園側だけでなく小学校側においてもなされてこなかったことを示している。保育所や幼稚園での子どもたちの「豊かな経

験」が，小学校教育を支えるにもかかわらず，それが具体的に何を指し，どのように接続していくのかという，教育内容に踏み込んだ議論は，ほとんど行われてこなかったのである。

　遊び中心の保育の展開を通じて「豊かな経験」を積んでいくことは，間違っていないし，これからも保育の基本であり続けるべきである。計算ができたり図形問題を解けたり，論理的で語彙が豊富な作文が書けたり，おもしろい詩をつくれたりするという，小学校入学後のいわゆる「見える学力」を支えるのは，幼児期の「豊かな経験」という言葉に代弁される「見えない学力」である。もちろんこの「見えない学力」は小学校教育においても重要であることは言うまでもない。保幼小の連携のためには，言葉にしにくいが大切な「見えない学力」を共通認識し，語り合える具体的な言語を持ち合うことが重要であるということを，エピソード②は教えてくれている。

3.「学びの評価言語」なくして学びは語れない

　第3部第1章の図表3-1-7でみたように，語る言葉が奪われている中で，保育者には子どもの全人的な理解が要請される。

　　「表面に現れた幼児の言葉や行動から，幼児の思いや気持ち，期待などの内面を理解することは，幼児の心を育てることを重視する幼稚園教育にとって欠くことのできないものです。内面を理解するといっても，何か特別の理論や方法を身に付けなければならないものではなく，それほど難しく考える必要はありません」（文部省『幼児理解と評価』チャイルド本社，1992，p.29）

　　「幼児の心の動きはその場面だけで理解することはできません。最近の様子や生活の流れ，その幼児を取り巻いている状況など様々情報と組み合わせてみると違った見方ができるでしょう。……一見毎日同じように見える幼児でも，生活をともにする中でその姿を丁寧に見ていくと，今，その

幼児がどんな発達の土台となる経験を積み重ねてきているのかを捉えることができるでしょう」（文部省『幼児理解と評価』チャイルド本社，1992, p. 31）

「内面を理解することは……それほど難しく考える必要はありません」ということがどうしていえるのだろう。あまりにも楽観的である。本当に子どもの内面を知ろうとし，自らの内面を省察しようとすればするほど，私たちは言葉を失っていくものである。

保育記録やエピソードの記憶による評価方法が，どのようにして保育者養成課程の中で育成されるのかはなはだ疑問であるし，仮に新任の保育者によってそれぞれの子どもの内面が理解され，なんとか子どもの内面がひとつのストーリーとして言葉にされたとしても，それらが本当に正しいのかどうかは誰にもわからない。あまりそうした請求があったと聞いたことはないが，仮に情報公開請求によって，「幼稚園幼児指導要録」の開示が求められ，保護者から「こんなに幼稚園が大好きで，休まずに幼稚園に通っているのに，『明るくのびのびと行動し充実感を味わう』に〇がないのは，どういう理由によるのか」という質問がなされたときに，はたしてどれだけの人が説得力をもって答えることができるだろうか。保育者による子どもの内面の理解は，実際には日常的な振り返りレベルでなされていたとしても，そこから指導要録の評価との間には深い断絶があるのである。私は5領域の編成も含め，「幼稚園幼児指導要録」の内容の全面的な改訂を行うべきであると考えているが，その大きな理由が，具体性を欠いた「保育指導案ジャーゴン」の使用と並んで，この保育者の主観に頼った評価方法を推奨している点である＊。

＊すべての教師が行っているかどうかは別にしても，多くの小・中・高校の教育評価では，もし情報開示請求があれば，それぞれの「評価観点」に対する「評価規準」（のりじゅん）「評価基準」（もとじゅん）「評価方法」が説明できる準備がなされている。確かにそれは「見える学力」が中心であるが，近年では「見えない学力」についても形成的評価，パフォーマンス評価を用いて同様の階層化が行われている。

こう言えば,「子どもの内面を理解しようとする保育学推奨の方法を否定するのか!」というお叱りを受けそうだが,言いたいのはそういうことではない。むしろ逆で,保育者の自己省察や他者理解を深めていくためにこそ,具体的な評価言語が必要なのである。

「目の前にいる子どもにとって何が必要なことなのか」「私たちが考える豊かな経験とは具体的に何か」「私たちが考える発達とは何か」「子どもの将来にとってこの実践がどのような意味をもつのか」という,具体的な学びを切り取る語り（＝学びの評価言語）なくして,私たちは子どもを理解することも,その評価結果や方法の適正さについて語り合うことも,自らの保育を振り返ることもできないのである。子どもの内面の理解は,どのように物語るかという保育者がもつ個別の言語に大きく依存する。その言語が多様であればあるほど,子どもの学びは多様な姿として捉えられる。そして,現実をその言葉で語れなくなったとき,新たな言葉による語り直しが始まるのである。その際に,他の保育者が参画できる「語りの場」がつくられる。「保育指導案ジャーゴン」として頻繁に使用される「育ち」という言語しかもたないのであれば,すべての現象はその「育ち」として記号解釈される。ここからは,「この子は育っている／育っていない」という,それぞれの者でしかわからない,語り合い不能な評価しか生まれてこない。内面だろうが外面だろうが直観によって理解されるのではなく,語れる言葉で理解されるのである。「丁寧にみれば,今,その幼児がどんな発達の土台となる経験を積み重ねてきているのか捉えることができる」ということがもし可能となるとすれば,それは前提として先の問いに対する各個人の先入見があるからである。

重要なことは,その先入見を「学びの評価言語」として共通の語れる言葉としていくことであり,それによって私個人がもっていた自己評価や子とも評価の偏狭さや誤謬を正していく可能性を開いていくことである。「学びの評価言語」を保育者が獲得し,それを仲間との語りの中で更新していくことが,保育者の自己省察を促しその専門性を高めていく一つの重要な方途であり,同時にそれは保幼小の連携にとっても欠くことのできない作業である。

§2 「学びの評価言語」はつくられるか

1.「人とのかかわり」を可視化する言語

　「学びの評価言語」を考える上で，鳴門教育大学学校教育学部附属幼稚園での取り組みが参考となる。「その子らしさ」「他人のよさに気づく」などという曖昧な表現で，それぞれの保育者がわかったつもりになる状況を打開するために，対人関係能力を「人間を理解し関係を調整する力」と定義し，当園の教師たちによってその力を評価するための21項目が作成された（図表3-5-1）。

　この21の評価項目は，幼児期の人間関係能力に関する「学びの評価言語」としてみることができる。実際に幼稚園のカンファレンスにおいてもこの評価項目をつかって，子どもの姿を捉える試みを行っていった。

　3歳児の日常的な場面でよくある，遊びに「入れてくれない」という事例（p.232）について，私たちは何を読み取ることができるだろうか。保育者がこの事実を記録した「保育記録」をどのように解釈するかは，誰に焦点をあてて，何を読み取りたいかという先入見に大きく依存する。たとえば，マリが赤ちゃんで，モトコとアイがお母さんとお姉さんという役割を決めて遊んでいる中で，最初モトコは他の子どもがその遊びに入ってくることを拒否したが，最終的にはモトコは受け入れる「思いやり」をもっていたと解釈するかもしれない。

　このとき，職場で共有されている21の「学びの評価言語」をもっていれば，モトコに限らず，様々な対人関係能力を，他の保育者とともに語り直すことが可能となる。鳴門教育大学学校教育学部附属幼稚園のカンファレンスでは，遊びに入りたいハルコ，ユウト，ヨシオも，入れたくないモトコも

図表 3-5-1　人間を理解し関係を調整する力：学びの評価言語

1	自分の思うようにならないことを経験する
2	必要なときに人に助けを求める
3	他者が「いや」という行為や事柄に関心をもつ
4	自分がされて嫌なことは，そのことを態度や言葉で表現する
5	嫌なことを受け流したり，距離をおいて付き合ったりする
6	自分と異なる行動や意見に対して考えるゆとりをもつ
7	他者の行為や言葉に関心をもつ
8	他者の思い入れや，思い入れのあるものに気付く
9	他者の言い分に真剣に耳を傾けて聴く
10	感情を込めた言葉や論理的な言葉で伝えたり説明したりする
11	他者の行為の意味について想像力を働かせる
12	友達の遊びや活動に入ったり，友達を誘ったり，受け入れたりする
13	遊びの中でやりたいことをしたり，なりたい自分を表現したりする
14	イメージを共有したり役割を分担しようとする
15	自分の気持ちや行動，他者からの評価などの変化に気付いたり関心をもったりする
16	自分や他者のよさに気付いたり，それを生かしたりする
17	自分と違うところをもつ人に憧れる
18	友達や他者に共感したり応援したり，励ましたりする
19	仲間のトラブルに介入したり，関係を調整したりする
20	緊張した場面をユーモアで和ませたり解決したりする
21	問題に対して創造的に解決しようとする

（佐々木宏子・鳴門教育大学学校教育学部附属幼稚園『なめらかな幼小の連携教育-その実践とモデルカリキュラム-』チャイルド本社，2004，p. 136）

「事例　3歳児」平成15年5月21日（水）　　記録：小濱朋美

　「もうー！　向こう行って」と，モトコの大きな声が聞こえてくる。保育室のピアノの裏側でままごとのついたてを立てて狭いスペースを作り，内側にモトコ，アイ，マリ（マリはふとんを掛けて寝ている）。外側にユウト，ハルコ，ヨシオが立って向かい合っている。

　ハルコは「モトコちゃんが入れてくれん」と言う。私が「どうして入ったらいかんの？」と聞いてみる。モトコは強い調子で「入ったらあかんのじゃ。赤ちゃんが寝とんじゃ」と言う。「マリちゃんが赤ちゃんになったの？」と聞くと，「そうじゃ」とモトコ。「今入ったら赤ちゃんがおきてしまうけんあかんの？」と聞くと，「そうなんじゃ。もう向こうに行って」と言う。「赤ちゃんが起きたら入ってもいいかもしれんなぁ」とハルコたちの方に向いて言う。私は広告紙で細い棒を作って欲しいと言うアヤの所へ行き，少し離れてようすを見ることにした。

　ハルコ，ユウト，ヨシオはその場に立ったままモトコたちのようすを見ている。モトコ，アイは「もう寝よう」とマリの横で寝るふりをする。ユウトたちがいるのを見て，モトコは立ち上がり「もう向こうへ行けって言いよんでー」とユウトを押す。ユウトとハルコは黙ってその場を離れる。

　一人残ったヨシオは「針が5のところにきたら起きるんで？」とモトコに聞く。モトコは「えっ！」と一瞬驚いた顔をし，「うん」と言う。ヨシオが「ほな，もうすぐ起きるで？」と言うとモトコは「うん。お兄ちゃんになる？」とヨシオに聞く。ヨシオは「いいよ」と言い，モトコはヨシオを中に招き入れる。「ちょっと狭いなぁ」と言いながらモトコはついたてを寄せてスペースを広くする。「もう，寝よう」とヨシオが言い，マリ，アイ，ヨシオ，モトコの順に横になって寝たふりをする。

（佐々木宏子・鳴門教育大学学校教育学部附属幼稚園『なめらかな幼小の連携教育−その実践とモデルカリキュラム−』チャイルド本社，2004, pp.148-149）

「1 自分の思うようにならないことを経験」していると解釈する。ハルコについては，モトコの「9 言い分に真剣に耳を傾けて聴く」が，納得できず，ハルコは保育者に「2 助けを求め」て来る点も評価する。そして，入れたくないと拒否したモトコに「10 感情を込めた言葉や論理的な言葉で伝えたり説明したり」したとして捉える。ヨシオについては，時計の「針が5のところにきたら起きるで？」という「21 問題に対して創造的に解決」を行い，モトコは「お兄ちゃん」という新しい「14 役割を分担しよう」としたと解釈する。

　もし，保育者がよくつかう「思いやり」という抽象的な言葉しか持ち合わせていない場合，果たしてこの事例での子どもの学びが，様々な角度から言語化されたであろうか。少なくとも「思いやり」以上の解釈や視点をもつことは難しい。鳴門教育大学学校教育学部附属幼稚園の21の「学びの評価言語」は，保育者同士が語り合うための共通の言葉となり，評価の際だけでなく，多角的な保育計画をつくりだしていく視点も提供していくだろう。とくに「1 自分の思うようにならないことを経験する」「5 嫌なことを受け流したり，距離をおいて付き合ったりする」などの対人スキルは，言語化されることで可視化される対人関係能力であるし，「20 緊張した場面をユーモアで和ませたり解決したりする」なども重要で高度な能力であるにもかかわらず，これまで取り上げてこられなかった視点である。

2．「豊かな経験」を具体化する言語

　佐々木は「人間を理解し関係を調整する力」こそ，幼稚園から小学校へと引き継いでほしい最大のものであり，この力なしにはどのような学力や能力を身に付けようとも，その成果を社会に活かすことはできないと述べる。確かに，前節の21項目を眺めるとき，それは私たち大人の対人関係能力についても多くを語るものであり，幼児期においてこうした対人関係能力が育成されていることは重要である。

しかし，対人関係能力の育成だけで，保育の学びが語れるわけはない（もちろん佐々木はそういってるのではないが）。やはり，通常，保育者たちが「豊かな経験」と称している中身を問い，それを可視化していく必要がある。それは小学校以降の学習の「見えない学力」を私たちがどのように語るかということでもある。

「保幼小一貫学校『基礎学校』でのエピソード②」でみた，Ｂ先生の「5歳児クラスまでの数についての豊かな経験ってなんなんでしょうね？」という問いかけに，日本の保育者の中で果たしてどれだけの保育者が答えることができるだろう。元幼稚園教諭Ａ先生の「さあ？　考えたこともありません」というのが，多くの保育者の正直な発言ではないだろうか。保育者が本当の意味で専門性を有するには，生涯発達の観点からみた幼児の対人関係能力の育成にかかわるだけでなく，論理的，社会的，音楽的，視覚的，運動的な発達を見通し，「いま・ここ」で生起している子どもの「学び」を語れなくてはならない。つまり，「豊かな経験」という言葉の中でうやむやにされていることを，「見える」ようにしていかなくてはならないのである。

たとえば，幼児期における「数を数える」という行為がもつ意味を考える際には，ゲルマンとガリステルの数計の原理が参考になる。正しくモノを数えることができるのは，① 1対1対応，② 安定した順序性，③ 基数性，④ 順序無関連，⑤ 抽象性という5つの原理のすべてを体得していないといけない。①は1つのモノに数の名前を1つだけ割り当てること（つまり，1つのモノを2回数えてはいけない），②は用いられる数詞が常に同じ順序で配列されなければならないこと（たとえば1回目が「1、2、3、5、6」で2回目が「2、3、4、6」ではいけない），③はあるモノの集合を数えた場合に最後の数がその集合の大きさを示すこと，④は左から数えようが右から数えようが関係ないということ，⑤は数えるモノが何であろうとまったく関係ないということ（リンゴでもミカンでも同じように数えられる）を意味している（吉田甫『子どもは数をどのように理解しているのか-数えることから分数まで-』新曜社，1991）。

お風呂場で「あと10，数えたらでていいよ！」という場合の「1、2、3、4、5

……」は「数唱」であり，「数計の原理」の中の②を満たすだけである。目の前にあるモノの数を数えるというのは「数計」であり，さらに別の高度な能力が必要とされることを知らなければならない。こうした能力をきちんと捉えることができるのか，その上で遊びの中でそれらをどのように育成していくのか，保育者が数の「学び」を言語化するとは，そういうことである。

　図表3-5-2は，Y県のある小学校で9名の教員にインタビューを行った結果である。保幼小連携の視点から幼児期に身に付けていてくれればと思う力を，各教科につなげて語ってもらったものである。

　この結果で興味深いことは，小学校教員が「見える力」の「前倒し」を望んでいないということである。つまり，あらかじめ，ひらがなを書けるようにしておくことや足し算や引き算ができることを求めていない。むしろ，そうした表面的な「できる／できない」として表れる能力の育成よりも，塗り絵などを通じた正しい鉛筆の持ち方の習得，数計を確実に行うこと，量感をもつこと，法則性をみつけること，きれいな声で歌うこと，素材の質感を知ることという，遊び中心の保育の中で達成可能な力の育成ばかりを望んでいることがわかるだろう。

　もちろん，ここで挙げた「獲得してほしい力」がすべてではないし，さらに多くの小学校教員にインタビューすれば，別の回答も得られるだろう。また，これらを包括する基本的な力として対人関係能力が重要であることは言うまでもない。重要なことは，暫定的にでもいいから「豊かな経験」の中身を，言語化していくことである。こうした言語化を抜きにして，保育の質の評価も保育の内容の評価もできないということを，再認識することである。

図表3－5－2
小学校教員が考える幼児期に獲得してほしい力
「豊かな経験」を具体化する言語

教科	身に付けてほしい力	小学校の教科担当教員のコメント
国語	発話者を見て聞く	保育の場面で行われているとは思うが，聞く話すの基本的なルールとして，発話者を見て聞くということは重要である。先生の言葉には反応できても，とくに友だちの発言を聞かない場合が多い。もちろん，その場合小学校の授業の進め方に問題があることもあるが，友だちの発言をちゃんと聞くことは，しっかりとルールとして徹底していいと思う。
	鉛筆を正しく使う	正しいもち方と筆圧が習得されないままに，早くからひらがなやカタカナを書くことの習得を急ぐと，小学校での修正がとても難しい。ひらがなやカタカナを早く書けるようになることよりも，お絵かき遊びの中で色鉛筆を使って薄く塗ったり，直線や曲線を描けるようになることが大切ではないか。就学前の段階で正しく鉛筆をもつための工夫をしてもらえば，1年生から始まる国語の書くという行為にスムーズに入っていける。
	たくさんの語彙をもつ	2年生以降に始まる作文の授業において，山は「緑」，気持ちは「たのしい」「うれしい」としか表現できない子どもがいる。小学校で語彙を増やそうとしても，すぐには上手く行かない。就学前の段階での問いかけ方で，もっと語彙と発想力を獲得できると思う。
	絵本を好きになる	絵本に触れる機会を増やしてほしい。読み聞かせをするのもいいし，活字を読めなくても，本からいろんなことをイメージしたり，図鑑を眺めるだけでもいい。ジャンルを問わず，どんな本でもいいから，保育室ですぐに手に取れる場所において，本とともにある生活を幼児期からつくってほしい。絵本を通じてたのしい経験をしておけば，教科書への抵抗感もなくいろんな図書を借りることが多くなる。
算数	数計を確実に行う	ただ単に数を「1，2，3」と唱えること（数唱）ではなく，目の前にあるモノを正しく数えられること（数計）が大切である。10までの数で十分。保育者には一つひとつ数えるための日常の言葉がけや幼児が興味をひく活動をしてほしい。「今度行く動物園にはキリンは何頭いるかな？」など。こうした訓練を繰り返して，5までのモノの数計を見ただけで素早くできるようになることが，足し算や引き算の基本となる。
	量感をもつ	2年生で繰り上がりのある足し算を行うとき，多くの小学校でタイルを使うが，その前提としてタイルの量感があることが必要である。ブロック遊びをたくさんして，「この小さいブロックを3つ集めれば大きいブロックと一緒になる！」ということを試行錯誤しながら発見したり，「このコップの水をこっちの小さいコップに注げば，溢れるかもしれない」と類推したりする活動をさせてあげてほしい。

生活理科社会	5の分解を繰り返す	5の数は足し算,引き算の基本となるユニットであり,5を単位として計算力を高めていく。0と5,1と4,2と3,4と1,5と0。もし足し算に興味をもつならば,これらの組み合わせを繰り返しやっておくべきである。
	法則性をみつける	法則性をみつけることは,科学的な思考の重要な要素である。それぞれのモノの特性に法則性をみつけ,丸いモノ,四角いモノを集めてみる。たとえば,小さい順序に並べる。大きいモノと小さいモノを交互に並べる。遊びの中で,ぜひ身に付けてほしい力である。自然現象についても,雨の時と晴れの時の空の様子の違い,昆虫の足の数の共通性,など。
	身近な自然現象・社会事象を不思議に思う・試す	すぐに答えを教えるのではなくて,「なぜ?」「ほんとかな?」という問いかけをして,とことん試させてあげてほしい。不思議だな,疑問だなという気持ちが強い子ども,それを調べたいという気持ちがある子どもは,生活だけでなく理科や社会の分野でぐんぐん伸びていく。しかし,そうした好奇心は,小学校ですぐに生みだせるものではなく,幼児期の過ごし方こそが重要だと思う。
	命には限りがあり,一つであることを知る	虫でも魚でも植物でもその死を含めて,ちゃんと経験しておくことは重要である。たとえば,飼っていた金魚が死んでしまったとしたら,それをすぐに片付けてしまうのではなくて,その姿を直視することが必要。また,自然界は命を食べることによって命が支えられていることなどは,いろんな場所で経験しておいた方がいいと思う。
	地域の実物に触れる	消防署や警察署,駅や電車,絵本や図鑑でみるだけでなく,実際にその雰囲気を幼児期に五感で味わっておくことが,3年以降の社会の学習で活きてくる。
音楽	きれいな声で歌う	怒鳴らずにきれいな声で歌い,できるだけ音程を外さないよう指導してもらいたい。音階がわからなくてもいい。きれいな声で歌うことができると,小学校でまわりの子どもの声が聞こえ,人と調和して歌えるようになる。
図画工作	素材の質感を知る	一つの作品を仕上げることよりも,経験として足りないと思うことは素材の質感を感じることである。小学校で絵具を使って何かを描こうとしても,素材やアクリル絵の具の方に興味が移り遊んでいる。それを見ると,幼児期に素材と触れるようなことをしてこなかったんだなと思う。新聞を破ってみたり,葉っぱを触ってちぎってみたり,ハケを使ってダンボールを塗ってみたり,遊びの中で様々な素材の質感を味わっておくことをぜひやってもらいたい。
体育	運動遊びを楽しむ	小学校で跳び箱を行うとき,「え〜っ,跳び箱きらい,できない」と始める前から言う子どもたちがいる。幼稚園や保育所ですでにやっている子どもたちからそうした声を聞く。跳び箱にしても鉄棒にしても,プールにしても「〜ができる」ことを目指すのではなく,跳び箱で遊ぶ,鉄棒で遊ぶ,水で遊ぶということをしっかりさせてほしい。特定の種目よりも遊びを通して様々な運動技能を獲得しておくことの方が大事。小学校で徐々に,基本技能を身に付けていけばいいから,その前に,運動嫌いな子どもをつくらないでほしい。
	持久力をつける	基礎体力が落ちているように思う。とくに,すぐに「疲れた」と子どもたちは言う。持久力を高めていけるような遊び,鬼ごっこや外遊びをしっかりさせてほしい。

3.「プロジェクト・スペクトラム」：31の鍵となる力

(1) 31の鍵となる力

「学びの評価言語」を考える際に，最後に触れておきたい取り組みがある。それは，「プロジェクト・スペクトラム」（project spectrum 以下「スペクトラム」）である。これは，ハーバード大学教育学大学院が中心となって進められている有名な「プロジェクト・ゼロ」（project zero）において行われた多くの教育研究プロジェクトの中の一つである。「スペクトラム」は，幼児期から小学校低学年の子どもを対象として行われた教育カリキュラム開発プロジェクトであり，その時期の子どもの学びを評価しようとする取り組みであった。

実は，この「スペクトラム」が開始された背景には，1983年の全米審議会報告書『危機に立つ国家（Nation at Risk）』（NCEE 1983）を契機とした「基礎に戻れ」（Back to Basics）という教育運動があった。この報告書では，各学区，各学校に「説明責任」が求められた。それを受け州政府による上からの「標準テスト」が，幼児教育にも多用されはじめたのである。それに対して，教育学研究者や学校教員たちから，「標準テスト」を行うことへの妥当性と信頼性を疑う意見が多くなってきた。「標準テスト」以外で，どのような形で多様な子どもの学びを明らかにできるのか。幼児教育関係者たちは，幼児教育の重要性を訴えるだけでは限界があり，この時期の子どもの学びを説明する新たな言語を生みだし，それをもとに評価する方法を開発しなければならなくなっていったのである（山内紀幸・真宮美奈子「幼小連携のための学習カリキュラムに関する研究（Ⅰ）-プロジェクト・スペクトラムの理論-」『山梨学院短期大学研究紀要』23，2002a, pp. 34-42）。

「スペクトラム」という名称は，一方から光をあてれば七色の光に分かれていくスペクトルのように，それぞれの子どもの知能，学習スタイルが，広範囲の分布（spectrum）のように表出してくることを期待して名付けられた。つまり，様々な学びを一つの見方のみで評価するのではなく，多様な学びを

それぞれにあった方法で見えるものにしていくこと，それが目指されたのである。

「スペクトラム」の能力観は，ガードナー (*Howard Gardner*) の8つの知能からなる多元知能の理論 (multiple intelligences theory 以下MI)＊の考えに基づいている。「スペクトラム」では，「機械と構成」「科学」「運動」「音楽」「数学」「社会理解」「言語」「美術」の領域が設定され，それぞれで幼児期～小学校低学年期における「多元知能」(MI) がさらに具体化されていった。それは31の「鍵となる力」として明示化されている（図表3-5-3, p. 242）。

図表3-5-3を見ればわかるように，こうした31の「鍵となる能力」は，それぞれの評価規準と合わせて示されている。たとえば，「言語の詩的な使用／言葉遊び」という能力に対しては，「語呂合わせ，韻，メタファーなどの言葉遊びを楽しみ，熟達する」「言葉の意味や音を楽しむ」「新しい言葉を学ぶことに関心を示す」「おもしろい様式で言葉を使う」がその能力を捉えるための評価規準として示されている。「30 芸術性」については，「様々な芸術的要素（たとえば，線，色，形）を用いて，感情を表現し，的確な効果を使い，衣装を装飾し，3次元的な表現活動を行うことができる」「文学的な表現（たとえば，笑う太陽，泣き顔）や抽象的な特徴（たとえば，悲しみを表現する，落ちついている線や暗い色など）を用いて，雰囲気を表現する」「『元気の良さ』『悲しみ』『力強さ』を表現する彫刻を行ったり，描いたりすることができる」「装飾や飾り付けに関心を示す」「カラフルさ，バランス，リズミ

＊ガードナーの多元知能 (MI) は，当初7つの知能からなっていた。言語的知能 (Linguistic Intelligence)，論理数学的知能 (Logical-Mathematical Intelligence)，音楽的知能 (Musical Intelligence)，身体運動的知能 (Bodily-Kinesthetic Intelligence)，空間的知能 (Spatial Intelligence)，対人的知能 (Interpersonal Intelligence)，内省的知能 (Intrapersonal Intelligence) である。8つ目として博物的知能 (Naturalist Intelligence) を付け加え，さらには，実存的知能 (Existential Intelligence) の存在の可能性も示唆している (Gardner, H. *Intelligence reframed : multiple intelligences for the 21st century*, New York : Basic Books, 1999, ハワード・ガードナー／松村暢隆訳『MI-個性を生かす多重知能の理論-』新曜社, 2001)。

カルさの組み合わさった絵を作る」が評価規準となっている。

　この31の「鍵となる能力」とその評価規準が，日本でそのまま受け入れられることはないだろうし，その必要もない。しかし，「スペクトラム」が，これまで語られない幼児期の子どもの学びを言語化しようという「学びの評価言語」をつくりだす試みであったという点は，押えておくことが重要である（山内紀幸・真宮美奈子「幼小連携のための学習カリキュラムに関する研究（Ⅱ）－プロジェクト・スペクトラムの評価・実践－」『山梨学院短期大学研究紀要』23 2002b，pp.43-49）。

(2) 何のための評価か

　「スペクトラム」での評価に対する姿勢は，以下の3点に要約される。

　(1)それぞれの知能に対して公正な文脈評価であること，(2)子どもの学びを励ますための評価であること，(3)理論─実践─評価の円環運動の中に位置づくものであること，である。

　(1)の知能に対する公正な「文脈評価」とは，子どもたちが生きる文脈の中で評価を行うということである。たとえば対人関係能力をみようとするならば，「○○ちゃんが大事にしていた人形が壊れてしまったと泣いています。次の三つの中から，あなたがとる行動を選びなさい」という質問紙に答えさせたとしても，対人関係能力を公正に評価したことにはならない。この子が「他人が困っていることに気づくかどうか」「それをふまえてどんな行動に出るのか」は，実際の子どもが生きる現実の中で評価されなければならないのである。幼児期の子どもの多くの能力が，子どもの生きている文脈で評価されなければならないものであり，決してペーパーテストによって明らかになるものではない。「スペクトラムは，……子どもを評価の場所につれていくのではなく，子どものいる場所に評価をもっていく」取組であったといえる。これは，日本の保育者が日常的に行う保育記録による評価方法と同じである。「スペクトラム」では，こうしたエピソードノートだけではなく，チェックリスト，自画像や制作物，写真，ワークシート，面談記録など，様々

なデータをもとに職員のカンファレンスにおいて，子どもたちの学びを評価していく。

(2)の子どもの学びを励ますための評価については，「学びを祝う」（Celebrate Learning）ためのものでなければならないということである。「スペクトラム」は「何ができないかを判断する多くの評価とは違い，スペクトラムは，子どもたちのそれぞれがもつそれぞれの力を識別し，それを祝うことに力点を置いている」。子どもたちは，必ず優れた知能をもっているという前提がある。31の「鍵となる力」は，これまで保育者が漠然と感じることはあっても言語化できずにいた，それぞれの子どもの優れた点を可視化し，祝うためのものである。たとえば，これまで運動が苦手とされてきた子どもに対して，この「鍵となる力」（図表3-5-3）のように「運動に関するアイデアの生成」を組み込み，新しい運動を言語的に表現したり，動きを教えたりすることも重要な運動領域での力であるとするならば，それまでの保育者の見方は大きく変わるだろう。また，言語活動についても，日本のように「表現する楽しさを味わう」「伝え合う喜びを味わう」ではなく，「出来事について説明する」「おもしろい様式で言葉を使う」といった具現化された「学びの評価言語」を用いることにより，むしろ見えてこなかった広範囲な言語能力が保育者に見えるようになってくるのである。

(3)の理論―実践―評価の円環運動の中で位置づけられているとは，評価が評価のままに終わらず，さらに保育者自らの保育の理論，実践へと結びついていくということである。ここでいう理論とは，もし子どもの学びを上手く捉えられていない，あるいは評価に偏りがある場合に，たえず「学びの評価言語」の見直しを行っていくことである。さらには，「学びの評価言語」によって想定された子どもの力が十分に発揮されるような保育場面をつくったのだろうかという実践の見直しにも結びついていく。こうした，円環運動の中で「学びの評価」が行われるとき，子どものためだけでなく，保育者にとっての評価活動になっていくのである。

こうした(1)(2)(3)を果たすための核となるものが，保育者同士が共有でき

る具体的な「学びの評価言語」であることは言うまでもない。何が理想的な保育なのかは誰にもわからない。しかし，それを求めて話し合うことはできる。その方途を切り開いていく第一歩が，保育のアクチュアリティを「語る言葉」を生みだす挑戦をしつづけることであり，何より子どもの「学びの評価言語」をつくりだすための話し合いを開始することである。

図表 3-5-3　31 の鍵となる力（Key Abilities）

機械と構成（Mechanics and Construction）		
1	因果的・機能的関係性の理解	○観察をもとに関係性を推測する ○全体と部分との関係性，部分の機能と部分がどのように連動するかを理解する
2	視覚的・空間的能力	○2 次元もしくは 3 次元で物理的物体や簡単な機械を構成もしくは再構成することができる ○機械のパーツ同士の空間的関係を理解する
3	機械的なモノを使った問題解決型アプローチ	○試行錯誤型アプローチから学び，それを利用する ○機械のトラブルを解決するときに，全体的なアプローチを用いる ○情報を比較したり一般化したりする
4	高度な技術を要する運動スキル	○小さなパーツやモノを巧みに使う ○手と目を同時に上手く使う（たとえば，指の代わりに爪の先でモノをつくったりする）
科学（Science）		
5	観察スキル	○物質的特徴を学ぶために詳細な観察を熱心に行う（一つかそれ以上の感覚をつかって） ○環境の変化に気づく（たとえば，植物の新しい葉，木の病気，微妙な季節の変化） ○描画，チャート作成，カード作成，その他の方法による観察記録に関心を示す

6	類似と差異の識別	○対象や出来事，あるいはその両方の対照比較を好む ○材料を分類し，見本の類似と差異に気づく（たとえば，カニとクモを比較したり，対照させたりする）
7	仮説の生成と実験	○観察をベースに予測をたてる ○「もしそうなったら」という種類の疑問を出し，そうなった理由の説明を行う ○単純な実験を行い，自分や他人の仮説を検証するためのアイデアをつくり上げる（たとえば，ある大きさのものが別の大きさのものよりも早く沈むと考えたら，大きい石と小さい石を水の中に落として実験してみる。ただの水ではなく着色した水を植物に与えてみる）
8	自然現象や科学的現象への知識と関心	○様々な科学的トピックについて広範な知識をもつ；自然に関する自他の経験について，自発的に情報を提供する ○自然現象や，時代区分の広い自然史の本など，自然に関連したものに関心を示す ○観察した事象について常に疑問をもつ

運動（Movement）

9	ボディ・コントロール	○身体の各パーツを上手く動かしたり独立して動かす能力をもち，それを意識できる ○ランダムでバラバラではなく，目的をもって，順序よく，効率的に身体を動かす ○自分や他人の動きを繰り返すことができる

10	リズムへの敏感さ	○とくに音楽において，固定的あるいは可変的リズムに合わせて，身体を動かす（たとえば，リズムの変化を無視したり気づかないのと対照的に，子どもたちはリズムに合わせて動くことができる） ○ある要求させた効果を演出するために，自分のリズムをつくりあげたり，それを調節することができる
11	表現力	○姿勢やジェスチャーによって雰囲気やイメージをつくる（言語的イメージ，プロット，音楽などを用いてもよい） ○ムード音楽，インストルメント音楽やミュージック・セレクションの音質に合わせて身体を動かすことができる（たとえば，叙情的な音楽に軽くて流れるような動きを合わせる，反対にマーチには，強くてテンポのよい動きを合わせる）
12	運動に関するアイデアの生成	○おもしろくて新しい運動を，言語的，身体的に，あるいはその両方で創作することができ，さらにアイデアを広げることができる（たとえば，空を漂う雲のように，子どもは腕をあげてみる） ○イメージや考えに対して，独自の動きで即座に応答する ○単純なダンスを振り付けたり，人にそれを教える
13	音楽への応答性	○異なる音楽に，それぞれ対応する ○音楽に応答するとき，リズム感や表現力を表す ○垂直方向にも水平方向にもさまざまなレベルに使用可能な空間の利用方法について探究し，その空間を容易に流動的に動き回ることができる ○共有空間にいる他者を予測する ○空間で自分の体を動かしながら実験する（たとえば，ターンしたり，スピンしたりする）

	音楽（Music）	
14	音楽の知覚	○ダイナミズム（うるさい，優しい）に敏感である ○テンポとリズムパターンに敏感である ○ピッチを識別する ○音楽や音楽家のスタイルを識別する ○異なった音楽や音を識別する
15	音楽の創作	○正確なピッチを維持することができる ○正確なテンポとリズムパターンを維持することができる ○歌や音楽演奏のとき，感情を表現する ○歌や楽曲の音楽的特性を想起したり，再構築できる
16	曲づくり	○始まり，中間，終わりのある簡単な曲をつくることができる ○単純な記譜の仕方をつくりだす
	数学（Math）	
17	数的推理	○計算に熟達している（たとえば，計算のための近道を見つける） ○概算ができる ○ものや情報を量化することに熟達している（たとえば，記録をつけたり，効果的な表記やグラフを用いて） ○数的関係を識別できる（たとえば，確立や比較）
18	空間的推理	○空間のパターンを見つける ○パズルに熟達している ○問題を概念化・視覚化するためにイメージを用いる

19	論理的問題解決	○事実を単独として扱うのではなく，問題の関係性や問題の最終的な構造に焦点を当てる ○論理的推論を行う ○ルールをつくる ○ストラテジーを使い，発展させる（たとえばゲームで遊ぶときなど）
社会理解（Social Understanding）		
20	自己理解	○自分の能力，スキル，短所を識別する ○自分の感情や経験，特技をよく考える ○自分の行動の理解と指針のために，反省する ○ある領域で上手くできたり，できなかったりする要因を内省する
21	他者理解	○仲間の知識と活動を実践する ○他者をよく世話する ○他者の考えや感情や能力を認める ○他者の活動をもとに他者について推論する
22	社会的役割を果たす リーダー	○よく活動を開始したり，活動を組織したりする ○他の子どもをまとめる ○他者のためのルールを承認する ○どうやって活動が実践されるか説明する ○活動を指示し監督する
23	世話役	○スキル，情報，考えをよく他の子どもと共有する ○けんかを仲裁する ○他の子どもを遊びに誘う ○他の子どもの考えを広げたり，説明したりする ○他の子どもが助けが必要なとき，手助けする
24	優しい人／友人	○他の子が動転しているとき，なだめる ○他の子どもの感情に敏感である ○友だちの好き嫌いを理解する

言語（Language）		
25	物語をつくる／お話をする	○お話の中で独創性や想像性をもつ ○物語を聞いたり読んだりすることを楽しむ ○プロットのデザインや展開，キャラクターづくりやその動機づけ，状況やシーンの描写，ムードづくり，対話の仕方などに，関心と能力をみせる ○独特のスタイル，表現力，様々な役割を演じる能力など，演劇の才能やパフォーマンスの能力をみせる
26	説明的言語／報告	○出来事や感情，経験についての適切で一貫した説明を与える（たとえば，正確な順序で適切な具体例を使う，ファンタジーとは異なる事実） ○物事への正確な名称を与え記述を行う ○物事がどのように動くか説明し，展開の記述に関心を示す ○論理的な議論や質問を行う
27	言語の詩的な使用／言葉遊び	○語呂合わせ，韻，メタファーなどの言葉遊びを楽しみ，熟達する ○言葉の意味や音を楽しむ ○新しい言葉を学ぶことに関心を示す ○おもしろい様式で言葉を使う
美術（Visual Art）		
28	美術の知覚	○アートワークや環境の視覚的要素に気づく（たとえば，色，線，形，パターン，詳細） ○異なる芸術的スタイルに敏感になる（たとえば，リアリズムや印象派などの抽象的な芸術を区別することができる）

29	制作：表現	○2次元あるいは3次元で，正確な視覚的世界を表現することができる ○日常的なモノに対する認知的シンボルをつくり（たとえば，人々，草木，家，動物など），空間的にそれらの要素を全体へとコーディネイトすることができる ○実際の比率を使い，特徴を詳細に描き，慎重な色使いをする
30	芸術性	○様々な芸術的要素（たとえば，線，色，形）を用いて，感情を表現し，的確な効果を使い，衣装を装飾し，3次元的な表現活動を行うことができる ○文学的な表現（たとえば，笑う太陽，泣き顔）や抽象的な特徴（たとえば，悲しみを表現する，落ちついている線や暗い色など）を用いて，雰囲気を表現する ○「元気の良さ」「悲しみ」「力強さ」を表現する彫刻を行ったり，描いたりすることができる ○装飾や飾り付けに関心を示す ○カラフルさ，バランス，リズミカルさの組み合わさった絵をつくる
31	探究	○芸術的素材の用い方が柔軟で，創意に富んでいる（たとえば，絵の具やチョークや粘土で描写の実験をする） ○2次元，3次元の作品で，（たとえば，開放と密閉，探究と統制といった）幅広い様々な様式をつくりだすために形や線を利用する ○対象物や場面を制作することができる（たとえば，人々，動物，建物，風景）

Chen, J., Krechevsky, M. and Viens, J. *Building on childrens strengths : The experience of Project Spectrum*, New York : Teachers College Press, 1998, pp. 153-159)

〈さらに学ぶために〉

佐々木宏子・鳴門教育大学学校教育学部附属幼稚園『なめらかな幼小の連携教育-その実践とモデルカリキュラム-』(チャイルド本社, 2004)

> 「人間を理解し関係を調整する力」を具現化し,それに幼小連携の可能性を求めようとした本。いくつか幼小連携関係の本があるが,数少ないお勧めの本である。対人関係能力だけでなく,多様な学びを具体的な語りにしてほしかったが,今後の鳴門教育大学学校教育学部附属幼稚園の取り組みに期待したい。

山内淳子「見えない学力を可視化する-『プロジェクト・スペクトラム』の評価実践-」田中克佳編著『「教育」を問う教育学-教育への視角とアプローチ-』(慶應義塾大学出版会, 2006, pp. 375-394)

> 「プロジェクト・スペクトラム」について,少し難しめでよければ本文中の論文を参照してほしいが,学生が読んでわかりやすい論文といえばこれである。「プロジェクト・スペクトラム」についての評価活動の実際が,日本語で読める唯一の出版物である。

【索　引】

〈ア　行〉

愛情 …………………………21
アクチュアリティ …………161, 163
遊び …………………27, 28, 54
アナール学派 …………………13
アリエス ……………………12
Under8 ……………………71

家なき幼稚園 ……………106, 107
一斉教授 ……………………16

ウィルダースピン …………23, 25
産土神 ………………………63
産湯 …………………………62

エミール ……………………37
援助 ……………………177, 183

OECD ……………………116
オーエン ……………………20
大きな物語 ………………6, 124
大人の縮図 …………………14
恩物 ……………………41, 49

〈カ　行〉

ガードナー …………………239
カウンセリング・マインド…160, 170
学習指導要領 ………………111
家政 ……………………84, 88
家族 …………………………32

語り ………………………156
学校知 ……………31, 33, 137
感覚教育 ……………………47
環境 …………………………44
環境の教育 …………………51

吸収する精神 ………………54
球体原理 ……………………52
教科中心 ……………………23
教科中心主義 ………………30
共感 ……………………170, 181
共鳴 ……………………170, 181
Kindergarten ………………25
近代家族 ………………82, 87
近代教育 ……………………31
近代的心性 …………………15

ケアリング …………………33
ケイ, エレン ………………115

子ども組 ……………………98
子ども中心 …………………23
子ども中心主義 …………30, 44

〈サ　行〉

3R's ……………………19, 103

自己言及 ……………………148
自己充足 ……………………166
自己反照装置 ………………148
システム論 …………………146

自然状態	39
自然の法則	39
しつけ	98
実物教授	22
児童虐待	70
事物の教育	46, 48, 58
ジャーゴン	192
社会契約論	39
社会文脈実践	189, 190
受容的な関わり	183
女学雑誌	86
触覚訓練	57
新教育運動	23
スウォドリング	45, 66
ストウ	23
性格形成学院	21
生活世界	1
精神的胎児	44, 54
生成	172
生来性犯罪者論	53
セガン	42, 43, 49
全人的な理解	170
総合的な学習	32

〈タ　行〉

第二者評価	124
抱きぐせ	66
多元知能	239
他者	166, 180
田の字型プラン	104
小さな物語	6, 124
デーム・スクール	18, 18
デューイ	23
天然の幼稚園	94
東京女子師範学校附属幼稚園	90, 91
道徳教育	56
ドキュメンテーション	136

〈ナ　行〉

ナラティヴ	2, 158
二項コード	149
人間の教育	26, 49
認定こども園	124

〈ハ　行〉

橋詰良一	107
発達	172
発達可能性	15
発達可能態	32
パパクウォーター	77
母の歌と愛撫の歌	41, 93
パラダイムの転換	31
ピーボディー，エリザベス	93
ビオトープ	129
評価言語	210, 223
フェチョリ	68
物理的理解	5

フレーベル ……………25, 36, 40, 46
プロジェクト ……………………136
プロジェクト・スペクトラム……238
プロジェクト・ゼロ………………238
文脈促進……………………………204
文脈置換……………………………203

ヘアーインディアン………………101
ペスタロッチ …………………22, 47

保育現実……………………………161
ホーンブック ………………………18
母性…………………………………85
ホワイトダイエット ………………73

〈マ　行〉

学び…………………………………134
ママクウォーター …………………77

むすんでひらいて …………………38
群れの教育 …………………………99

メ ……………………………………68

物語…………………………………2
森の幼稚園…………………………110

モンテッソーリ ……………… 36, 51
モンテッソーリ教具 ………………53

〈ヤ　行〉

幼児学校 ……………………………20
幼稚園 ……………………………15, 48
幼稚園教育要領……………………111
幼稚園令……………………………105
幼保一元化…………………………124

〈ラ　行〉

リアリティ…………………………163
臨床…………………………………3
臨床哲学……………………………177
臨床の知……………………………3

ルーマン……………………………146
ルソー ………………14, 36, 37, 44

レッジョ・エミリア………………137

ロンブローゾ ………………… 51, 53

〈ワ　行〉

若者組 ………………………………98

〈本巻著者〉　　　磯 部 裕 子（いそべ　ひろこ）
　　　　　　　　　　　　　〈執筆分担：序章，第1部 第1章，第2部 全章〉
〈出身〉岐阜県
〈学歴・職歴〉
　聖心女子大学文学部教育学科卒業　千葉県，東京都の私立幼稚園で8年間教諭として勤める。青山学院大学院前期博士課程文学研究科教育学専攻修了，同大学院後期博士課程単位取得満期退学。現在，宮城学院女子大学児童教育学科教授。
〈専門領域等〉幼児教育学　教育臨床研究　保育カリキュラム研究
〈所属学会〉日本保育学会 日本教育学会 日本子ども社会学会 日本カリキュラム学会　幼児教育史学会
〈主な著書〉『保育実技ハンドブック』（共著，萌文書林，1996）／『教育学への視座』（共著，萌文書林，1999）／『教育思想事典』（共著，勁草書房，2000）／『教育実習』（共著，つなん出版，2000）／『教育課程の理論』（単著，萌文書林，2003）／『テーマで学ぶ現代の保育』（共著，保育出版社，2006）／『「食」からひろがる保育の世界』（監修，ひとなる書房，2007）

〈本巻著者〉　　　山 内 紀 幸（やまうち　のりゆき）
　　　　　　　　　　　　　〈執筆分担：第1部 第2・3章，第3部 全章〉
〈出身〉兵庫県
〈学歴・職歴〉広島大学教育学部教育学科卒業　同大学院教育学研究科博士課程前期修了，同博士課程後期単位修得退学。日本学術振興会特別研究員等を経て，現在，山梨学院短期大学保育科教授，山梨学院大学附属小学校校長。博士（教育学）。
〈専門領域等〉教育哲学，教育思想史，教育課程論，幼児教育学
〈所属学会〉日本教育学会，教育哲学会，教育思想史学会，教育方法学会，臨床教育人間学会，日本保育学会
〈主な著書・論文〉「モンテッソーリによる『新しい女性』の創造―拡大された母胎イメージと教育概念」『教育哲学研究』（単著，1999）／「教育学における臨床知の扱い方」『近代教育フォーラム』（単著，2001）／『はじめて学ぶ幼児教育―Q＆A＋アドバイス』（共著，ミネルヴァ書房，2005）／『グローバルな学びへ―協同と刷新の教育』（共著，東信堂，2008）／『学びを支える活動へ―存在論の深みから』（共著，東信堂，2010）／「日本における幼児教育・保育改革―2000年代を中心とする『幼保一元化』議論」『社会科学研究』（単著，2010）

〈シリーズ編者〉 青木久子
青山学院大学大学院修士課程修了
幼稚園教諭より，東京都教育庁指導部 都立教育研究所統括指導主事，国立音楽大学教授 兼 同附属幼稚園長職等を歴任。
現在，青木幼児教育研究所主宰。

磯部裕子
聖心女子大学文学部教育学科卒業
8年間幼稚園教諭職を経，青山学院大学大学院後期博士課程満期退学。
現在，宮城学院女子大学児童教育学科教授。

〈装幀〉レフ・デザイン工房

幼児教育 知の探究 1
ナラティヴとしての保育学

2007年5月18日　初版発行
2008年5月 1日　第2版
2016年4月 1日　第2版 第3刷

著　者© 磯部裕子
　　　　山内紀幸
発行者　服部直人
発行所　株式会社 萌文書林

検印省略

〒113-0021　東京都文京区本駒込6-25-6
TEL(03)-3943-0576　FAX(03)-3943-0567
URL:http://www.houbun.com
E-mail:info@houbun.com
落丁・乱丁本はお取替えいたします。　振替口座　00130-4-131092

印刷／製本　シナノ印刷(株)

日本音楽著作権協会 第0616415-604号 承認
ISBN978-4-89347-101-7　C3037